LA CONSCIENCE HISTORIQUE AFRICAINE

En couverture : Atoum, Dieu de l'Égypte antique. Divinité créatrice, ancêtre des éléments de l'univers.

Publication de FIKIRA, 2007

5-7, rue de l'Ecole polytechnique ; 75005 Paris

http://www.librairieharmattan.com
diffusion.harmattan@wanadoo.fr
harmattan1@wanadoo.fr

ISBN : 978-2-296-05422-6
EAN : 9782296054226

Textes réunis par
Babacar Mbaye DIOP et Doudou DIENG

LA CONSCIENCE HISTORIQUE AFRICAINE

L'Harmattan

Etudes Africaines
Collection dirigée par Denis Pryen et François Manga Akoa

Dernières parutions

Paul Koffi KOFFI, Le *défi du développement en Côte d'ivoire*, 2008.
Stéphanie NKOGHE, *La psychologie du tourisme*, 2008.
Jean-Claude K. BROU, *Privatisation en Côte d'Ivoire*, 2008.
Ibrahim S. NJOYA, *Chasse au Cameroun*, 2008.
Jean de Dieu MOLEKA LIAMBI, *Promesse de liberté et pratique politique en République démocratique du Congo*, 2008.
Alain ELLOUE ENGOUNE, *Du Sphinx au Mvett*, 2008.
Fweley DIANGITUKWA, *Flux migratoires internationaux et stratégies de développement*, 2008.
BOUOPDA Pierre Kamé, *Cameroun, du Protectorat vers la démocratie (1884-1992)*, 2008.
Jean-Pacifique BALAAMO MOKELWA, *Eglises et Etat en République démocratique du Congo. Histoire du droit congolais des religions (1885-2003)*, 2008.
Toumany MENDY, *Sénégal. Politiques publiques et engagement politique*, 2008.
Alfred Yambangba SAWADOGO, *Afrique : la démocratie n'a pas eu lieu*, 2008.
Dr BOGA Sako Gervais, *Les Droits de l'Homme à l'épreuve : cas de la crise ivoirienne du 19 septembre 2002*, 2008.
W. Zacharia TIEMTORE, *Technologie de l'information et de la communication, éducation et post-développement en Afrique*, 2008.
BOUOPDA Pierre Kamé, *De la rébellion dans le Bamiléké*, 2008.
Méthode GAHUNGU, *La formation dans les séminaires en Afrique. Pédagogie des Pères Blancs*, 2008.
Dieudonné TSOKINI, Psychologie clinique et santé au Congo, 2008.
José DO-NASCIMENTO, *La renaissance africaine comme alternative au développement. Les termes du choix politique en Afrique*, 2008.
Jérôme T. KWENZI-MIKALA, *Les noms de personnes chez les Bantu du Gabon*, 2008.

La conscience historique africaine

En hommage au 50e anniversaire de la parution de l'ouvrage de Cheikh Anta Diop : *Nations nègres et culture* : 5 et 6 avril 2005 à l'Université de Rouen.

Nous adressons nos sincères remerciements :

- à l'université de Rouen, le CROUS de Haute Normandie, l'UFR de Lettres et Sciences Humaines et l'Association des Sénégalais Étudiants à Rouen pour leur soutien à l'organisation du colloque.

- à Monsieur Mamadou DIALLO, Professeur à l'ENSETP de l'université Cheikh Anta Diop de Dakar, pour la relecture et la correction minutieuses du manuscrit.

- à l'ensemble de tous ceux qui, de près ou de loin, ont contribué à l'achèvement de ce travail. Nous leur exprimons ici toutes nos reconnaissances.

TABLE DES MATIÈRES

DISCOURS D'OUVERTURE DU COLLOQUE PAR LE PRÉSIDENT DE l'A.S.E.R

Monsieur le Président de l'Université,
Madame le Doyen de la Faculté des Lettres et Sciences Humaines,
Messieurs les intervenants,
Mesdames et Messieurs, Chers invités,

Permettez-moi tout d'abord de vous parler brièvement de notre association. Créée en 1987 (18ans déjà !), l'ASER* est l'une des premières associations d'étudiants étrangers à Rouen. Elle est régie par la loi de juillet 1901 et le décret du 16 août 1901. Elle a pour but de développer la solidarité au sein des étudiants Sénégalais d'une part et d'autre part entre les étudiants Sénégalais et toutes les autres nationalités présentes sur le campus et cela par le biais de rencontres sportives, de discussions, de conférences, d'excursions et de manifestations culturelles. L'ASER a aussi pour but de promouvoir la culture africaine.

Il y a 3 ans, ici même dans cette Maison de l'Université, nous avions rendu hommage à Senghor. Et pour reprendre l'écrivain Sénégalais Boubacar Boris Diop :

> « *le Sénégal n'a rien à gagner à donner l'impression de jouer Senghor contre Cheikh Anta ou inversement. Je pense que Senghor, quoi qu'on puisse lui reprocher, a fait quelque chose. Et tout ce qu'on peut faire pour lui rendre hommage est mérité. Mais en même temps, ce qui serait malsain, ce serait de décider que quelqu'un comme Cheikh Anta Diop, c'est-à-dire l'autre partie de nous-mêmes, ne mérite pas qu'on lui consacre quelque chose* ».

Nous sommes réunis donc aujourd'hui pour célébrer le 50e anniversaire de la parution du grand ouvrage de Cheikh Anta Diop : *Nations nègres et Culture*. Initialement, ce travail, publié en 1954 et qui démontre l'origine africaine de la civilisation de l'Égypte ancienne, était destiné à être soutenu à la Sorbonne en vue de l'obtention du doctorat d'État de lettres, mais aucun jury ne put être formé. Avec 50 ans de recul, on s'aperçoit que les thèmes développés dans ce livre, sont discutés aujourd'hui comme des vérités scientifiques. Pour Cheikh Anta Diop,

> « *Le retour à l'Égypte antique dans tous les domaines est la condition nécessaire pour réconcilier les civilisations africaines avec l'histoire. [...], un regard vers l'Égypte jouera, dans la culture africaine (...) le même rôle que les antiquités gréco-latines dans la culture occidentale* ».

---

* Association des Sénégalais Étudiants à Rouen.

C'est donc un contact dynamique, moderne, ajoute-t-il, avec l'antiquité égyptienne, qui permettrait aux Africains de découvrir chaque jour davantage leur parenté intime avec la vallée mère du Nil.

Son enseignement sur les fondements d'une civilisation africaine moderne, sur les principes de la constitution d'une fédération d'États démocratiques africains et sur l'identité culturelle entre l'Égypte et l'Afrique noire, sur l'unité linguistique en Afrique noire et sa théorie en physique nucléaire méritaient donc un colloque sur le parcours exceptionnel de l'Homme.

Je voudrais remercier et féliciter le comité d'organisation et son représentant Babacar Mbaye DIOP. Ils peuvent être fiers de leur travail, car leurs efforts n'ont pas été vains. Onze mois seulement leur étaient consentis pour regrouper Théophile OBENGA, Moussa LAM, Babacar SALL, Bwemba BONG, Jean-Paul MBELEK, Cheikh Mbacké DIOP. En un temps record, ils ont accompli un véritable exploit.

Je voudrais aussi adresser mes plus vifs remerciements, d'une part à l'Université de Rouen et au CROUS de Haute-Normandie qui ont entièrement financé ce colloque, d'autre part à la Faculté de Lettres et Sciences Humaines qui n'a ménagé aucun effort pour la réussite de cette manifestation, et, enfin, à tous ceux qui de près ou loin ont contribué à faire de ce grand projet une si belle réussite.

Pour le moment, en attendant les débats, qui, j'en suis sûr, vont être d'un grand niveau scientifique, permettez-moi de vous dire tout simplement, « Aksilèn ci jam »*. Dieureungèn dieuf*

Rouen le 05 avril 2005
Samba KANDJI, Président de l'ASER

* Soyez les bienvenus ! (En Wolof, langue nationale du Sénégal).
* Merci beaucoup de votre attention. *Idem.*

« L'esprit scientifique nous interdit d'avoir une opinion sur des questions que nous ne comprenons pas, sur des questions que nous ne savons pas formuler clairement. »

Bachelard

AVANT-PROPOS : FALSIFICATION DE L'HISTOIRE

L'ère du continent « sans histoire » est révolue depuis la publication en 1954 de *Nations nègres et culture*. En récusant la lecture hégélienne de l'histoire humaine, Cheikh Anta Diop, l'historien africain le plus considérable[1] du XXe siècle, s'est attelé à rétablir, dans cet ouvrage, la *conscience historique africaine*. Il s'agit, d'une part, d'« acquérir une conscience de plus en plus aiguë de la profondeur historique du monde tel qu'il a vécu », et, d'autre part et corrélativement, d' « acquérir une conscience de participer à l'histoire, de faire l'histoire »[2]. S'il faut en croire les Occidentaux, l'Égypte fait partie de l'Orient. Or, selon Cheikh Anta Diop, c'est par une falsification de l'histoire qu'ils sont arrivés à ranger l'Égypte dans l'Orient, à dire qu'elle est un accident géographique en Afrique. L'Égypte n'est pas l'Orient, c'est l'Afrique.

Tous les témoins oculaires de l'Égypte antique affirment formellement que les Égyptiens étaient des Noirs. Hérodote qui a visité l'Égypte au 5e siècle avant J.-C, nous dit que les anciens Égyptiens « ont la peau noire et les cheveux crépus »[3]. Diodore de Sicile écrit : « Les Éthiopiens disent que les Égyptiens sont une de leurs colonies qui fut menée en Égypte par Osiris »[4]. Strabon dans sa *Géographie* nous apprend aussi que les Égyptiens, Éthiopiens et Colches appartiennent à la même race[5].

Tous ces témoignages ne sauraient être faux car ils sont des témoignages oculaires. Mais comment expliquer le fait que les anciens Égyptiens furent des Noirs ? Voici l'explication : après le dessèchement du Sahara vers 7000 avant J-C, les derniers Noirs qui y vivaient l'auraient quitté pour émigrer vers le Haut – Nil, à l'exception, peut-être, de quelques îlots égarés sur le reste du continent, soit parce qu'ils ont émigré vers le sud, soit parce qu'ils sont montés vers le nord. Cette civilisation dite égyptienne à notre époque, se développera longtemps dans ce berceau primitif. Avec le déclin de l'Égypte, les Noirs ont pu de nouveau se répandre progressivement vers l'intérieur du continent, former des noyaux qui seront plus tard des centres de civilisation continentale (cf. Cheikh Anta Diop, 1954). Toutes les légendes et traditions recueillies en Afrique font venir les Noirs de l'Est, du côté de la vallée du Nil. C'est ainsi qu'en Afrique occidentale, les légendes dogon, yoruba les font venir de l'Est ; celles des

---

[1] Il ne s'agit pas ici de s'agenouiller devant l'œuvre de Cheikh anta Diop comme on le ferait devant un livre de prière. Nous savons très bien que tout n'est pas égal dans ses travaux : il y a sûrement des points qu'il n'a pas pu développer jusqu'au bout. Nous voulons juste rendre hommage à l'homme de science, célébrer sa production intellectuelle en restant fidèle à sa pensée.

[2] Théophile Obenga, 1996, p. 359.

[3] Hérodote, Livre II, p. 104.

[4] *Histoire universelle*, livre 3, p.341, traduction Abbé Terrasson, Paris, 1758.

[5] Livre I, chapitre 3, p.10.

Fang les font venir du Nord – Est ; au XVIIIe siècle les Fangs n'étaient pas encore parvenus sur la côte Atlantique ; celles des Bakouba les font venir du Nord. Quand les peuples vivent dans une région méridionale par rapport à la vallée du Nil, leurs légendes les font venir du Nord : c'est le cas des Batoutsi du Rwanda – Ouroundi (cf. *Ibid.*). Les études ethnographiques nous permettent d'y voir plus clair. En effet, la toponymie, l'analyse de noms totémiques de clans que portent les Africains, associée à une analyse linguistique appropriée, a permis à Cheikh Anta Diop de montrer la parenté entre les langues de l'Égypte ancienne et les langues négro–africaines. Il développe aussi d'autres arguments historiques, sociologiques, géographiques, etc., tendant à démontrer les sources égyptiennes de la civilisation africaine.

On ne saurait trop insister sur l'apport de l'Égypte à la Grèce. Hérodote lui-même, après nous avoir appris que les anciens Égyptiens étaient des Noirs, démontre avec une « rare honnêteté (quand on sait qu'il était Grec) que la Grèce a pris à l'Égypte tous les éléments de la civilisation, jusqu'au culte des Dieux, et que c'est l'Égypte qui est le berceau de la civilisation » (Cheikh Anta Diop). L'Égypte restera, en effet, pendant toute l'antiquité le lieu où les peuples méditerranéens viendront en pèlerinage pour s'abreuver aux sources des connaissances scientifiques, religieuses, morales, sociales, etc. Les grands savants Grecs tels que Platon, Aristote, Pythagore, Thalès, Solon, Archimède, Eratosthène sont allés s'instruire en Égypte même (Voir Théophile Obenga, pages 173-190 du présent ouvrage). Le retour à l'Égypte antique permettrait donc à l'Afrique noire de découvrir chaque jour davantage la parenté intime de tous ses habitants avec la vallée du Nil. C'est par ce constat dynamique que tous les Africains arriveront à la conviction profonde que ces temples, ces pyramides, ces sculptures, ces mathématiques, cette médecine, toute cette science, tout cet art de l'Égypte antique, sont bien l'œuvre de leurs ancêtres et qu'ils ont le droit et le devoir de s'y reconnaître totalement et de la même manière que les Européens ce sont reconnus dans la culture gréco-latine.

On nous reprochera certainement de ne pas traiter un sujet d'actualité, qu'on n'a pas besoin de fouiller très loin dans le passé, de ne pas se contenter d'étudier les problèmes actuels de l'Afrique. Certes, mais ceux qui font ces reproches ignorent totalement, comme le souligne très justement le Professeur A. Moussa Lam dans son introduction à *De l'origine égyptienne des peuls*,

> *« la loi de la continuité historique : les problèmes d'aujourd'hui plongent profondément leurs racines dans le passé le plus lointain, et des erreurs d'appréciation ou d'interprétation des faits actuels s'expliquent par l'ignorance ou la négligence de cette vérité première ».*

Babacar Mbaye DIOP et Doudou DIENG
Doctorants en Philosophie/Université de Rouen

Chapitre I
L'Afrique et l'Occident

LA RUPTURE DE LA CONSCIENCE HISTORIQUE AFRICAINE : L'OBSTACLE MAJEUR D'UNE RENAISSANCE AFRICAINE

Bwemba BONG*

Introduction

Le fait dominant de la réalité internationale est que, neutralisée par une agression occidentale multimillénaire, l'Afrique noire entre dans le IIIe millénaire, dans un état de déconfiture sans précédent dans l'Histoire connue de l'Humanité, signe avant-coureur de l'imminence du chaos. En effet, le peuple noir reste toujours exposé à la logique meurtrière de l'Occident. Comme la France en a déployé une facette au Rwanda, en 1994, et récemment, en Novembre 2004 en Côte d'Ivoire, par sa prétendue coopération franco-africaine interposée.

Aussi, pour éviter d'aller de charybde en scylla, notre peuple doit s'emparer de cet instrument nécessaire de lutte qu'est la conscience historique.

1. La conscience historique de l'Afrique noire comme base de la résistance du peuple noir.

La mystification historique étant un des moyens privilégiés par lequel l'on agit sur la conscience d'un individu, d'une collectivité ou d'un peuple pour le dominer, l'Occident se sert de l'idéologie de la falsification en tous genres, pour pérenniser en Afrique noire sa main invisible, dans l'objectif de maintenir le peuple noir dans l'esclavage, et même de l'exterminer, s'il ne prenait conscience des menaces qui pèsent sur lui. Partant, tout ce qui se rapporte au vrai passé de l'Afrique noire est caché. Dans les bibliothèques les plus inaccessibles aux chercheurs africains dignes de ce nom, sont enfouis des témoignages recueillis par des missionnaires sur l'historiographie de l'Afrique noire, cependant que des faux notoires dévalorisants pour la « race » noire, sont fabriqués dans le dessein de la rabaisser. Il en est ainsi de la civilisation noire dont la paternité est généralement attribuée au « génie sémite » notamment, groupe humain dont on sait pourtant qu'il vécut dans l'Égypte pharaonique noire, comme simple communauté de travailleurs immigrés, ainsi qu'en atteste la Bible, même s'il convient d'opposer la plus catégorique fin de non-recevoir à la thèse de la prétendue « mise en esclavage » des Juifs en Égypte :

> « *Ils établirent sur lui (le peuple juif) des chefs de travail forcé, afin de l'opprimer dans son coltinage de fardeaux ; à savoir Pithom et Ramses. Mais*

---

* Historien, membre du Cercle SAMORY.

plus ils l'opprimaient, plus il se multipliait et plus il se répandait, si bien qu'ils finirent par éprouver un effroi mêlé d'aversion à cause des fils d'Israël. En conséquence les Égyptiens firent servir les fils d'Israël en tant qu'esclaves sous la tyrannie. Et ils leur rendirent sans cesse la vie amère par un dur esclavage dans le mortier d'argile et les briques, et par toute forme d'esclavage aux champs, ou, par toute forme d'esclavage dans laquelle ils les employaient comme esclaves sous la tyrannie »[6].

Comme le souligne Ivan Van Sertima :

« *Lorsque le comte de Volney se trouva à l'ombre du grand Sphinx en 1783, et vit ces montagnes, créées par la main de l'homme, qui s'élevaient dans le désert, il fut saisi et troublé. Il avait traversé la région plane, ponctuée de huttes de torchis et de hauts palmiers dattiers. Sur le vert éclatant de la terre, un réseau serré de canaux d'irrigation. On voyait, au bord des canaux, des hommes élancés au teint noir ou bistre, négroïdes pour la plupart, « au nez court et épaté, une large bouche... aux lèvres épaisses » ; d'un mouvement balancé et rythmé, ils soulevaient les seaux d'arrosage attachés au chadouf. C'étaient des Égyptiens, qui, par le teint et les traits, ressemblaient à beaucoup d'esclaves de l'Empire français. Comment les choses avaient-elles pu être à ce point bouleversées ? Comment avait-on pu inverser si violemment le sens de l'histoire ?*
Le comte de Volney se sentit envahi par un étrange sentiment de culpabilité. Il était si naturel de considérer les Noirs comme des « bûcherons et des porteurs d'eau. » Quand donc cette malédiction avait-elle commencé ? « Quel étonnement n'éprouvons-nous pas, écrit-il, *quand nous réfléchissons qu'aux Nègres, aujourd'hui nos esclaves et l'objet de notre mépris, nous devons nos arts, nos sciences...* ».
« *Quinze ans plus tard, Bonaparte dirigeait une expédition en Égypte. Les savants qui l'accompagnaient furent eux aussi impressionnés et surpris. Ils conclurent, comme les Grecs l'avaient fait mille ans auparavant, qu'une race noire était à l'origine de la civilisation égyptienne.*
Cette redécouverte de l'Égypte ancienne par les Européens et la révélation de la forte ascendance négro-africaine d'une civilisation à laquelle l'Europe devait tant, causèrent une sorte de gêne ; et elle survenait au moment le plus inopportun et menaçait de dynamiter le mythe de l'infériorité innée des Noirs, nécessaire à la bonne conscience chrétienne d'une Europe qui devait sa prospérité à l'exploitation massive des esclaves noirs. On dépeuplait systématiquement l'Afrique. Ses empires avaient été détruits, son histoire enterrée, son développement, parallèle à celui d'autres civilisations du monde, brusquement stoppé. Seuls quelques éléments arriérés ou inaccessibles restèrent intacts pour porter plus tard de faux témoignages à partir desquels on jugea de l'ampleur et de la complexité de son évolution »[7].

Les Occidentaux n'ignorent pas que la conscience historique joue un rôle important dans la libération et l'élévation mentale d'un peuple, qui prend conscience de son passé. En tirant ainsi une fierté suffisante, il devient difficile à dominer ; aussi ont-ils choisi de présenter

[6] *Exode*, Chapitre 1.V. 11 à 14.
[7] Ivan Van Sertima, *Ils y étaient avant Christophe Colomb*, Flammarion, p. 133 à 135.

l'historiographie de l'Afrique noire, sous une vision totalement défavorable au peuple noir, dans l'objectif de mener tout le peuple noir à la malléabilité totale. Le philosophe allemand Hegel fut de ceux qui sacrifièrent le plus à cette entreprise :

> « *L'Afrique ne fait pas partie du monde historique, elle ne montre ni mouvement, ni développement et ce qui s'y est passé, c'est-à-dire au nord, relève du monde asiatique et européen... Ce que nous comprenons en somme sous le nom d'Afrique, c'est un monde anhistorique non développé, entièrement prisonnier de l'esprit naturel et dont la place se trouve encore au seuil de l'histoire universelle* »[8].

> « *Et pourtant,* écrit Edem Kodjo, *ici en Afrique a commencé l'histoire. Loin d'être une affirmation gratuite, cette assertion est une réalité scientifique indéniable qui se vérifie lorsqu'on sillonne le monde à la recherche des vestiges des civilisations premières* »[9].

Mais, comme le relève Meinrad Hegba, sur le savant Cheikh Anta Diop qui fut l'un des premiers chercheurs à mettre en évidence l'origine noire du peuple et de la civilisation de l'Égypte pharaonique,

> « *lorsque Cheikh Anta Diop, homme d'une érudition encyclopédique, publia son fameux ouvrage* Nations nègres et culture, *il fut attaqué de toutes parts, ridiculisé, honni, parce que sa vision de l'histoire du monde osait défier le schéma dogmatique tracé entre autres par Hegel et Gobineau et qui fait de l'homme noir celui qui ne contribue jamais au patrimoine de l'humanité. Cheikh Anta Diop fut attaqué non seulement par des historiens compétents, mais même par de petits écrivains et journalistes européens incapables de lire Hérodote ou Diodore de Sicile dans le texte, mais qui s'arrogeaient le droit de rejeter avec dédain les chroniques égyptiennes de ces historiens consciencieux,... poussant le parti pris raciste et la mauvaise foi jusqu'à récuser l'irrécusable, à savoir les traits négroïdes du Sphynx, par exemple, ou le caractère égyptien de telles figures nègres... que la science de la falsification et de la manipulation ne pouvait tout de même pas classer comme faux. Devant l'avalanche de moqueries, insultes, avanies déchaînées contre le chercheur sénégalais, combien d'intellectuels africains eurent le courage de prendre sa défense ? Au nom de l'histoire « scientifique » de leurs maîtres, certains allèrent jusqu'à leur faire chorus pour dénoncer les « thèses simplistes » de Cheikh Anta Diop* »[10].

Car poursuit Meinrad Hegba :

> « *Nous retiendrons des témoignages concordants et indépendants d'Hérodote, Diodore de Sicile, Ibn Batouta, Volney et de monuments historiques très explicites, que des hommes de race noire ont créé et développé, dans les siècles*

---

[8] Friedrich Hegel, *La Raison dans l'Histoire*, Ed. 10/18, 1982, p.269.
[9] Edem Kodjo: *Et demain l'Afrique*, Ed. Stock, 1985, p.309.
[10] Meinrad Hegba, *L'Homme Vit Aussi de Fierté*, in revue Présence Africaine, 99/100, 9.21.

passés un haut degré de civilisation, à une époque où les peuplades et tribus européennes étaient encore enfoncées dans la barbarie. Le renversement spectaculaire des situations opéré depuis lors, n'infirme nullement les faits, mais sape les bases de la théorie hasardeuse de l'évolution linéaire et irréversible des civilisations. Nous devons, de toute évidence admettre des régressions parfois sévères, des ruptures de continuité et des bonds. Ramenée à ces prétentions modérées, la thèse par nous défendue est déjà un sujet ...de fierté pour nos peuples »[11].

L'idéologie de domination de l'Afrique noire est si forte chez les Occidentaux qu'ils en sont généralement à accuser les Africains d'avoir le regard tourné vers le passé, alors même que ces Occidentaux en sont à s'activer dans des institutions chargées de la restauration historique de leur pays, ainsi qu'en attestent les fouilles archéologiques réalisées en Occident :

« *une nécropole mérovingienne a été mise au jour durant le week-end pascal à Rummusheim, près de Mulhouse. 13 tombes datant des années 680-750 ont été découvertes à une cinquantaine de centimètres sous un champ de maïs. Certaines renfermaient des objets tels que des boucles de ceinture, des couteaux et des pots* »[12].

L'historiographie de l'Afrique noire dite francophone notamment, ayant été généralement confiée à des fonctionnaires coloniaux sans aucune formation en la matière, sans parler de leurs préjugés négrophobes, il en sort presque toujours des morceaux d'anthologie. Dans un article publié en 1972, Henri Brunschwig, écrit :

« *Les Noirs n'ont pas été frustrés de leur Histoire, parce qu'ils n'ont jamais eu d'Histoire, ni éprouvé le besoin d'en avoir une... Les Noirs n'ont découvert le monde qu'en tant qu'esclaves... Cette étrange passivité fait que l'Histoire de l'Afrique noire jusqu'au XIXe siècle est non seulement colonialiste, mais encore épidermique* »[13].

Or, si les africanistes s'acharnent à détourner l'Afrique noire de son historiographie, c'est bien par peur des découvertes que réserve son passé : la peur de la vérité qui, par sa nature, ferait prendre conscience de la supercherie et de la mystification, la découverte de la vérité pouvant et devant, - autant que la prise de conscience de l'injustice -, provoquer la révolte de la conscience noire qui se dévoilerait en même temps que la vérité. Certes, le rappel historique n'a pas une valeur absolue, mais il participe néanmoins à l'éclosion de la pensée, même si celle-ci n'est pas la

[11] Meinrad Hegba, *op. cit.*, p.39.
[12] Journal *La Nation* du 12 Avril 1985, p.16.
[13] Henri Brunschwig, Histoire, « Passé et Frustration en Afrique Noire », in Annales n°5.1962, p.875 et 878.

seule raison qui motive la nécessité dans le cas de l'Afrique noire, par exemple, de la réappropriation de son histoire. Parce que,

> « *Tous ces faits de la Préhistoire doivent être rappelés à l'attention des hommes d'aujourd'hui afin que le rôle de l'Afrique dans l'éclosion de la civilisation soit souligné et sa place reconnue dans le progrès du genre humain non seulement à travers sa position nord-orientale axée sur le Nil, mais aussi dans sa totalité. L'histoire est un tout et la nature ne fait pas de bonds. Le génie humain est un ensemble. De la nébuleuse initiale sont parties les prémices de la civilisation actuelle. Et si les révolutions industrielles ou politiques paraissent chaotiques et surgies du néant, elles ne sont que l'aboutissement de l'œuvre obscure commencée depuis des millénaires* »[14].

L'Histoire ne peut par conséquent se limiter à une étude neutre et fade des événements passés. Sa connaissance et sa maîtrise sont indispensables pour l'action et la vie, et non pour embellir les bibliothèques ; elle a encore moins pour vocation de surcharger la mémoire, puisqu'étant affaire de l'homme actif qui a besoin de modèles et d'initiateurs.

L'Africain doit par conséquent scruter les vestiges du passé de son peuple, afin d'en susciter des sujets historiques. Cette attitude est le signe d'une fidélité et d'un réel patriotisme. Car, en vérité, l'histoire est aussi le bien de l'homme qui regarde fidèlement et avec amour vers ses origines, vers le monde de ses ancêtres. Partir de soi pour aboutir à soi est une des variantes du cercle que doit parcourir la pensée historique. C'est ce qu'explicite le regretté président Kwame Nkrumah :

> « *Notre renaissance africaine insiste beaucoup sur la façon de présenter l'histoire. Il faut écrire notre histoire comme l'histoire de notre société, non comme l'histoire d'aventuriers européens. La société africaine doit être considérée comme un reflet d'elle-même, et les contacts avec les Européens ne doivent y figurer que sous l'angle de l'expérience des Africains, même s'ils ont été une expérience plus importante que toutes les autres. Autrement dit, les contacts avec les Européens doivent être narrés et jugés au point de vue de l'harmonie et du progrès de cette société. Quand l'histoire est exposée de cette façon, elle peut cesser d'être un récit... pour devenir le tableau du drame de plus en plus tragique et du triomphe final de notre société. Alors, l'histoire de l'Afrique pourra guider et inspirer l'action des Africains. L'histoire africaine peut ainsi faire connaître l'idéologie qui doit guider et inspirer la reconstruction africaine* »[15].

En s'identifiant au génie familier de son peuple, l'Africain s'acquitte d'une dette de reconnaissance envers le passé, la destruction de la notion idéologique et mythique de l'anhistoricité de l'Afrique le réconciliant d'emblée avec sa véritable nature. Et, lorsqu'il déchiffre le passé, le langage

---

[14] Edem Kodjo, *op. cit.*, p.38.

[15] Kwame Nkrumah, *Le Consciencisme*, Ed. Présence Africaine, 1976, p. 80-81.

mystérieux qu'il perçoit au premier abord, lui révèle sa vraie identité. L'histoire par conséquent est vitale ; elle est vivifiante et elle sert la vie. Aussi, le regard rétrospectif de l'Africain doit-il différer de l'attitude du vendeur d'antiquités. En effet, s'il porte un regard sur le passé lointain qui devient subitement proche et vivant, c'est pour en tirer des leçons du déclin de la brillante civilisation que ses ancêtres ont bâtie. Ce n'est que par ce retour au passé qu'il peut déceler les tares de sa société, les erreurs commises par ses ancêtres, ceux trop confiants qui de ce fait n'ont pas su se protéger des dangers extérieurs.

En somme, l'attitude historique est compatible avec un point de vue critique: il faut porter la cognée à la racine, relever les faiblesses qui sont au fondement de la société traditionnelle, être sans complaisance avec un certain immobilisme latent de cette société-là. Si l'Africain sait que la tradition est par nature source de vérité et norme de l'affirmation, il ne doit pas ignorer qu'elle peut être une permanence d'inertie. De ce fait, il devra se méfier de ceux pour qui seule la tradition ou seul le passé fait autorité, ceux pour qui la simple évocation de ce système de référence est occasion à discours élogieux.

2. Faiblesses et tares de la société africaine.

La toute première civilisation connue de l'humanité, a germé dans la région de la Vallée du Nil. Le Sahara, en voie d'assèchement, se videra d'une grande partie de son peuple qui partira du cœur de l'Afrique au Sud du Sahara, et émigrera dans la zone où se rejoignent le Nil Bleu et le Nil Blanc. Un autre contingent de ce Peuple montera vers la même Vallée du Nil, pour fonder la civilisation égyptienne dont les vestiges ne cessent d'éblouir encore l'humanité aujourd'hui :

> « *Contrairement à ces historiens qui, pour satisfaire leur vision ethnocentrique de l'homme, s'acharnent à bâtir sur des vestiges archéologiques moins significatifs de la Mésopotamie une antériorité et une primauté de civilisation que les faits et les récentes découvertes viennent aujourd'hui démentir, c'est en fait, selon les sources les plus autorisées à l'heure actuelle, sur le sol africain que se lève l'aube de la civilisation* »[16].

Toutefois, même si l'Afrique doit s'enorgueillir des vestiges de l'Antiquité et de la belle époque de ses grands Empires du Xe au XVe siècles, ce retour au passé doit surtout aider son peuple à comprendre le mouvement dialectique de l'histoire, par lequel la totalité humaine se fait et se défait ; en effet, à un moment donné de leur histoire, les peuples érigent

---

[16] Edem Kodjo, *op. cit.* p.40.

de puissantes civilisations qui peuvent s'écrouler après avoir connu un remarquable rayonnement :

> « *Mortelles, les civilisations le sont assurément, mais leur mort a des causes et en ce qui concerne les civilisations passées de l'Afrique l'on doit étudier les raisons de leur effondrement pour mieux préparer les jeunes Africains à la maîtrise de leur destin. Pour ce qui est des États africains de l'Antiquité et des empires médiévaux, facteurs internes et causes externes ont convergé pour précipiter leur déclin, puis leur disparition. Au nombre des facteurs internes figurent l'organisation intérieure de la société, le système d'éducation et de transmission des connaissances et les difficultés d'administration du territoire*»[17].

Ces causes internes constituent encore aujourd'hui, l'une des faiblesses de la société africaine. Particulièrement du fait du système des castes qui, bien que tendant enfin à disparaître, n'en reste pas moins relativement vivace en Afrique occidentale, dans les zones sahéliennes notamment. Ce système repose sur la division du travail qui fait que chaque fonction artisanale correspond à des fonctions sacrées, à des voies initiatiques : la caste des forgerons seule doit connaître les mystères du feu et de la transformation de la matière ; les artisans du bois, pour leur part, sont versés dans la fabrication des objets rituels et des masques par leur connaissance des secrets de la brousse et des végétaux. Ils doivent eux-mêmes couper le bois qui est nécessaire à leur ouvrage ; les fabricants de pirogues sont initiés au secret de l'eau, par exemple, et chaque caste conserve jalousement les connaissances secrètes dont elle est dépositaire.

Il va sans dire que ce type d'organisation sociale favorise la stagnation et empêche les mutations nécessaires aux transformations sociales, donc au progrès. Cette organisation a fortement contribué à l'affaiblissement interne de l'Afrique du passé. Les différentes castes qui en composaient une partie du monde du travail, n'ayant pas voulu divulguer le savoir qu'elles détenaient. Système du goût du secret qui, ajouté à celui de l'éducation alors en vigueur, ont fini par porter préjudice à l'Afrique :

> « *En outre prévalait un système d'éducation et de transmission des connaissances en vase clos : les sociétés africaines étaient en réalité tenues en laisse par les grands prêtres détenteurs de la connaissance. Véritables maîtres des connaissances, ils avaient la haute main sur la société et constituaient une caste fermée gardant jalousement hors du peuple leur savoir-faire et leurs connaissances. Organisées en sociétés ésotériques au sein desquelles la connaissance ne se transmettait que par initiation à une infime minorité de gens admis par une cooptation rigoureusement programmée, ces grands prêtres avaient intérêt à maintenir le peuple dans l'ignorance afin de renforcer leur propre pouvoir. Ainsi les masses populaires n'avaient-elles guère accès au savoir qui aurait pu les aider dans la maîtrise de leur milieu naturel... Dans ces conditions, il n'est pas étonnant qu'une fois liquidée la caste des grands prêtres détentrice de la connaissance, de la science et du savoir-faire technique, les sociétés africaines se soient soudain privées de mémoire scientifique et*

[17] Edem Kodjo, *op. cit* p.41.

technique. De fait, le progrès scientifique et technique a toujours été le fruit d'une accumulation de connaissances diffuses et conservées dans les couches les plus larges du peuple.... Pour n'avoir pas suivi ce processus, les grandes civilisations africaines du passé se sont effondrées, faute de renouvellement et d'élargissement de leur personnel scientifique et technique, souvent d'ailleurs par suite de la disparition soudaine de leurs classes dirigeantes sous le coup d'invasions étrangères »[18],

écrit fort justement Edem Kodjo.

Dans l'Afrique ancienne, beaucoup de savants moururent sans avoir livré la plus petite parcelle de leurs connaissances. Les tombeaux africains sont ainsi malheureusement pleins de savoir à jamais perdu. Aussi, Ahmadou Hampaté Bâ pouvait-il écrire en 1976 :

> « *Les dépositaires africains traditionnels des arts, des sciences et des techniques anciennes existent encore. Mais ils sont peu nombreux et, en général, d'un âge assez avancé. Le trésor des connaissances, patiemment transmis depuis des millénaires, peut encore être recueilli et sauvé si l'on s'y prend à temps et si l'on accepte de prêter une oreille réceptive, ... aux récits des vieux connaisseurs* »[19].

Ce faisant, il revient à chaque génération de chercheurs africains de s'emparer de cet appel, de même que pour l'avenir du peuple africain, la loi du silence imposée par l'initiation demande à être rompue. Non pas pour initier les ennemis de notre peuple à des secrets scientifiques qui accentueraient leur domination sur nous et sur le monde, mais pour mettre l'Afrique noire à l'abri de toutes sortes d'impérialismes étrangers qui ont juré sa perte. Or, pour avoir cherché à transmettre des connaissances à l'historien africain Youssef Tata Cissé, Wa de Krina, grand prêtre dépositaire des traditions occultes de l'antique science égyptienne, de Thot et Amon-ra, en perdit la vie.

> « *Et quand le bruit de ses révélations parviennent aux oreilles de ses collègues, Wa Kamissoko reçut la visite des représentants les plus illustres de la fonction de griot du Mandé. Ils lui intimèrent l'ordre de se taire. Il désobéit.* »[20]

Il en mourut quelque temps après, victime de la Loi du silence qui proscrit toute collaboration des savants africains avec leur société, sur la base d'un malentendu reposant sur la distance entre les dépositaires des connaissances ancestrales et les nouveaux cadres formés à l'école des Blancs. Notamment sur la conception du temps. En effet, si pour les Africains formés à l'école occidentale, le temps c'est de l'argent, et qu'ils sont par conséquent généralement pressés de *marquer l'essai*, en obtenant le

[18] Edem Kodjo, *op. cit.* p. 41-42.
[19] In *Courrier de l'UNESCO*, 1976, p.17.
[20] *Afrique Asie*, numéro cité.

maximum d'informations en un temps record, pour les savants africains la confiance constituant la pièce maîtresse de toute relation, une telle agitation pour percer les secrets de la connaissance, est un puissant repoussoir. Comme dit Hampate Bâ, seule la confiance « vous procure ce que ni la ruse ni la force des armes ne peuvent vous donner et celui qui n'a pas de temps à perdre n'a rien à faire en Afrique »[21]. Certes, mais la perte d'un érudit de la trempe de Kamissoko est une grande perte pour notre Peuple ; surtout s'il n'a pas eu le temps de transmettre les connaissances nécessaires à la libération de l'Afrique et du peuple noir.

À cet égard, Hampaté Bâ a vu juste, en écrivant qu'en Afrique « un vieillard qui meurt est une bibliothèque qui brûle ». Mais encore faut-il tout faire pour changer le mode de transmission des connaissances, qui met en évidence la nature particulièrement aléatoire du système de l'oralité.

En d'autres termes, pour que l'incendie de la bibliothèque de Hampaté Bâ soit déploré, il faut encore que celle-ci ait initialement pour ligne de conduite de livrer ses secrets en laissant ses portes ouvertes afin que de jeunes générations de chercheurs, de l'Afrique et du peuple noir, puissent venir y étancher leur soif de connaissances, afin de contribuer à la construction du futur de notre peuple.

A contrario donc, il faut s'investir de la responsabilité de dire aux savants initiés africains qui, impassibles, continuent aujourd'hui encore à regarder notre peuple se déliter un peu plus tous les jours, qu'une bibliothèque qui brûle pleine de poussière parce que non fréquentée à cause de ses portes fermées n'a pas réalisé sa fonction qui est d'être un haut lieu de transmission de la connaissance ; que l'excès de goût pour le secret est toujours la consécration de l'ignorance et un grave danger pour un peuple.

Une autre faiblesse de l'Afrique noire est le trop grand respect qu'elle a de la vie et de la nature. Vu sous un certain angle, le respect de la vie est une force, car il témoigne que l'homme et la nature ne font qu'un. Que dans l'univers, chaque objet représente une actualisation de la « parole divine ». Aussi, en rejetant la déchirure dualiste du monde, parce que l'homme est intégré dans l'univers et parce que le corps n'est pas l'ombre de l'esprit, la conception africaine de la vie établit une intimité entre la conscience et le monde, entre la Nature et Dieu.

La pensée africaine offre ainsi un monisme sécurisant et un humanisme divin. Aussi, la valeur est-elle chargée d'une dimension religieuse ; elle est imprégnée de sacralité. La vie elle-même est sacrée, car elle est un don de Dieu ; elle ne peut être ni ôtée ni prise par l'homme. Les banalités des religions monothéistes occidentales sur l'amour du prochain, comme image de soi-même, ne peuvent donc que conduire à de grands éclats de rire chez ceux qui sont imprégnés de la philosophie africaine de la

[21] *Courrier de l'UNESCO*, numéro cité.

vie, philosophie pour laquelle l'étranger de passage dans un pays est toujours chez lui, bien qu'en terre inconnue, car il peut être la manifestation d'un ancêtre ou d'un dieu venu tester notre degré d'hospitalité. Voici une philosophie de la vie organisée en système communautaire où triomphent les principes essentiels de solidarité et d'humanisme.

La pensée africaine traditionnelle ignorant l'individualisme soude intimement l'individu à son milieu naturel et humain ; la symbiose homme-nature est parfaite :

> « *Alors que l'homme occidental n'a su instituer depuis la Renaissance entre l'homme et la nature que des rapports de conquérants, des rapports de maîtres à esclaves, les Africains témoignent au contraire que l'homme et le monde ne font qu'un, que la nature entière est un corps et que j'appartiens à l'interaction universelle des forces de la vie, la vie totale des hommes, des autres hommes et des choses. Le sentiment de la vie, c'est d'abord cette communion permanente avec un monde vivant, animé, signifiant, que l'on peut déchiffrer comme un visage où se lisent directement l'angoisse, la colère ou l'amour et qui n'a pas donné naissance à l'absurde dualisme de l'âme et du corps. L'homme, comme le monde dans lequel il vit, est tout entier une âme et tout entier un corps* »[22].

Certes, mais il faut le dire, le respect de la vie et de la nature a constitué un handicap fondamental à la pensée technique, car il n'a pas permis à la pensée scientifique africaine déjà existante dans les temples et les couvents, d'explorer et d'atteindre le peuple noir. Le revers de la pensée spirituelle et humaniste africaine, c'est son incapacité à se détacher de la puissance divine :

> « *C'est parce que l'esprit africain est encore marqué par une vision du monde et une conception de l'existence toujours dominées par l'idée d'une puissance créatrice transcendantale, immanente, coextensive à toute chose, à toute idée, à toute action, qu'il est demeuré hostile à tout processus de viol et de conquête brutale de la nature qu'exige ce qu'on appelle communément le développement. Une telle vision philosophique de l'Africain, limite sa capacité de recherche et de création à un univers non dominé, réduit son esprit d'initiative, son goût du risque et d'aventure, dès qu'il s'agit de rompre l'harmonie primordiale pour organiser ce vaste bouleversement social qui est le développement* »[23].

Pour comprendre à quel point la mentalité africaine issue de cette conception du monde et de cette philosophie de l'existence, a constitué un facteur négatif, il suffit de la comparer à l'idée que l'on s'est fait de la nature dans l'Europe du XVIIe siècle. En effet, dans l'ouvrage de Galilée paru en 1632 et intitulé *Les Dialogues sur les Deux Principaux Systèmes du Monde,* la nature, de déesse universelle, fut interprétée par la suite comme une simple machine.

---

[22] Roger Garaudy, *Appel aux Vivants*, Ed. Seuil, p.74.
[23] Edem Kodjo, *op. cit.* p.93.

En face, l'organisation de la cité antique grecque comme fondement culturel de l'Occident, donne une idée de l'attitude de l'homme occidental envers l'étranger : chaque cité, outre son espace urbain, comprenait des dèmes ou villages, entourant l'agglomération. Les dèmes étaient la propriété d'hommes riches ; et, y vivaient souvent des esclaves et éventuellement des étrangers. Tout étranger hors de sa cité pouvait être tenu en esclavage ou même mis à mort. Même les maisons ne pouvaient se toucher. À l'intérieur de la Cité, existait la même injustice : tous les habitants n'étaient pas des citoyens ; les esclaves n'avaient aucun droit. Et lorsque quelques étrangers étaient autorisés à travailler, ils ne pouvaient, tout au plus, que prétendre porter des armes. La pensée des Grecs anciens à l'égard des étrangers est l'une des conséquences directes d'un individualisme exacerbé, dans la mesure où en l'Autre on ne voit ni un frère, ni un semblable, ce qui commande que celui-ci soit rejeté hors de la sphère des hommes. Une philosophie pour laquelle ce qui compte, c'est MOI, autrui est un étranger, il n'a aucun droit. Depuis les Grecs, ancêtres des Occidentaux, la Nature était ce que contemplait la science. On y découvrait un ordre, parce que constituant pour lui un modèle et une satisfaction esthétique de l'intelligence. C'est pourquoi, l'art ne pouvant imiter l'originalité de la nature, il avait pour but de la reproduire servilement, s'essayant tant bien que mal à la singer. Dans le même temps, les hommes de sciences s'adonnaient à la tâche d'en connaître les principes, non pas dans les laboratoires, mais par le raisonnement sur l'essence des choses. Seuls les artisans, les esclaves et tous ceux qui acceptaient de s'adonner à des activités jugées viles et indignes d'un homme libre, s'investissaient dans la technique. Cet état d'esprit persistera jusqu'à la Renaissance européenne, bien qu'on ne puisse cependant négliger l'apport indéniable des Arabes qui y intervinrent entre temps dans l'éclosion de la recherche scientifique et technique. En effet, du VIIe siècle jusqu'au XVIe siècle, même si les artisans et les ingénieurs occidentaux restent malgré tout en dehors de ce grand courant intellectuel mis en mouvement par les puissances arabes, les universités européennes enseignent la pensée scientifique et philosophique arabe, puisée elle-même dans une large part, dans l'Égypte pharaonique. En 1632, Galilée, en demandant aux ingénieurs de découvrir le vrai système du monde, leur confère de la dignité :

> « *L'ingénieur conquiert la dignité du savant, parce que l'art de fabriquer est devenu le prototype de la science. Ce qui comporte une nouvelle définition de la connaissance, qui n'est plus contemplation mais utilisation, une nouvelle attitude de l'homme devant la Nature. Il cesse de la regarder comme un enfant regarde sa mère, prend modèle sur elle ; il veut la conquérir, s'en rendre maître et possesseur* »[24].

---

[24] Robert Lenoble, *Histoire de l'Idée de nature*, Ed. Albin Michel, 1969, p.312.

La Nature n'étant plus un secret pour lui, l'homme occidental cessait de prendre devant elle l'attitude de l'enfant qui écoute : il l'interrogeait et la poussait à lui répondre :

> « *L'homme va s'habituer aux sacrilèges de Prométhée et d'Icare ; il ne craint plus d'être foudroyé par les dieux. Descartes, Galilée, Gassandi, et tous leurs disciples mineurs tiennent désormais pour évident que connaître c'est fabriquer et que la Nature ne fait rien de plus que réaliser en grand ce que nous pouvons réunir par détails et à notre échelle, grâce à notre ingéniosité de techniciens... Non seulement on ne craint plus la colère divine pour ce rapt de la Nature, mais on croit que Dieu nous a donné la mission de travailler à son image, de construire le monde dans notre pensée comme il l'a créé en lui donnant ses lois. Le physicien du Moyen-Âge remontait vers Dieu en découvrant les intentions, les finalités de la Nature, le physicien mécaniste s'élève vers Dieu en pénétrant le secret même de l'ingénieur divin, en se mettant à sa place pour comprendre avec lui comment le monde a été créé...* »[25].

La Nature devint ainsi une machine pour le savant dépositaire du secret divin. Le Grand Livre de la Nature était écrit en langage mathématique. Galilée qui l'a écrit, allait influencer son époque. On n'écoutait plus la Nature, on se servait d'elle :

> « *À partir des années 1620, savants et philosophes, quelle que soit leur tournure d'esprit, ... tous, en dépit de toutes les divergences d'École et des polémiques souvent passionnées, se trouvent d'accord pour affirmer que la Nature est une machine et que la science est la technique d'exploitation de cette machine* »[26].

La Nature, on le voit, se désacralisait dans la mentalité occidentale. Dans cette partie du monde, l'homme se donnait pour objectif de la dominer et d'en recueillir une joie indicible, les deux étant faits pour s'entendre dans ce concert de domination de l'une par l'autre. Ce qui est à relever dans cet Occident qui se donne déjà pour mission de dominer le monde, c'est qu'en dépit de ces courants mécaniste et scientiste qui secouaient la société, la religion et le savoir n'étaient pas incompatibles. La vision religieuse s'accommodait de la crise intellectuelle, d'autant plus facilement que, pour un Descartes, par exemple, Dieu étant garant de la Vérité, un athée ne pouvait devenir mathématicien, donc comprendre la Nature c'est vivre heureux. La science acquérait ainsi un nouveau statut. L'homme européen n'était pas inquiété par ses découvertes, car il était convaincu que Dieu avait donné à l'homme le pouvoir de domination sur la Nature, mais que c'est seulement le péché qui, en le faisant déchoir de ce statut, avait entravé le dessein divin. D'où, pour réaliser la volonté divine, l'homme européen

---

[25] Robert Lenoble, *ibid.* p.313.
[26] *Ibid.* p. 315.

devait acquérir la maîtrise des choses du monde. Prométhée, fils de Jafet (Japhet) et frère d'Atlas, devenu le lieutenant de Dieu ne craignait plus ses foudres :

> « *La science vraie, qui nous permet, en quelque sorte de comprendre l'œuvre créatrice et nous fait entrer dans le secret divin, devient ainsi, par surcroît, un moyen de louer le créateur ; édifier une science vraie, c'est comme il le répète souvent, travailler à la cause de Dieu. Enfin la loi de charité nous impose de venir en aide au travail des hommes et de le soulager par l'invention de machines* »[27].

En résumé, il y a ici confrontation de deux attitudes religieuses : l'une, africaine, qui, déchiffrant la Nature comme la marque de Dieu, vit en symbiose avec elle ; l'autre, occidentale qui, estimant que le devoir de l'homme qui veut être fidèle à Dieu, c'est l'asservissement de la nature par l'homme. Chacune de ces attitudes a son revers : aujourd'hui en Occident, devant les dégâts causés par la Science et ses dérivés, on tente de revenir à une réconciliation de l'Homme avec la Nature :

> « *Il nous faut donc concevoir la sphère anthropo-sociologique, non seulement dans sa spécificité irréductible, non seulement dans sa dimension biologique, mais aussi dans sa dimension physique et cosmique... Il nous faut donc retrouver la Nature pour retrouver notre Nature, comme l'avaient ressenti les romantiques, authentiques gardiens de la complexité durant le siècle de la grande simplification... La Nature de la Nature est dans la Nature. Notre déviance, par rapport à la Nature, est animée par la Nature de la Nature* »[28].

En clair, Edgar Morin veut signifier que l'Occident a cru pendant longtemps que l'homme pouvait impunément détruire la Nature. Or, il se rend désormais compte qu'il a diminué son propre espace vital même, puisque celui-ci participe à la vie universelle. Autrement dit, après avoir fondé son savoir sur la logique d'exclusion, à savoir que, *si j'ai raison, vous avez tort, la vie sur la mort, noir ou blanc, bien ou mal*, il arrive parfois à l'homme occidental de réaliser aujourd'hui que la réalité est plus complexe.

> « *Or la biologie et l'écologie nous montrent qu'il n'existe pas d'opposition aussi tranchée dans la nature. Toute relation ou équilibre est fondée sur le pluralisme, la diversité, la cause mutuelle. Il n'y a pas de logique d'exclusion ou de l'opposition, mais une logique de l'association ou de la complémentarité.* »[29]

Le peuple noir gagnerait à tenir compte de ce retournement de la science contre l'homme. Toutefois, ce pacte établi par l'homme africain

---

[27] Robert Lenoble, *op. cit.* p. 321.
[28] Edgar Morin, *La Vie de la Vie*, Ed. Seuil, p. 373-374.
[29] Joël de Rosnay, *Le Microcosme*, Ed. Seuil, p.254.

entre la vie et la Nature ne doit aucunement constituer un handicap à sa liberté, donc à sa survie.

> « *L'Afrique, aux prises avec sa survie, doit pouvoir méditer les leçons de l'Histoire. Elle doit pouvoir aborder l'heure de la réflexion et, allant au-delà de sa vision philosophique, si riche par son humanisme et son harmonie, concevoir les voies et moyens de la renaissance par une approche renouvelée du fait scientifique qui lui assure le progrès tout en respectant sa culture.* »[30]

3- Les leçons que l'Afrique noire doit tirer de l'histoire.

Des causes internes à l'Afrique noire contribuant à son affaiblissement et à celui de son peuple, viennent d'être passées en revue. Elles ne sont malheureusement pas les seules. Différents autres facteurs, notamment l'éthique qui s'oppose à l'accumulation des richesses, l'exclusion de la promotion sociale, la croyance mythique que les riches ne sont pas bénis de Dieu, la socialisation de l'individu qui n'a pas entraîné le développement d'une masse de déshérités nécessaire à la révolte qui aurait conduit à la Révolution, les liens familiaux particulièrement larges et particulièrement sécurisants, générateurs d'une certaine indolence et contribuant généralement soit à générer soit à alimenter les comportements et les actes ethnicistes très dangereux pour l'Afrique noire, sont autant de pôles inertiels dont il est plus qu'urgent de se débarrasser. Outre ces faits, il y a à signaler « les effets de démonstration », le besoin de paraître qui conduit à des dépenses somptueuses à l'occasion de funérailles, par exemple, pratiques courantes de la conception que les Africains ont de la mort qui n'est pas fin de la vie, mais passage à une autre forme de vie.

Il va de soi que cette vision de la mort comme celle du mariage et du baptême sont des handicaps lourds dans nos pays, à cause, entre autres, des dettes que la famille est souvent amenée à contracter pour répondre au qu'en dira-t-on. Cette course à la démonstration effrénée de l'opulence factice est par ailleurs attisée par des aventuriers au service de l'Occident qui occupent le pouvoir artificiel en Afrique noire et qui se livrent à des démonstrations ostentatoires de richesses, du reste mal acquises.

À ces causes internes, s'ajoute la situation internationale de l'Afrique noire qui, depuis deux mille cinq cents ans bientôt, a subi un déclin qui va en s'aggravant. En effet, l'Égypte noire dont les richesses n'avaient cessé d'être convoitées par les peuples étrangers, était, depuis des millénaires avant Jésus Christ, l'objet de plusieurs attaques dont une, d'origine asiatique, eut lieu sous la VIIe dynastie. Mais la pire pression sur le pays noir, fut notamment celle des hordes Hyksos, barbares d'origine asiatique. Le prêtre égyptien, Manethon, rapporte que

[30] Edem Kodjo, *op. cit.* p. 86-87.

« *Sous le règne du roi Timaios, la colère divine souffla contre l'Égypte ; sans savoir pourquoi ; contre toute attente, des hommes d'une race inconnue, venus de l'Orient, osèrent envahir le pays, s'en emparèrent et sans combat, firent prisonniers les chefs, puis brûlèrent sauvagement les villes, saccagèrent les temples des dieux et maltraitèrent durement les habitants, égorgèrent les uns, réduisant en serviteurs les autres avec leurs enfants et leurs femmes* ».

C'est ainsi que, pendant près de deux siècles, de 1780 à 1580 avant Jésus Christ, l'Égypte aura à subir la domination obscurantiste des Hyksos. La libération du pays ne viendra qu'en 1580, du Sud, de la royauté de Thèbes, par le roi Kames et son successeur Ahmes 1er, qui menèrent une véritable guerre de libération pour arriver à bouter hors d'Égypte ces hordes étrangères. Edouard Schure qui se penche sur cette époque, écrit :

« *Vers l'an 2000 avant J.C., l'Égypte subit la crise la plus redoutable qu'un peuple puisse traverser : celle de l'invasion étrangère et d'une demie conquête.... Conduite par les rois pasteurs appelés Hyksos, cette invasion roula son déluge sur le Delta et la Moyenne Égypte. Les rois schismatiques amenaient avec eux une civilisation corrompue, la mollesse ionienne, le luxe de l'Asie, les mœurs du harem, une idolâtrie grossière. L'existence nationale de l'Égypte était compromise, son intellectualité en danger, sa mission universelle menacée* »[31].

Les hordes barbares qui n'arrêteront cependant pas de fondre sur l'Égypte mineront le Moyen-Empire jusqu'à ce qu'ils soient chassés du pays qui ne connaîtra cependant qu'une courte période de prospérité alternant avec de petites attaques extérieures aussitôt réprimées. La mort de Ramses II en 1205, ranima toutefois les attaques étrangères contre l'Égypte. Notamment celle des peuples de la mer, d'origine indo-européenne qui, contrairement aux Hyksos, ne réussiront cependant pas à occuper l'Égypte, bien que celle-ci se trouvât à une période d'anarchie de plus en plus grandissante ; cette anarchie amènera Ramses III à intégrer dans l'armée égyptienne, des milliers d'étrangers qui y furent employés comme étrangers auxiliaires sous le nom de Kehek, à côté de l'armée nationale proprement dite : « Nous verrons que ce sont ces éléments étrangers que rien n'attachait sentimentalement à la terre d'Égypte, qui provoqueront la déliquescence des mœurs politiques à partir de Psammétique »[32], écrit Cheikh anta Diop, qui poursuit :

« ... *L'armée égyptienne se dénationalise. Elle en vient à être essentiellement une armée de mercenaires libres ou demi-serviles commandés par leurs chefs nationaux ; seul le haut commandement et quelques détachements d'archers*

---

[31] Edouard Schure, *Les Grands Initiés*, Ed. Livre de Poche, p. 165.

[32] Cheikh anta Diop, *Antériorité des Civilisations Nègres. Mythe ou Vérité Historique?,* Ed. Présence Africaine, 1967, p. 169 et 171.

resteront égyptiens... Le processus atteindra son point culminant sous les usurpateurs libyens de la XXVIe dynastie, sous Psammétique plus précisément. C'est alors que les éléments nationaux d'une garnison de l'armée égyptienne cantonnée à Daphné, à Mocéa et l'Ile d'Abu refusèrent d'obéir au « roi » étranger et allèrent offrir leurs services au roi de Koush du Soudan Nubien, c'est l'expédition des Automoles dont parle Hérodote... »[33].

Il n'empêche cependant que toutes ces attaques étrangères épuisèrent l'Égypte au point qu'elle ira s'affaiblissant, sans jamais plus retrouver ni sa splendeur, ni même ses territoires du Moyen-Orient, pour s'effondrer totalement par la suite sous les assauts successifs des envahisseurs Assyriens, Perses, Grecs et enfin Romains. Cette présence physique d'une autorité étrangère en terre d'Égypte déclenchera de grands exodes d'Africains qui émigreront vers le Centre de l'Afrique, l'Ouest, le Sud, et qui vont constituer une partie du peuplement actuel de l'Afrique dont les grands Empires (Ghana, Mali, Songhaï, Monomotapa, etc.) vont subir à leur tour ces invasions étrangères pour s'effondrer finalement, notamment sous les attaques des Almoravides. En 1076, Ghana la capitale tombera :

« *Les Almoravides s'étaient montrés d'une cruauté exceptionnelle lors de la prise de Ghana : les biens étaient pillés, les habitants massacrés. Après cette interruption de 10 ans, Ghana sera encore attaqué par les vassaux Sossos, mais il réussira à se maintenir jusqu'à l'investissement de la capitale par Soundiata Keita, en 1240* »[34].

D'après Wa kamissoko, Soundiata Keita qui va donner à l'Empire du Mali toute sa puissance, mènera une guerre implacable contre les vassaux Sossos, afin de mettre fin à l'esclavage et au commerce négrier que ces courtisans, ancêtres spirituels des actuels présidents africains autoproclamés, pratiquaient avec les Arabes. Mais, l'Empire du Mali sera annexé par l'Empire du Songhaï (ou Sonhaï) qui, à la bataille de Tondibi en 1591, sera détruit par des Marocains équipés d'armes à feu et conduits par l'eunuque espagnol Djader Pacha. En Afrique Centrale, les royaumes Kongo, Lunda, Luba et Kuba, furent désintégrés sous les attaques des Européens. Les agressions contre l'Afrique noire auront pour point d'orgue enfin, les razzias négrières transatlantiques qui dureront quatre siècles, et qui arracheront environ 400 millions d'Africains :

« *La traite, cette tragédie à multiples facettes, restera la plus importante entreprise d'asservissement et d'avilissement de l'homme. Cette agression cruelle, à laquelle prirent part presque toutes les nations européennes .... a désorganisé la société africaine jusque dans ses profondeurs. En liquidant les États constitués, en détruisant les bases morales des sociétés établies, en*

[33] Cheikh anta Diop, *Ibid.*
[34] Cheikh anta Diop, *L'Afrique Noire Précoloniale*, Ed. *Présence Africaine*, p.71.

saccageant les structures de production intellectuelle et matérielle et en déportant les ressources humaines les plus vigoureuses et les plus brillantes, la traite a laissé des marques indélébiles dans la conscience et dans la vie sociale des peuples africains »[35],

écrit Edem Kodjo.

Ce sont ces diverses invasions qui ont provoqué la déstructuration de la société, qui se manifestera par la fuite dans le désordre des populations terrorisées. C'est ainsi que des États jadis constitués n'auront plus désormais qu'une existence éphémère, face à la mise en place du développement de royaumes de courtiers négriers, à la montée en puissance et au triomphe de toutes sortes de criminels arrivistes totalement corrompus, placés et maintenus au pouvoir par les armes de pays étrangers, comme c'est le cas aujourd'hui avec la meute de *présidents-grands-timoniers-pères-de-la-nation*, experts toutes catégories en fraude électorale et autres tricheries et escroqueries avérées.

Le peuple noir doit par conséquent avoir présent à l'esprit que les invasions qui ont affaibli l'Afrique noire, permis son occupation par les peuples étrangers, ainsi que la déportation esclavagiste de centaines de millions d'Africains, n'ont été possibles qu'en raison de nombreux facteurs, dont le fait que les bâtisseurs d'empires, les grands chefs assiégés de toutes parts, eurent à se battre simultanément sur deux fronts : contre les envahisseurs arabes et occidentaux. Sur le plan africain, cette stratégie de dislocation de l'Afrique noire a, en son temps, acculé El Hadj Omar et Ahmadou Bamba, à faire face à la révolte peule, pendant qu'ils combattaient les Français. Samory (ancien roi dans l'actuelle Guinée), pour sa part, vers 1890, était en guerre contre les Français, en même temps qu'il se défendait contre Tieba, roi de Sikasso (Mali) ; Behanzin (Bénin), chassé du trône, vit son frère Agonglo se faire proclamer roi par le sanguinaire capitaine Dodds; le Morho-Naba (actuel Burkina Faso), affaibli par les bandes Zerma venues de la région de Niamey, ne put faire face longtemps à la barbarie de l'expédition française de 1896. Au Tchad, les guerres continuelles que se menaient les quatre États du Kanem-Bornou, du Baguirmi, du Ouaddaï et du Darfour, rendirent de grands services à l'envahisseur français qui s'installa sans peine dans cette région qu'il continue à ce jour, comme sur le reste de ses possessions africaines, de manipuler à sa guise. Cette philosophie politique est exprimée par Lyautey[36] qui déclare sans ambages :

« l'action politique est de beaucoup la plus importante; elle tire sa plus grande force dans la connaissance du pays et de ses habitants. S'il y a des coutumes et

[35] Edem Kodjo, *op. cit.* p.96.

[36] P. Lyautey est cité par P. Guillaume in *Le Monde Colonial.* Voir aussi P. Lyautey : *L'Empire Colonial Français*, Ed. de France, 1931.

des mœurs à respecter, il y a aussi des haines et des rivalités qu'il faut démêler et utiliser à notre profit, en les opposant les unes aux autres, en nous appuyant sur les unes pour mieux vaincre les autres ».

Il est par conséquent impératif pour le peuple noir en général et l'Afrique noire en particulier de méditer tant à l'histoire de son passé qu'à celle de son présent. Les divisions suscitées par les mésententes et les rivalités sont et seront toujours exploitées par les intérêts étrangers à l'Afrique et au peuple noir. Les trahisons et les cupidités, qui gangrènent l'Afrique noire sont souvent dues au manque de patriotisme d'un grand nombre d'Africains, conséquence de la rupture de leur conscience historique. Ce sont ces tares qui ont fait sombrer l'Afrique noire, par la faute hier de rois trop confiants en l'étranger, et aujourd'hui de voyous attitrés en col blanc, assoiffés de pouvoir, source de prébendes de toutes sortes. La désunion de l'Afrique noire, dans le présent et l'avenir, ne desservira pas seulement le continent subsaharien, elle l'entraînera dans le chaos désormais inévitable, si le peuple noir, sa jeunesse en priorité, ne se manifeste pas par un sursaut salutaire ; car le peuple noir doit le savoir, le renoncement à tout désir d'indépendance est aussi l'indice d'une trahison : « L'allégeance à une puissance étrangère, même amie, n'a jamais fait figure que de crime de haute trahison »[37]. Aussi,

« *les élites africaines doivent se persuader que leurs pays ne peuvent plus continuer à être le prolongement des grandes puissances et l'amitié voire la coopération que l'on peut établir doivent être exclusives de toute dépendance, de toute soumission et de toute servilité* »[38].

Les pays étrangers qui ont placé et maintiennent aujourd'hui au pouvoir en Afrique noire des despotes dont l'un des objectifs est de durer le plus longtemps possible afin de causer le plus de dégâts possibles à l'Afrique noire, sont ceux-là mêmes qui, il y a moins d'un siècle, pratiquaient les razzias esclavagistes qui continuent de saigner l'Afrique et toute la race noire. Ils n'ont jamais été et ne seront jamais les amis du peuple noir. L'oublier ne serait pas seulement une faute grave, mais une option au suicide. Le peuple africain doit se mobiliser pour réaliser d'urgence son unité politique, seul gage du futur du peuple noir.

---

[37] Edem Kodjo , *op. cit.* p. 109.
[38] Edem Kodjo, *op. cit.* p. 111.

LA GUERRE DU BIAFRA : DÉSINFORMATION ET MANIPULATION DES MÉDIAS ? ÉTUDE DE QUATRE GRANDS QUOTIDIENS : *LE MONDE, LE FIGARO, LA CROIX* ET *L'HUMANITÉ*

Momar MBAYE*

Introduction

Sept ans après son indépendance, le Nigeria entre dans une phase d'évolution politique d'une violence rare. En moins de six mois, il connut deux sanglants coups d'état et bascule en 1967 dans une effroyable guerre civile. La tragédie fit en deux ans et demi plus de deux millions de morts. Elle souleva aussi une vive indignation internationale et mobilisa les médias du monde entier. La presse française ne fut donc pas absente dans la couverture d'un évènement d'une aussi grande importance.

Aussi était-on en droit de se croire bien informé dès l'instant qu'on se plongeait dans la presse d'alors. Seulement ces certitudes furent mises en branle par deux ouvrages. Rémy Boutet dans l'*effroyable guerre du Biafra* (1992) stigmatisait une manipulation des médias hexagonaux par des agents pro biafrais. Une telle assertion fut confirmée dans un livre encore plus récent. En effet, Stephan Smith et Antoine Glaser reprennent en 2005 dans leur ouvrage *Pourquoi la France a perdu l'Afrique ?*, les propos de l'ancien chef du SDECE Maurice Robert qui affirmait avoir influencé les médias français pour éveiller un sentiment de compassion et de proximité avec le peuple biafrais auprès de l'opinion publique. Pour qui s'intéresse à la presse hexagonale dans ses rapports avec le continent noir, de telles révélations ne pouvaient évidemment pas laisser indifférent. Avons-nous dès lors décidé, pour en avoir une vision claire, de jeter un regard pointilleux sur le traitement de cette guerre dans quatre périodiques nationaux de tendance et d'obédience diverses. Nous tenterons ainsi d'analyser tour à tour la place qu'occupe un tel évènement dans les tentatives d'explication du conflit, les thèmes privilégiés, ainsi que les approches et les postures adoptées çà et là.

1. Les causes

Les quotidiens et hebdomadaires français couvrant le conflit biafrais n'ignorent pas un fait majeur. L'État africain dont les opérations sont le théâtre est très peu connu de leurs lecteurs. Il a beau être l'un des plus peuplés et des plus riches du continent africain, le Nigeria ne dispose point de la célébrité de la Côte-d'Ivoire. Son appartenance au monde anglophone en est une des raisons. Aussi rapporter des évènements s'y déroulant requiert de la part des journalistes beaucoup de pédagogie ; d'où la pléthore

* Doctorant, université de Rouen, département d'Histoire/GRHIS.

des articles qui s'ingénièrent à expliquer les raisons du conflit. Les causes considérées sont évidemment variées selon que l'on considère tel ou tel journal.

1.1. Les causes anciennes et immédiates.

Dans un article de *La Croix* daté du 19/9/1968 au titre plus qu'évocateur des causes du conflit, Yves-Guy Berges pense que la vieille rivalité entre les Ibos du sud-est et les Haoussas du nord avaient atteint son paroxysme. Et cet état de fait conduisit inévitablement à l'éclatement du conflit. Tout en reconnaissant cette vieille opposition, le quotidien de la rue des Italiens (*Le Monde*) prend aussi en compte dans le déclenchement des hostilités les erreurs des hommes politiques nigérians des débuts de l'indépendance. Selon le spécialiste maison Philippe Decraene, les ambitions et erreurs du général Ojukwu chef de la rébellion y sont pour beaucoup dans l'éclatement de la guerre. De même, il épingle le général Ironsi, éphémère chef d'État de janvier à juillet 1966. Ce dernier, rappelle t-il, pour éviter d'apparaître comme le président du seul peuple Ibo dont il est originaire fit la part belle aux officiers Haoussas de son entourage, semant du même coup les germes de la vengeance nordiste. Laquelle fut non négligeable parmi les mobiles du séparatisme. On voit alors d'après ces premières explications l'étendue des oppositions ethniques au Nigeria.

Un tribalisme facteur de divisions est également un élément hautement inflammable. Cette remarque fut allègrement reprise par presque tous les journaux. Toutefois, le *Monde* y apporte un contenu historique.

Dans son numéro du 14/01/1970, c'est-à-dire au moment de la reddition biafraise, Decraene, sans doute pour appeler les belligérants à plus de responsabilité, revient largement sur l'évolution historique du pays, de la domination anglaise au putsch de 1966. Il y détaille la manière dont les britanniques ont renforcé les divisions ethniques en donnant plus de considération au nord. Il n'oublie pas non plus les premiers leaders politiques dont les formations n'étaient que des caisses de résonance de leur région d'origine.

Mais peut-on vraiment dire que la guerre du Biafra s'explique par l'exacerbation de la haine entre Ibos et Haoussas ? Nombreux sont, en effet, les pays africains traversés par cette ligne de partage entre le Sahel et la forêt. Et pourtant, seul un pays a connu une guerre civile. N'y aurait-il donc pas d'autres facteurs aggravants ? C'est du moins l'avis de *L'Humanité*. Aux dires du quotidien d'extrême gauche, la tendance à voir le tribalisme dans tous les conflits africains relève d'un vieux réflexe colonial. Et R. Lambotte de conclure que même si l'opposition ethnique existe, elle demeure insuffisante. Les enjeux économiques tiennent une position prépondérante. La riche manne pétrolière du Biafra a poussé les capitalistes à encourager Ojokwu à la rébellion. On reconnaît là la position d'un journal d'opinion foncièrement anti-capitaliste. Toutefois l'organe du PCF ne fut pas le seul à mettre le doigt sur d'autres causes.

1.2. Les causes stratégiques et économiques

Le Monde, à l'instar des journaux de droite, prend en compte de tels mobiles. Decraene dans un article du 23/11/1967 consacre à l'analyse des causes un chapitre intitulé : *une odeur de pétrole*. On retrouve à peu près le même titre dans *la croix* du 13/01/1970 : *le pétrole responsable*. Le périodique fondé par Beuve-Mery pense que le général Ojukwu a décidé sa rébellion parce qu'il mesurait la richesse en or noir de son territoire et était convaincu du soutien des grandes compagnies pétrolières. Le quotidien catholique abonde dans le même sens et en profite pour brocarder la politique des grandes compagnies dont la recherche du profit l'a emporté sur des considérations humaines. Quant au *Figaro*, il ajoute aux mobiles économiques des préoccupations stratégiques. Ainsi Jean-François Chauvel (*Figaro* du 18/11/1967) compare le Biafra au Congo. Il pense que ce conflit dépasse le simple cadre africain. Sur ce territoire, se joue une lutte d'influence entre britanniques et soviétiques pour remporter l'exploitation des riches gisements du sud-est nigérian, conclut t-il. D'ailleurs, le journal fait davantage de développements sur la position soviétique, qu'il estime dictée par la vieille politique arabe. L'URSS soutiendrait le gouvernement fédéral car il est le représentant des musulmans du nord face aux chrétiens du sud. On rentre alors de plain-pied dans les causes religieuses.

1.3. Les causes religieuses

Il n'est, à notre avis, point surprenant qu'un journal d'obédience religieuse soit le porte-voix de cette position. Suivons plutôt les propos de Yves-Guy Berges :

> « ... *les Ibos et les Haoussas n'ont rien en commun, ni langue, ni religion, ni climat. ... Au nord, les Haoussas, 29 millions, musulmans convaincus maintenus au moyen âge par un système féodal qu'entretiennent des émirs. ... A l'est les Ibos, 12 millions, chrétiens, curieux, ouverts à tout, fiers et même orgueilleux et imprégnés sans complexe par la civilisation britannique* » (*La Croix*, 11/09/1968).

Ledit quotidien est encore plus explicite. Dans sa manchette du même jour, il met en évidence un soldat biafrais blessé et n'hésite pas à insérer un cliché d'un soldat biafrais : le document « illustre bien le côté guerre de religion de cette lutte terrible ». *Le Monde* sans être aussi catégorique aborde à certains égards dans le même sens. Ainsi voit-on Decraene dans sa tentative d'expliquer le manque de soutien au Biafra par certains dirigeants africains, brandir le mobile religieux dans leur comportement. Les pays du Maghreb, soutient-il, à l'exception de la Tunisie sont anti-Biafra par solidarité musulmane. De même, quelques leaders d'Afrique noire adoptent la même posture pour plaire à leurs populations fortement islamisées ; tel est le cas de Senghor. Thèse sujette à caution, car l'auteur néglige les raisons souvent avancées, à tort ou à raison, par ces dirigeants : le strict respect des frontières héritées de la colonisation (charte de l'OUA). Il se complaît dès lors dans une certaine mesure dans un procès d'intention. Aussi est-on en droit de se demander si l'évocation des causes religieuses ne rentre pas dans une logique spéciale : réveiller les consciences occidentales face au drame.

2. Horreurs et responsabilités

Avec plus de deux millions de victimes, cette guerre fut plus meurtrière que celle du Vietnam et nettement plus sanglante que celle du Proche-Orient. Elle a été une horreur indescriptible que s'est pourtant évertuée à peindre la presse.

2.1. L'horreur absolue

Une série de reportages effectués sur le champ de bataille par le spécialiste maison du quotidien de la rue des Italiens fait un gros plan sur l'indicible situation du Biafra. Suivons plutôt Decraene :

> « *la capacité normale de cet ensemble hospitalier est de quatre-vingts lits, et il y a actuellement huit cents malades ou blessés dont certains immobilisés depuis trois mois...urines, excréments, pus, médicaments, composent des senteurs méphitiques qui rappellent celle d'une fauverie surchauffée. Mais il y a quelque chose de plus âpre et de plus violent dans ces remugies qu'un odorat occidental supporte difficilement...* ». Et plus loin, on peut encore lire : « *il y a des vieux qui expirent parce qu'il faut sauver les plus jeunes. Des grands blessés de la face pour lesquels on ne dispose d'aucune prothèse ; tels ces trois soldats aux maxillaires inférieurs broyés auxquels une calebasse tient lieu de menton. ... des hommes déchiquetés sans yeux, sans nez, sans jambes, des femmes qui vont mourir parce qu'il n'y a plus de plasma ni de sang pour les transfuser* » (*Le Monde* du 7/05/1969).

Et l'article produit trois jours plus tard sur la grande misère des populations civiles est du même acabit. Il met en évidence une énorme pénurie alimentaire en plus du manque de médicaments. Ceci provoque une augmentation exponentielle du taux de mortalité au Biafra. Ce journal ne fut pas le seul à mettre en exergue l'extrême dénuement des populations biafraises ; l'organe catholique ne fut pas non plus en reste. En plus des textes, ce quotidien excelle surtout dans l'image. On voit ainsi en manchette du 14/02/1969 des enfants d'une maigreur indescriptible venir recueillir de la nourriture distribuée par des organisations humanitaires. Dans le même ordre d'idée, un grand titre en première page du 13/01/1970 : *la fin dramatique du Biafra*, accompagne une insoutenable photo d'un enfant décharné avec ce commentaire : « dans le regard de cet enfant toute la détresse des affamés ». Cette propension à montrer l'horreur la plus totale participe de deux principes : d'abord désigner les nombreux responsables de cette hécatombe, ensuite réveiller les consciences ramollies de l'Occident.

2.2. La responsabilité des grandes puissances et des opinions publiques

Les grandes puissances et les organisations internationales, du fait de leur ineptie et de leur participation plus ou moins active à ce conflit, sont en premier lieu les grands responsables de l'horrible affrontement. Tel semble être l'état d'esprit de plusieurs journaux.

La Croix, après l'échec du Biafra, met en gros titre : *guerre au Nigeria et responsabilités internationales* (13/01/1970). Dans cet article, Lucien Gussard stigmatise le mutisme des puissances. Il admet que les considérations politiques et économiques ont guidé le silence des nations fortes. Mais à l'impéritie de ces pays, il faut ajouter, conclut t-il, les carences de l'organisation internationale. D'ailleurs dès le 7/08/1967, c'est-à-dire peu de temps après le début des hostilités, un édito du *Monde* faisait apparaître l'isolement du Biafra sur la scène internationale. À cet isolement, s'ajoute le naufrage. Et le journal d'appeler, pour y faire face, à une réaction rapide en taisant les torts de toute façon partagés par les belligérants, mais aussi et surtout en contraignant les deux puissances vendeuses d'armes au Nigeria, la Grande Bretagne et l'URSS à stopper leurs livraisons. Le quotidien d'extrême gauche, lui, abonde certes dans le même sens en critiquant l'œuvre des grands pays, mais son propos prend le revers des autres. Il accuse ouvertement l'implication française dans la longueur et la dureté de la guerre.

Un autre fait est souvent retenu comme étant en partie responsable du naufrage : l'indifférence des opinions occidentales. Nombreux sont, en effet, les journalistes qui dénoncent le silence égoïste dans le massacre des populations biafraises. Toutefois, les réponses apportées à ce détachement varient d'un quotidien à l'autre. Pour *La croix* du 16/09/1968, les opinions occidentales, en particulier françaises, ne se sont pas souciées des malheurs biafrais à cause d'une part des médias, et de l'autre des hommes politiques. Les premiers se sont désintéressés du Nigeria car la lecture idéologique actuelle n'y était pas applicable. Quant aux politiques, ils restent tragiquement engoncés dans une approche de l'Afrique totalement éculée.

François Debré (*Le Monde* du 13/01/1970) pense que l'abandon des opinions occidentales, défenseurs des droits de l'homme et du droit des peuples à disposer d'eux-mêmes fut pour beaucoup dans la démoralisation des biafrais, cause finale de la défaite. D'autres responsables furent aussi désignés : ce sont, entre autres, les leaders africains et le gouvernement nigérian.

2.3. Responsabilités des leaders africains et de Lagos

Dès le début, nombreux sont ceux qui ont vu un Katanga bis dans la sécession biafraise. Ce conflit fratricide du Congo naissant a marqué d'un fer rouge les consciences africaines d'alors. Et l'irrédentisme ibo ressemble à s'y méprendre à celui de Tschombé et cela explique la dénonciation quasi unanime de la part des leaders africains. Dans le monde du 19/09/1968, l'ancien directeur du centre CHEAAM (Centre des Hautes Études Asiatiques et Africaines Modernes) souligne la grande prudence des présidents africains. Ils seraient aux dires du journaliste tellement terrorisés à l'idée de voir se produire une révolte pareille chez eux qu'ils adoptent une position inflexible. Cependant, des quotidiens comme *La Croix* pensent qu'en prenant cette posture et surtout en incitant l'OUA et l'ONU à faire de même, les hommes d'États africains furent foncièrement compromis dans ce qu'ils nomment désormais un génocide.

Un autre responsable est le gouvernement de Lagos. À plusieurs reprises, il est présenté sous un aspect intransigeant. D'ailleurs le titre du *Monde* du 19/08/1968 n'y est pas allé par moult chemins dans l'échec des négociations d'Addis-Abeba. La même accusation est portée par *La Croix* dans l'échec lors du sommet de l'OUA de septembre 1968 à Alger. Ainsi Lagos apparaît souvent comme un violent agresseur dont l'objectif principal n'est point de négocier mais de pousser le Biafra à terre, sans autre forme de procès. Mais dans plusieurs articles deux faits majeurs reviennent dans ce conflit : la solution à adopter et le rôle de l'hexagone.

3. Solutions et rôle de la France

Tout au long du conflit et jusqu'à son terme, les journalistes n'ont pas arrêté d'ébaucher des solutions pour sa résolution. Celles-ci furent dans l'ensemble en faveur du peuple biafrais. Mais une fois la défaite consommée, c'est un appel à la mansuétude et à la responsabilité qui fut souvent adressé au gouvernement fédéral.

3.1. Les solutions

Les raisons usitées pour apporter le soutien à la sécession tiennent à ce que les médias ont considéré comme la bravoure et la détermination des insurgés.

3.1.1 Aider le brave peuple biafrais

Au milieu de l'année 1968, le pays biafrais se réduit comme peau de chagrin d'où le surnom qui lui est accolé. On observe dès lors la production d'une série d'articles magnifiant la résistance du peuple ibo, son organisation et surtout l'aide substantielle dont il a besoin : Jacques Madole (cf. *Le Monde* du 30/06/1968) dans une tribune titrée : *pour le Biafra*, essaie de faire prendre conscience au peuple français de l'agonie d'un peuple ayant sérieusement besoin de soutien. Et une semaine plus tard, Philippe Decraene, dans un texte au titre plus qu'illustratif : *un pour quatre*, mentionnait la grande détermination des sécessionnistes face à l'écrasante supériorité militaire des fédéraux. *Le Figaro* s'engouffre dans le jeu avec un article au ton carrément compatissant. Il invite à l'aide d'un courageux peuple certes agonisant, mais résistant de toutes ses forces pour conserver ce qu'il a de plus cher, sa liberté et son indépendance. Son portrait du général Ojukwu peint sous les traits d'un homme intègre, discret et chargé par l'immense peuple biafrais à le mener jusqu'à l'autodétermination, participe de cette logique. D'ailleurs, la présentation de l'ancien gouverneur de l'État du sud-est par *Le Monde* du 13/01/1970, après la défaite, fait ressortir un nationaliste certes ambitieux mais rigoureux et intègre. Mais on est tenté de dire que c'est le journal catholique qui livre clairement les raisons du soutien. Dans ses éditions du 11 et 12/09/1968, sous la plume de Yves-Guy Berges, *La Croix* appelle ouvertement l'Occident à apporter son concours à la sécession, car les Ibos sont les porte-drapeaux des valeurs de l'Occident au Nigeria. Abandonner le Biafra équivaudrait donc à renier ses propres principes. Les nombreux reportages du *Monde* admirant le génie extraordinaire et l'organisation étatique du Biafra participent de cet appel (cf. *Le Monde* du 10/09/1968 et du 08/05/1969).

À la fin du conflit, les préoccupations furent autres. Désormais, il n'est plus question de définir un nouveau fonctionnement de la fédération nigériane.

3.1.2. Repenser autrement la fédération

En réalité, dès 1967, certains articles attirent l'attention sur l'inadéquation de la guerre pour le règlement des tensions internes. Dans le dernier chapitre de sa série de reportages consacrés au Nigeria, Philippe Decraene (cf. *Le Monde* du 23/11/1967) appelle à privilégier la voix de la raison. Il préconise un partage des efforts dans les deux camps. Le Biafra doit, à son avis, renoncer au séparatisme et favoriser la promotion d'un homme moins marqué par la révolte comme le Dr Okpara, ancien premier ministre de l'État du sud-est. Du coté gouvernemental, beaucoup de patience doit être mise en œuvre pour intégrer les sécessionnistes. En outre, les ethnies minoritaires devraient avoir plus de représentation pour éviter la tripolarisation ethnique vecteur des rivalités prononcées.

Dans *La Croix* du 15/01/1970, Antoine Wenger revient sur la problématique de l'unité. Il pense qu'il est nécessaire d'opérer une reformulation de la structure traditionnelle car le pays, tel qu'il est, contient encore les germes intrinsèques du conflit. Sa remarque s'adresse aussi aux

Africains qui pensent que la guerre n'était que le fruit de manipulations impérialistes. Dans le même ordre d'idée, Jacques Madole dans un article intitulé : *pour les vaincus*, tord le cou à la vieille habitude de l'histoire qui a souvent tendance à condamner les vaincus. Il veut que le sacrifice des Ibos puisse ouvrir les yeux à la communauté humaine et faire en sorte que les raisons de la révolte soient effacées une fois pour toutes.

3.2. Paris et le conflit

3.2.1. Une politique louable

À l'instar des grandes puissances mondiales, le rôle de la France dans cette crise biafraise aura mobilisé de nombreux articles. Ceux-ci dans leur majorité ont sévèrement critiqué l'implication de l'Angleterre et de l'URSS dont le soutien au pouvoir central a été à l'origine de désastres inouïs au Biafra. Cette mise en valeur des responsabilités britannique et soviétique se justifie par le besoin de magnifier l'action de la France. Celle-ci fut, aux dires de nombreux spécialistes de nos quotidiens considérés, guidée par de simples préoccupations humanitaires. Il en est ainsi de l'article de Pierre Limagne, dans *La croix* du 13/01/1970, selon lequel le conflit a révélé les mœurs politiques des grands pays dont l'action demeure intéressée et profondément marquée de culture coloniale. Et le journaliste de penser que la France, qui dispose dans le monde entier d'une exceptionnelle réputation, s'est distinguée par la justesse de son action d'ailleurs hautement appréciée au Biafra. Cet angle d'analyse est partagé par Philippe Decraene dans *Le Monde* du 13/09/1968. Il montre dans son document que la détermination française d'aider le Biafra provient de simples préoccupations humanitaires et diplomatiques. Car devant le martyr du Biafra, Paris ne pouvait rester insensible. De plus, la détermination des insurgés est une réelle preuve de leur attachement à la liberté et au droit à l'autodétermination que Paris ne saurait ignorer. Et le journaliste de balayer d'un revers de main les accusations erronées de Lagos quant à la défense de quelques intérêts français. Il montre, pour étayer son propos, l'extrême faiblesse des investissements français au Nigeria.

3.2. 2. Une accusation à tort

Au lendemain de la reddition de la rébellion, le président nigérian, le général Gowon, décida de punir certains pays dans leur participation à l'aide apportée à la région touchée. Cette décision de Lagos accuse ouvertement Paris d'avoir été un des principaux armateurs du Biafra, par conséquent grand responsable du sang versé sur le sol nigérian. Situation peu reluisante pour le pays des « droits de l'homme » qui se voit ainsi considéré au même titre que des pays à réputation peu enviable : le Portugal, l'Afrique du sud et la Rhodésie.

Le journal d'extrême gauche reprend à son compte cette accusation en montrant un remue-ménage des français au niveau du Gabon, bastion hexagonal par excellence. Cependant, les autres journaux de la place ne reprirent pas en cœur l'analyse de *l'Humanité*. Ils pensent plutôt que l'accusation nigériane est totalement infondée. Ainsi, le *Figaro* soutient qu'une telle décision de la part du gouvernement nigérian recèle des objectifs très peu avouables. Dans un article du 15/01/1970, Thierry Desjardins du *Figaro* pense que l'exclusion de la France s'explique par le désir de Lagos d'opérer une pacification que l'on voudrait sans témoins. Le même journal persiste dans le même sens. Et André Frossard, répondant à l'accusation de collision de Paris lancée par un journaliste anglais au lendemain de la guerre, pense que si la France est fautive ce n'est point pour avoir financé cette guerre mais surtout pour avoir suivi des positions irresponsables de gouvernements travailliste et socialiste qui ont laissé se prolonger le massacre au nom de principes inavoués. Cette défense du rôle de la France apparaît aussi dans *Le Monde* du 16/01/1970 sous la plume de Michel Tatu : le journaliste s'insurge contre le tort fait à la France. Selon lui, les mobiles évoqués par les Nigérians sont beaucoup trop faibles. Car non seulement Paris ne s'est jamais livré à doter massivement le Biafra d'armes, chose du reste confirmée par le général Ojukwu, mais sa reconnaissance ne fut jamais officielle. Et son action ne fut jamais qu'humanitaire. On aura constaté que dans cette réflexion des quotidiens sur le rôle de la France, de nombreux paramètres sont à prendre en compte. Le contexte de guerre froide d'alors y est pour quelque chose dans les conclusions de *l'Humanité.* La défense de la patrie salie et la vieille rivalité anglo-saxonne ont été des mobiles non négligeables quant à la compréhension des observations *du Monde et du Figaro.*

Conclusion

Au terme de cette analyse, beaucoup de choses sont à remarquer dans la couverture des évènements nigérians par les quotidiens pris en compte. La large implication du *Monde* et de *La Croix* est ce qu'il faut noter en premier lieu. La foultitude des articles consacrés à l'évènement et la diversité des journalistes qui se sont saisis de la question renseignent sur leur réelle préoccupation. *Le Monde* remplit son rôle de quotidien de référence par la diversité de ses sujets et son objectif de couvrir le monde entier. Journal d'obédience religieuse, profondément attaché aux questions humanitaires, *La Croix* ne pouvait pas, du fait de quelques relents religieux, applicables au conflit, rester indifférent au drame. Quant aux deux journaux d'opinion que sont le *Figaro* et *l'Humanité*, ils furent sans doute influencés par leurs idéologies respectives. Foncièrement cramponnée derrière l'union soviétique et ouvertement anti-capitaliste *l'Humanité* a eu souvent un angle d'analyse très intéressant. Pour des raisons presque similaires, *Le Figaro* porte drapeau du conservatisme français, soutien décisif du gouvernement fédéral, n'a pas toujours été d'une sincérité sans faille.

Aussi peut-on clore cette réflexion à propos d'une éventuelle manipulation de la presse française par des agents pro biafrais en soutenant que les journaux sont restés plus ou moins dans leur ligne éditoriale traditionnelle. Même si dans l'ensemble le sort désastreux du Biafra a été plutôt partagé, on ne peut affirmer qu'il s'agit réellement d'une manipulation ou d'un détournement venu d'on ne sait quel service secret. Car *Le Monde* a cherché à maints égards à nuancer son propos. Ce qu'il faut retenir, en définitive, c'est le manque de distance plus ou moins observée dans pratiquement tous les journaux, lequel s'explique par des œillères figées sur le monde et l'Afrique et desquelles ils se sont très peu départis.

Références bibliographiques

Les Journaux :

La Croix : 06/08/1968 ; 10/09/1968 ; 11/09/1968 ;12/09/1968 ; 19/09/1968 ; 13/01/1970 ; 15/01/1970.
Le Figaro : 18/11/1967 ; 09/09/1968 ;13/01/1970 ;14/01/1970 ; 15/01/1970.
L'Humanité : 16/08/1968 ; 13/01/1970 ; 14/01/1970 ; 16/01/1970.
Le Monde : 18/11/1967 ; 10/06/1968 ; 07/07/1968 ; 02/08/1968 ; 19/08/1968 ; 21/08/1968 ; 10/09/1968 ; 19/09/1968 ; 08/05/1969 ; 09/05/1969 ; 13/01/1970 ; 16/01/1970 ; 20/01/1970 ; 14/11/1970.

Les ouvrages :

Boutet Remy, *L'effroyable guerre du Biafra*, in Revue Afrique contemporaine volume N° 14, Paris, 1992.
Glaser Antoine, Smith Stéphane, *Comment la France a perdu l'Afrique*, éd. Calmann-lévy, Paris, 2005.
Sitbon Michel, « *Le Biafra oublié* » in Un génocide sur la conscience, Paris, 1998, p. 40-48.
Verschave François-Xavier, *La France Afrique. Le plus long scandale de la république*, éd. Stock, Paris, 1999.

FRANÇAIS/LANGUES AFRICAINES : COLONISATION LINGUISTIQUE HIER ET AUJOURD'HUI, ICI ET LÀ-BAS

Bernard ZONGO*

Introduction

L'intitulé de la communication peut susciter chez certains un arrière-goût revanchard ou suggérer chez d'autres en écho du « déjà-entendu » à cause de toute évidence de ce terme historiquement situé et consensuellement connoté : « colonisation ». Mais force est de reconnaître avec Cheikh Anta Diop que la restauration de la conscience historique de l'homme noir, dans sa dimension linguistique en ce qui nous concerne, est une lutte permanente tant les pesanteurs sont nombreuses et persistantes, tant les instances de domination ne sont jamais à court d'inventivité pour préserver leur statut. Et c'est précisément le lien qu'il faudra établir entre l'idéologie revendicative et réhabilitatrice de l'égyptologue africain avec l'objectif des propos que je vais tenir.

Mon collègue Cheikh M'backé Diop[39] rappelait hier à juste titre de quelle manière les pseudo-scientifiques ou pseudo-humanistes (Voltaire, Hegel, Gobineau, Bruhl, Hume), très tôt, mais au XIXe siècle tout particulièrement, se sont appliqués à légitimer au plan moral et philosophique l'infériorité intellectuelle décrétée du Nègre et ont travesti les données scientifiques pour les mettre au service d'une idéologie de soumission/domination du noir, j'allais oser dire de l'homme noir, encore fallait-il que son statut d'homme fût reconnu. Le domaine de la linguistique n'a pas échappé à ce travail d'aliénation, de rejet, de dénégation conceptualisé par des linguistes et autres pédagogues de l'école africaniste française, supportée et encouragée par des institutions que l'on nomme, comme par diversion, francophones. De ce point de vue, nous pouvons affirmer que le concept de francophonie est sans doute la forme la plus aboutie, par l'efficacité de son action et la subtilité de ses stratégies, de la domination colonialiste dont on voit encore les traces d'une part dans les dénominations souvent employées par les Africains eux-mêmes : dialectes, patois vs langues, et, d'autre part dans le statut dominant du français en Afrique noire francophone : langue officielle, langue d'enseignement, langue de l'administration, langue de la réussite professionnelle, etc. Mon intention est de montrer avec quels moyens, par quelles stratégies,

---

* Docteur ès Lettres, professeur certifié de lettres modernes, chargé de cours à l'université de Rouen.

[39] Voir p.75-96 du présent ouvrage.

l'ancienne puissance coloniale a continué à exercer sa domination, son opération d'aliénation dans le domaine linguistique en France comme en Afrique, hier comme aujourd'hui.

Pour ce faire, je me contenterai de deux axes dans le cadre restreint de ce colloque, car s'il y a un domaine gigantesque à explorer – les étudiants en linguistique ne manqueront pas de sujets de thèse comme le rappelait mon collègue historien Bwemba Bong[40] – c'est celui de la colonisation linguistique menée par l'école africaniste française : 1) linguistique africaniste et idéologie glottaphagique, 2) politique linguistique française et langues minoritaires : idéologie du paradoxe.

1. Linguistique africaniste et idéologie glottophagique

Calvet (1974 : 31) définit la *glottophagie* en ces termes : « les langues des autres (mais derrière les langues on vise les cultures, les communautés) n'existent que comme preuves de la supériorité des nôtres, elles ne vivent que négativement, fossiles d'un stade révolu de notre propre évolution ». Contextualisant cette définition dans le cadre des rapports français/langues africaines, l'auteur de *Linguistique et colonialisme : petit traité de glottophagie*, précise à propos du terme glottophage : « Le premier anthropophage est venu d'Europe, il a dévoré le colonisé. Et, au plan particulier qui nous concerne, il a dévoré ses langues ». On verra en effet, que toute la linguistique africaniste française porte les germes d'une idéologie glottophagique. D'abord en filigrane, sous couvert de mission civilisatrice, ensuite d'une manière autoritaire par ce concept ambigu de francophonie. La langue française a été imposée au détriment de ce qui, dans un premier temps, a été appelé « dialectes et patois » puis par la force des choses, « langues africaines ». Car derrière les langues dont on a voulu nier le statut scientifique se cachaient et continuent de l'être les cultures et les communautés qui les pratiquent.

Par souci de clarté de l'exposé, je décrirai ce processus de glottophagie des langues africaines par le français/les Français en adoptant un point de vue diachronique pour interroger les balises les plus significatives de l'histoire linguistique africaniste. On peut ainsi distinguer quatre grandes périodes : 1) la période coloniale et la linguistique « pragmatique » selon l'expression de Vincke (1988), 2) la période moderne (à partir de 1945) ou le triomphe du formalisme et de la mission civilisatrice ; 3) les années 60 ou la sociolinguistique et ses turpitudes ; 4) enfin à partir des années 70 ou la diversion des institutions francophones.

Au cours de toutes ces périodes, les traces de la colonisation linguistique apparaîtront sous diverses formes : la dénomination linguistique et la minoration des langues africaines, l'orientation thématique

---

[40] Voir p.21-38 du présent ouvrage.

de la recherche et les productions éditoriales occupées par les chercheurs français, l'exclusion des Africains de la recherche et des instances institutionnelles de décision, le statut et le corpus des langues africaines, l'hégémonie du français dans les sphères de la vie publique et l'exclusion des langues africaines comme outils d'éducation et de développement.

1.1. Période coloniale : l'arrivée dans les colonies ou la linguistique « pragmatique »

On peut, *a priori,* être impressionné, sur le plan du corpus, par l'immense richesse des productions réalisées sur ce qu'il convenait d'appeler les dialectes ou patois africains à cette époque. Cette abondance s'explique par le fait que « le souci des premiers africanistes, voyageurs, administrateurs, ethnologues, linguistes, fut de répertorier les populations vivant dans les territoires qu'ils traversaient et conjointement les langues qu'elles parlaient » (Thomas et Béhaghel, 1980 : 23). Mais les intentions qui présidaient à ces initiatives et la qualité des scripteurs cachaient, sur le plan du statut, une démarche idéologique qu'on peut résumer à cette formule : « pouvoir communiquer pour mieux dominer ». Il faut dire aussi que certains de ces chercheurs de circonstance sans formation linguistique engageaient leur pronostic vital ou répondaient à des injonctions civilisatrices ou religieuses.

Les scripteurs et linguistes vont investir les grandes sphères géographiques qui forment le puzzle du domaine impérial français. Ainsi, l'Afrique occidentale est dominée par les écrits de Faidherbe (1864-1882 : *vocabulaires et notes grammaticales du peul, du wolof, du sérère et du soninké*), de Gaden (1908-1935 : *peul, baguirmien*), de Cremer (1919-1924 : *esquisses grammaticales et dictionnaire de peul, kassena et de manianka*), de Labouret (1934 : description du manding.) On y ajoutera d'autres noms : Tastevin, Abiven, Bazin, Delaforge, Senghor, Tauxier, Cheron, Griaule, Leiris, Alexandre, Froger, Vieillard. L'Afrique centrale, bien qu'abordée tardivement, a connu aussi son bataillon de linguistes et de scripteurs : Gaudefroy Demombynes (*vocabulaires et notes sur les langues oubanguiennes, nilo-sahariennes et tchadiques*), Bruel (1910 : *langues des Pygmées de la Sanga*), Calloc'h (1911 : *vocabulaires et esquisses grammaticales du ngbaka, du gbanzili, du mozombo et du gbea*), Tisserand (1931 : *dictionnaires des langues banda, grammaire du banda « commun », dictionnaire sango véhiculaire*), Eboué (1933 : *vocabulaires de langues oubanguiennes*). En Afrique équatoriale, on retiendra essentiellement les travaux d'Éboué, de Gaudefroy-Combines, de Lebeuf et de Mouchet. Pourquoi énumérer tant de noms ? Tous ces scripteurs partagent un objectif commun : mettre leurs travaux au service de la doxa idéologique de l'époque, c'est-à-dire, la domination et l'exploitation. Et c'est en examinant leur statut que l'on découvre la finalité des travaux de description des langues africaines.

On peut distinguer deux catégories de scripteurs. D'abord les missionnaires et les administrateurs. Dépourvus pourtant de formation linguistique pour la plupart d'entre eux, ils ont réalisé cependant de nombreux ouvrages sur les langues africaines comme on l'a vu. Les intentions étaient évidentes et n'ont pas besoin d'être explicitées davantage. L'évangélisation des populations devait passer par un apprentissage et une maîtrise des « dialectes » locaux. À ce sujet, je suis étonné (au sens étymologique d'être frappé par le tonnerre) par le discours de certains intellectuels franco-bourguignons qui semblent rendre hommage aux capacités inouïes de ces pères blancs qui pouvaient apprendre les langues africaines en quelques mois alors que ces « blacks » après tant d'années de séjour en France baragouinent à peine le français. Ces intellectuels pourraient s'interroger sur le niveau de compétence atteint par cet apprentissage accéléré des langues africaines, mieux sur les intentions d'une telle démarche. On se souvient, pour les plus anciens d'entre nous, des messes dites en langues africaines par les pères blancs et les efforts surhumains consentis par les ouailles africaines, non sans une certaine indulgence, pour entendre le message évangélique.

L'administration coloniale pour sa part avait besoin de mieux connaître les moyens de communication des populations pour un meilleur rendement des exploitations. Et lorsque l'école française fut installée dans les colonies, l'objectif n'était pas, loin s'en faut, de former des élites dans la perspective d'une hypothétique auto-gestion ultérieure mais bien de mettre en place un vivier d'où sortiront des cohortes d'interprètes. Les descriptions linguistiques n'avaient pas non plus pour but de mettre en valeur ou de protéger les langues africaines. L'expérience de Jean Dard suffit pour le démontrer. Jean Dard fut l'initiateur de l'école française en Afrique noire francophone, plus précisément à Saint Louis du Sénégal. C'était en 1817. Ses enseignements s'appuyaient sur les langues nationales et proposaient donc une pédagogie bilingue wolof-français. Cette expérience de mise en valeur des langues africaines sera supprimée par les autorités coloniales et Jean Dard renvoyé en métropole. Motif : selon l'ancien inspecteur général Charton, la suppression de la méthode bilingue se justifie car « les colonies d'Afrique noire n'ont pas, comme en Indochine ou en Algérie, une langue de civilisation, inspiratrice de culture et d'éducation. L'Afrique noire est un chaos linguistique » (cité par H. Nacuzon Sall – au chapitre 2 de sa thèse). Les intellectuels et écrivains africains formés à l'école coloniale servent souvent de caution à l'idéologie colonialiste pour prêcher les bienfaits de la colonisation. En réalité ces Africains ont d'abord réussi par leur travail, leur intelligence et leur capacité à s'adapter aux contraintes coloniales. Combien de ces auteurs ont été reconnus par les institutions littéraires françaises ? Très peu. Sembène Ousmane n'a-t-il pas été soupçonné de plagiat à la publication de son roman *Les Bouts de bois de Dieu* ? Combien d'écrivains africains ont été reconnus incapables d'avoir écrit leurs propres textes ? Ils sont nombreux.

Les linguistes « de formation », quant à eux, selon Thomas et Béhagel (1980 : 14) trouvaient en Afrique un terrain vierge pour conforter les théories de la grammaire comparée alors en essor en Europe (théorie des langues indo-européennes.) C'est le cas de Delafosse (1894-1929), auteur de *notes et esquisses grammaticales de plusieurs langues (agni, wolof, ewe, sara)*, mais surtout auteur d'une vaste comparaison des langues kwa qui aboutira à l'ouvrage : *Esquisse générale des langues d'Afrique*. On citera aussi Homburger qui a poursuivi le travail de Delafosse par une extension de la comparaison des langues ouest-africaines au bantu, puis aux langues nilotiques pour arriver à cette hypothèse : la parenté de l'ensemble des langues africaines dont l'origine se situe dans le domaine dravidien par l'intermédiaire de l'égyptien. Cette hypothèse qui nous ramène à Cheikh Anta Diop et à Théophile Obenga dans une certaine mesure ne sera jamais reprise par les linguistes africanistes français. Je rappelle que Homburger, comme son nom ne l'indique pas, est un allemand de formation anglo-saxonne.

Mais ces linguistes formés à la grammaire traditionnelle – celle de la norme – ne disposaient d'aucune véritable méthode pour effectuer des descriptions scientifiques de nouveaux parlers. C'est ainsi par exemple, que contrairement à leurs collègues allemands ou anglais de formation philologique, ou même contrairement aux linguistes français d'Asie, les linguistes français d'Afrique noire ont établi des descriptions des langues africaines en occultant les tons (aspect sans doute le plus difficile d'accès). Or on sait d'une part qu'une large partie des parlers africains sont des langues à tons, d'autre part que ces tons constituent des traits distinctifs qu'on ne peut négliger. Exemple significatif en mooré : selon la place des schèmes tonals, le lexème « saaga » change de sens : sáagá « la pluie », sáagà « un balai » sàagá « marchande (impératif) », saagá « caresse-le » (Zongo, 2004).

Au total donc et pour cette première vague de scripteurs et collecteurs de circonstance, on peut affirmer avec Kazadi (1991), que les descriptions linguistiques « visaient avant tout à faciliter la communication, pour connaître les peuples à civiliser ». La période qui suit utilisera d'autres méthodes mais pour les mêmes finalités de glottophagie.

1.2. Période moderne : triomphe du formalisme et mission civilisatrice à partir de 1945

Cette période présente une double caractéristique par rapport à la précédente : les chercheurs cette fois sont des linguistes confirmés et le contexte scientifique est dominé par le formalisme en linguistique. C'est l'époque de la récolte systématique des matériaux linguistiques, de leur description et de leur classement en familles de langues.

Pour réussir ces trois projets ambitieux, plusieurs organismes spécialisés français intégrant des études africanistes ainsi que des postes d'enseignement et de recherches seront créés, avec toujours le même point commun : la quasi absence de linguistes africains dans les groupes de recherches et les publications. Parmi les organismes spécialisés, on peut citer l'Institut Français d'Afrique Noire (IFAN – 1938-1965) dont le promoteur fut Théodore Monod. L'Institut d'Études Centrafricaines (IEC), l'ORSTOM (Office de la recherche scientifique et technique d'Outre-mer.). À ces instituts s'ajoutent des rattachements au CNRS. À partir de 1965, on assiste à un changement de perspective. C'est la systématisation et la planification de la recherche via le CNRS (RCP 121 Recherche coopérative sur programme – ER 74 Equipe de recherche – GR 32 Groupe de recherche – département Afrique du LP 3-121 Laboratoire Propre) et l'ORSTOM (Centre d'études des traditions orales ; Centre d'Etudes africaines de l'EHESS : V. Görög-Karady ; langues d'Afrique centrale : JMC Thomas ; langues d'Afrique de l'est : J. Tubiana ; ER 246 étude des langues et littératures du Soudan et du Sahel occidentaux : PF Lacroix puis G. Calame-Griaule.)

Les travaux sont confrontés à des problèmes de méthodologie de description et d'analyse des langues à tradition orale. Cela n'empêche pas les chercheurs de continuer leur entreprise. Les organismes étant créés, il ne restait plus qu'à se répartir le continent (sans doute en référence à 1885) en zones de spécialités pour imposer une vision univoque des langues africaines :

- Sénégal : dans le cadre de l'Action Thématique Programmée (G. DUCOS), couverture linguistique et toponymique ;
- Afrique centrale : Institut national des Sciences humaines et l'université du Tchad : Jean-Pierre Caprile – *Atlas Pratique du Tchad ;*
- Côte d'Ivoire : dans le cadre de l'Institut de Linguistique Appliquée.

Les travaux d'inventaires et d'atlas aboutiront à l'établissement de trois grandes familles de langues inspirées des quatre familles de langues décrites par Greenberg (1964) : Famille I : congo-kordofanien (niger-congo, mandé, gur-voltaïque, kwa, bénoué-congo, adamawa-oubangui ; Famille II : nilho-saharienne songhaï, saharienne, maban, chari-Nil, etc. Famille III : afro-asiatique (couchitique, tchadique, etc.).

Les recherches successives ne feront que récuser ce classement qui a été pourtant la base de référence pour la description et l'enseignement des langues africaines dans l'école africaniste française. Diki-Kidiri (2000) reprenant la classification quasi-consensuelle des langues africaines décrit quatre grandes familles de langues :

1. la famille des langues Niger-Congo
2. la famille des langues Ouest-Atlantique

3. la famille des langues Afro-asiatique
4. la famille des langues Khoisan

Obenga (1993), se fondant sur les acquis de l'égyptologie établit la classification sans doute la plus scientifiquement fondée. Il distingue trois grandes familles: le négro-égyptien, le berbère, le khoisan. Mais cette classification n'a pas été seulement ignorée par les linguistes du Nord, elle a été torpillée, remise en cause, jugée sans intérêt scientifique au motif que l'auteur n'aurait pas tenu compte des travaux des occidentaux.

À ce stade, les signes de la domination linguistique, de la colonisation tout court se présentent sous les aspects suivants :

L'enseignement des langues africaines dans les universités et instituts de recherche est assuré par des africanistes français.

Création de chaires de « langues africaines »

- à l'École Nationale des Langues Orientales Vivantes (ENLOV) : le poular ;
- à partir de 1960, l'enseignement des langues bantoues est assuré par Pierre Alexandre à l'INALCO (Paris III), le poular par P.-F. Lacroix, le haoussa par Claude Gouffe. Les langues mandé sont enseignées par M. Houis, Directeur d'études à l'EPHE, etc.

La direction des travaux et des thèses est assurée également par des Français

Pierre Alexandre (professeur, INALCO, Paris III), Pierre Bance (professeur, Lyon II), Fernand Bentolila (MdC, Paris V), Luc Bouquiaux (Maître de recherche, CNRS), Guy Bourquin (professeur, Nancy II), Geneviève Calame-Griaule (Directeur de recherche, CNRS), Gaston Canu (professeur, Sorbonne nouvelle, Paris III), Antoine Culioli (professeur, Paris VII), Louise Dabène (enseignant, Grenoble III), René Etiemble (professeur honoraire, sorbonne nouvelle, Paris III).

Frédéric François (professeur, Paris V), Gabriel Manessy (professeur, Nice), André Martinet (professeur honoraire, Paris V), Etc.

Tous ces professeurs, enseignants, maîtres de recherche français ont assuré la formation de plusieurs générations de linguistes et sociolinguistes africains et français mais sur la base de quelles connaissances réelles des langues africaines sinon celles des travaux de descriptions et de classification arbitraires que remettront en cause plus tard plusieurs recherches menées par les Africains eux-mêmes. On verra que les linguistes africains prendront leur revanche plus tard lors de la création des fameux centres de linguistique appliquée et des Tables-Rondes de ces mêmes centres. Mais l'autre aspect de la colonisation linguistique renvoie au combat éditorial.

Combat éditorial : l'exemple des Bibliographies de la SELAF (Société d'études linguistiques et anthropologiques de France).

On peut s'étonner de ne voir presqu'aucun nom africain apparaître dans les publications de la SELAF de 1967 à 1980, alors même que les noms des linguistes français formés à la même période par les mêmes maîtres trônent sur les listes de publication. Ont-ils été moins productifs que leurs congénères français ? On a le droit d'en douter.

Mais à quelle logique répondait cet engouement pour la description des langues africaines par les linguistes français ? La réponse est celle-ci : « décrire des langues menacées de disparition selon la philosophie civilisatrice coloniale » - Rappelons l'objectif premier de l'ENLOV (futur INALCO) à cette époque :

> « *il était destiné à familiariser avec quelques langues africaines de grande extension (lingala, swahili, bambara) de futurs usagers de ces langues (administrateurs, militaires, missionnaires, etc.) devant se rendre en Afrique noire et y séjourner pour leurs activités [...]* » (Thomas et Béhaghel, 1980 : 56).

On voit bien que les finalités de la recherche linguistique ont partie liée avec l'idéologie coloniale de domination et ne répondent en rien au souci de préserver ou de valoriser les langues africaines.

Parallèlement aux descriptions des langues et parlers africains, l'école africaniste française s'est aussi souciée, en s'adaptant au contexte scientifique général, d'un autre aspect de la linguistique : la didactique du français en Afrique. C'est l'ouverture de l'aire de la sociolinguistique.

1.3. La sociolinguistique et ses turpitudes : les années 60

Les années soixante ont été marquées sur le plan scientifique par l'affaiblissement du formalisme et l'émergence de la linguistique contrastive, favorisée par le développement de la psycholinguistique d'une part et la nécessité d'une meilleure implantation du français face aux langues africaines d'autre part, désormais considérées comme des obstacles à l'apprentissage du français. C'est ainsi qu'à partir des années 60, seront créés les centres de linguistique appliquée. On entre alors dans l'aire des interférences linguistiques. Même si les dénominations varient selon les pays et les universités (le CLAD à Dakar, 1963 ; l'ILA à Abidjan, 1966 ; le CELTA à Kinshasa, 1971), l'objectif était le même comme le rappelle Kazadi (1991 : 158) : il s'agissait de mener des « études contrastives » au service de la « nécessité d'expliquer et de corriger les « fautes » par la spécification des difficultés rencontrées par le locuteur de langue différente en situation d'apprentissage ». Les thèmes de recherche définis ainsi que les publications qui les portent et les propagent confirment cette orientation :

- Les thèmes : études contrastives français/langues africaines, situations d'utilisation des langues, expansion des langues, politiques et pratiques linguistiques, difficultés d'apprentissage de la langue-cible, etc.
- publications : Calvet, 1964, « Le français parlé, étude phonétique, interférences du phonétisme wolof » ; Thiriet, 1964, « À travers quelques cahiers d'orthographes d'élèves peul » ; Thiriet, 1965, « Le français écrit de

quelques élèves Bambara/Mali » ; Calvet et Dumont, 1967, « Interférences du wolof dans le français des élèves sénégalais. » Une publication emblématique qui illustre la soumission des langues africaines aux règles et à la toute-puissance du français est sans conteste le livre de Jean-Pierre Makouta-Mboukou : *Le français en Afrique noire.*

J'ai montré moi-même – dans mon mémoire de DEA d'abord, à l'occasion ensuite d'autres articles, et plus récemment en 2004-2005 dans un petit ouvrage intitulé *Perles d'étudiants* qui n'a pas trouvé d'éditeur pour l'instant – à quel point cette hypothèse interférentielle était fausse dans la mesure où les fameuses fautes n'étaient expliquées que par la convocation du substrat linguistique africain des élèves alors même que le français, par ses propres contradictions grammaticales et lexicales, constitue une source d'interférences non plus interlinguales mais intralinguales.

Le principe même d'une opposition entre le français et les langues africaines révèle la différence de statut entre ces deux entités linguistiques (sur le plan géopolitique on retrouve le même principe de subordination : sommet France/Afrique) qui auront des conséquences dramatiques pour les langues africaines et leurs locuteurs. La langue cible, celle que l'on doit atteindre, maîtriser est bien le français, quitte à renier sa langue maternelle, désormais considérée comme un obstacle à l'apprentissage du français. On sait à quel point le français jouit d'un prestige immense dans les sociétés africaines francophones parce que perçu, et à travers lui l'école, comme seul et unique ascenseur social, comme seul et unique moyen de réussir dans la vie professionnelle. Ce faisant, l'institution scolaire régentée par son corps d'inspecteurs français, emploiera tous les moyens pour convaincre les Africains de l'inutilité de leurs langues et de la nécessité d'apprendre et de maîtriser un français qu'ignore même la majorité de la population hexagonale (le français littéraire), quitte à passer par des humiliations (anecdote du symbole) et des corrections corporelles. De ce point de vue, Bretons et Alsaciens se reconnaîtront dans le traitement infligé aux petits Africains.

Un autre aspect de l'idéologie glottophagique de la France peut s'analyser à travers le traitement réservé aux linguistes africains dans le cadre des institutions établies par ce concept ambigu qu'est la francophonie, et ce à partir des années 70.

1.4. À partir des années 70 : des institutions francophones au service de l'expansion du français

Années fastes sans doute pour la France qui tentera de relever le défi de la francophonie par la création d'un nombre impressionnant d'institutions. Années de frustration pour les Africains qui espéraient trouver dans ce cadre institutionnel selon la prophétie de Senghor : « un lieu du donner et du recevoir » et qui finalement se contenteront de constater leur impuissance face à une machine créée pour dominer encore davantage. Il faut rappeler que la francophonie porte en germes son ambition dominatrice et glottophagique dès sa création par Onésime Reclus (1837-1916, né à Orthez, dans une famille protestante du Béarn, d'un père pasteur.). Reclus forge le terme vers 1880 dans le cadre de sa réflexion sur le destin colonial français et affirme d'une manière emblématique : dès qu'une langue a "coagulé" un peuple, tous les éléments "raciaux" de ce peuple se subordonnent à cette langue. C'est dans ce sens qu'on a dit que la langue fait le peuple (lingua gentem facit)" (Reclus, 1917.) Les institutions francophones, mais aussi ceux qu'on appelle les « pères fondateurs » (Bourguiba, Diori mais surtout Senghor, l'homme du « commenwealth à la française ») de la francophonie adopteront cette idéologie du français « langue universelle » pour certains, « langue de la pensée logique » pour d'autres. Mais nous n'insisterons que sur les institutions : AUPELF, ACCT, CILF (Conseil international de la langue française), UREF. Selon Maurice Étienne Beutler (Secrétaire général de l'AUPELF) et le Professeur Michel Guillou (Délégué général de l'UREF) en 1988, ces institutions répondent à « l'importance toujours grandissante de la demande générale en matière de connaissance du français, d'étude de ses normes locales en contexte multilingue, d'approches et d'applications pédagogiques nécessaires à son enseignement ». Allez savoir d'où émane cette demande !

Deux positions glottopolitiques antagonistes s'affrontent dans ces institutions : d'un côté la préoccupation d'un meilleur enracinement, d'un plus grand rayonnement du français en Afrique soutenue par les décideurs et linguistes du Nord, de l'autre le souci de mettre au centre des recherches les langues africaines à la fois comme outils du développement économique et éducatif soutenu bien entendu par les linguistes africains, lorsqu'ils étaient invités à prendre part aux réunions internationales. Les deuxièmes, dépourvus de moyens économiques et de pouvoir de décision, durent faire acte d'obédience aux premiers. Cette domination est lisible à plusieurs niveaux.

L'AUPELF : Association des universités partiellement ou entièrement de langue française a été créée en 1961 à Montréal sous l'instigation d'activistes québécois. Ses objectifs : développer la liaison et l'information entre les universités francophones, promouvoir le dialogue des cultures et les études françaises, la pédagogie universitaire et l'éducation permanente.

On verra que les actions menées sous le patronage de l'AUPELF sont éloignées des objectifs annoncés, et n'ont d'autres finalités que d'étudier les moyens d'une meilleure domination des pays francophones du Sud.

D'abord les tables-rondes des centres, départements et instituts de linguistique appliquée d'Afrique noire, organisées sous l'égide de l'AUPELF étaient censées constituer des lieux de « rapprochement des linguistes africains et leur organisation, dans la promotion des études sociolinguistiques et la formation chez les linguistes d'une vision commune de la problématique des langues en Afrique ».

Dans les faits, ces rencontres révèleront les véritables intentions du rôle joué par cette institution comme le démontre Kazadi (1991 :162), du moins lors des trois premières tables-rondes : « les travaux des trois tables-rondes successives – qui passaient de plus en plus aux yeux des Africains comme un Club – ne concernèrent que le français et ne réunirent, sur le sol africain, que des linguistes du Nord ». Voici donc les Africains exclus d'un débat non seulement qui concerne le français et les langues africaines mais qui se tient sur le sol africain. Paradoxe significatif.

Les Africains seront conviés aux tables-rondes à partir de la IVe session au moment où la France constate, enquêtes à l'appui, la baisse du niveau des connaissances du français chez les élèves africains. L'école à la française prend alors conscience de la nécessité d'un enseignement des langues africaines au cours des premières années de la scolarité afin de préparer le terrain à un meilleur apprentissage du français. Plus d'un siècle donc après, l'institution scolaire française accepte par hypothèse la validité de la méthode pédagogique que Jean Dard avait mise en place dès 1817 à Dakar : apprendre le français en se fondant sur les acquis de la langue maternelle. Dans tous les cas, même si les langues africaines devaient être enseignées, cet enseignement n'aurait qu'un seul objectif : rendre disponibles les cerveaux des petits africains pour mieux maîtriser le français.

Mais on peut aussi, démontrer l'intention dominatrice des actions de l'AUPELF en examinant les thèmes de recherche proposés en marge de ces fameuses tables-rondes ainsi que les travaux qui en sont issus. Je me contenterai du fameux projet d'élaboration d'un dictionnaire du français d'Afrique, un autre avatar du processus glottophagique de l'école linguistique française. Le projet se déroule en trois temps : inventaire des particularités lexicales par pays, agrégation des inventaires et mise en forme au sein de l'équipe IFA sous l'intitulé : *Inventaire des particularités lexicales du français en Afrique noire* (paradoxe des travaux intermédiaires et le titre définitif « français d'Afrique noire » vs « français en Afrique noire »), projet de réalisation d'un *Dictionnaire universel francophone.*

Les travaux de l'équipe IFA (inventaires régionaux et produit final).

- L'équipe qui a travaillé au projet est essentiellement composée de linguistes français ; du moins c'est ce que donne à voir la liste des rédacteurs dans le document final publié. Le projet est soutenu par des institutions françaises ou belges : ACCT, LASLA (Laboratoire d'Analyse Statistique des Langues Anciennes), ministère de l'Éducation nationale de Belgique, Secrétariat d'État à la Coopération de Belgique, etc.
- Les publications intermédiaires par pays sont signées par des linguistes français alors même que la liste des « collaborateurs » fait ressortir des

noms de linguistes africains, et que ces recherches sont menées au sein des universités africaines :
Laurent Duponchel : *Dictionnaire du français de Côte d'Ivoire* (1975).
Suzanne Lafage : *Dictionnaire des particularités lexicales du français au Togo et au Dahomey* (1975).
Jean-Pierre Caprile : *Premier inventaire des particularités lexicales du français parlé au Tchad* (1978).
Jacques Blondé, Pierre Dumont, Dominique Gontier : *Particularités lexicales du français au Sénégal* (1979).
Ambroise Queffelec : *Dictionnaire des particularités du Niger* (1978).
- Si l'on suit les auteurs de *L'Inventaire des particularités lexicales d'Afrique noire*, ce produit aurait pour objectif de contribuer à mieux cerner « les problèmes de plurilinguisme et de contact entre les langues ». Mais personne ne s'est posé la question de l'utilité de ces recherches pour les premiers concernés, les Africains, ni du point de vue éducatif, encore moins économique. En réalité, les recherches menées dans le cadre de l'IFA répondaient à un phénomène de mode, à un contexte scientifique dominant : l'étude des parlers régionaux en France, une initiative lancée par Pierre Guiraud lors de la réunion de l'AUPELF à Montréal en 1967. Il avait suggéré l'idée de créer un « centre de recherches pour l'étude des parlers français (en France et hors de France) » lors du colloque de Nice de 1968 au sein du Centre d'études des relations interethniques (devenu IDERIC en 1978). Les Africains finiront par faire valoir leur position par rapport à tous ces projets qui après tout les concernent directement.
- Le point de vue des linguistes africains.

Ce fut d'abord aux 4e et 5e tables-rondes des Centres de linguistique appliquée au sujet d'une part du projet IFA, d'autre part de la mise entre parenthèses des langues nationales et leurs rôles dans l'éducation et le développement.

La 4e table-ronde tenue à Dakar du 14 au 17 mars 1979 sur le thème : « Éclaircir la problématique de l'introduction des langues nationales tant à l'école que dans la vie sociale » voit une participation massive des linguistes africains qui commencent à contester la nature et les objectifs poursuivis par les tables-rondes. La 5e table-ronde qui s'est tenue à Yaoundé en 1982 sur le thème « Développement d'une réflexion systématique sur l'utilisation des langues nationales dans la vie nationale » a failli être selon Kazadi, « la Table-Ronde de rupture, celle de la mort du père ». En effet, les linguistes africains se trouvaient dans le devoir de contester la pertinence et la qualité des travaux de ceux-là mêmes qui avaient été, quelques années plus tôt, leurs directeurs de thèse. Les linguistes africains estimaient à juste titre que ces tables-rondes ne consacraient ni assez de place ni assez de moyens aux langues africaines.

Avec persévérance et impudence, ils réussirent à obtenir la mise en place d'un programme intitulé : PELA : Programme pour l'Enseignement des Langues Africaines. Les linguistes français exigèrent un changement dans le contenu de cet acronyme et l'on passa de « Enseignement des langues africaines » à « Enseignement des langues en Afrique ». C'était déjà le signe annonciateur de l'avortement d'un tel projet qui semblait ne pas servir la cause du français. L'objectif assigné par les linguistes et enseignants africains au PELA ne correspondait pas aux attentes des institutions francophones et linguistes français à savoir : « faire aboutir leurs pays à l'intégration totale des langues africaines, comme matière et comme véhicule d'apprentissage, dans les systèmes éducatifs ». En toute mauvaise foi, Daniel Latin (chargée de mission à l'AUPELF – bureau régional de Dakar) affirmait lors du colloque du CILF : « sept ans après la création du PELA, ses travaux n'ont jamais dépassé le plan de réflexion éclairée sur les objectifs qu'il s'était fixés ».

La vérité est ailleurs. Non seulement ce projet avait atteint un niveau d'organisation très avancé : création de structures - DIDACT = didactique des langues nationales, ANADIL = Ateliers nationaux de didactique des langues, SIR= stages inter-africains relatifs pour la formation de formateurs en langues africaines, TYPO = typologie permettant de dresser une grille d'évaluation des manuels scolaires à partir des expériences didactiques menées dans les différents pays – mais les linguistes africains l'avaient inscrit dans une philosophie générale : la réhabilitation des langues nationales.

La cause réelle de l'échec du projet PELA est celle-ci comme l'écrit Kazadi (1991 : 163) :

> « *ne disposant pas de moyens propres, l'instance voulue par les linguistes africains devait voir son action bloquée par les réticences de l'ACCT à avaliser ce qu'elle considérait comme une création de l'AUPELF et la méfiance de cette dernière, qui n'avait cessé d'y voir une certaine fronde* ».

Ces deux causes ayant été renforcées bien sûr par le fait que le comité de coordination du PELA était composé uniquement de linguistes africains.

Le coup de grâce concernant les prétentions des linguistes africains à intégrer leurs langues dans le système éducatif viendra avec la création en 1988 de l'UREF (Université de Réseaux d'Expression Française.) En effet, le programme mis en place en 1989 ne mentionne même pas les langues africaines.

Concernant le projet IFA, les linguistes africains n'ont pas manqué lors des 4e et 5e tables rondes des centres de linguistique d'exprimer leurs préoccupations et leur refus d'adhérer à un projet dont ils ne voyaient pas l'utilité, dont ils sont exclus et surtout un projet dont la finalité serait de les traiter comme les grands enfants de la francophonie, ceux à qui on reconnaît sympathiquement un certain langage enfantin, une sorte d'officialisation du « petit nègre ». Pour la majorité des linguistes africains et quelques français, les particularismes relevés dans le contexte africain doivent tout simplement intégrer le *Trésor général de la langue française. Le Dictionnaire Bordas du français vivant* l'a fait en 1973 en intégrant belgicismes, helvétismes et autres canadianismes. Pourquoi les africanismes feraient-ils l'objet d'un inventaire particulier ?

Mais comme on s'y attendait, les Africains pouvaient continuer à protester ; non seulement l'IFA a publié son *Inventaire des particularités lexicales d'Afrique noire*, mais en 1991 son projet IFA atteignait son objectif ultime avec la publication du *Dictionnaire universel francophone*. Un *Dictionnaire universel francophone*, destiné, comme l'indique l'avant-propos aux « élèves francophones d'Afrique noire » en tant qu'outil linguistique et encyclopédique « culturellement et pédagogiquement adapté à leurs besoins ».

Cette politique de glottophagie et de colonisation menée en Afrique et dans l'université française aura des retombées dans la politique linguistique française des langues minoritaires en France.

2. Politique linguistique française et langues minoritaires : idéologie du paradoxe

La politique linguistique française à l'égard des langues minoritaires présentes sur le territoire français est la continuité du mépris toujours manifesté à l'égard des langues africaines. Mais confrontée aux revendications des défenseurs des langues régionales françaises, cette politique est contrainte de développer un compromis qui n'est rien d'autre qu'une idéologie du paradoxe. Comment stigmatiser les langues d'immigration tout en défendant les langues régionales alors que la constitution ne reconnaît que le français comme langue officielle et unique de la nation ? On analysera d'abord la nature des rapports entre la politique linguistique française et les langues africaines avant de montrer que le rejet des langues africaines passe aussi par une conception idéologique du bilinguisme français/langues africaines à travers le rapport préliminaire Bénisti.

2.1. Les langues africaines en France et la politique linguistique française

2.1.1. Les langues d'immigration en France

Selon les estimations de l'INSEE, la France, en 1990, comptait une population totale de cinquante-cinq millions d'habitants. Il n'existe pratiquement pas de données complètes et détaillées sur les langues étrangères utilisées en France et sur les caractéristiques des communautés locutrices de ces langues. Les seules informations dont on peut disposer sont celles que fournissent – de façon partielle – les centres d'alphabétisation. Dans sa livraison de février 2002 (en ligne) la revue *Population et Sociétés,* étudiant « La dynamique des langues en France au fil du XXe siècle », établit une liste pour le moins parcellaire des « langues d'immigration ». Ne sont citées en effet - en ce qui concerne, les langues africaines - que le peul, le wolof, le sérère, les langues bantoues auxquelles s'ajoutent une catégorie englobante : « autres langues d'Afrique ». On peut se risquer, pour coïncider d'une certaine manière avec la réalité, à poser qu'il y a au moins autant de langues que de nationalités ; même si l'on sait par ailleurs que tous les locuteurs arabophones par exemple ne parlent pas le même arabe. Selon de Heredia-Deprez (1994) les principales langues maternelles parlées par les immigrés sont : les arabes dialectaux, le portugais, l'espagnol, l'italien, les berbères, le bambara, le sarakolé, le turc et le serbo-croate (p.41). Comment du point de vue de la politique linguistique, la France gère-t-elle sa diversité pour ne pas dire son multilinguisme ?

2.1.2. La politique linguistique française

Bourhis (1994b) décrit deux niveaux d'élaboration des politiques linguistiques : un niveau implicite lorsqu'elles sont « le résultat des luttes de pouvoir entre les groupes de forte et de faible vitalité ethnolinguistique » (nous verrons le cas des quartiers de Belleville et de Barbès), un niveau explicite lorsque ces politiques linguistiques relèvent de décisions institutionnelles tendant à légiférer sur « le statut relatif des langues sur un territoire donné ». Le même auteur identifie trois formes de politique linguistique que les groupes dominants sont susceptibles d'imposer aux groupes dominés ; ces formes sont situées sur un continuum allant du « pluralisme » à « l'idéologie ethniste » en passant par les « idéologies civique et assimilationniste ». Indiscutablement on peut affirmer avec Calvet (1994 : 259) que « la France est, sur le plan linguistique, fortement assimilatrice ». Deux ou trois faits pour étayer ce point de vue.

On évoque souvent l'instauration des ELCO (Enseignement des langues et cultures d'origine) comme une volonté politique d'ouverture de la société française aux langues et cultures étrangères et l'expression d'une certaine tolérance culturelle. Or, il n'en est rien. En effet selon Varro (1997) la mise en place des programmes ELCO n'avait qu'une finalité : la « prévention contre le bilinguisme, sous couvert de considérations évoquant ses possibles effets néfastes sur le développement psychologique, cognitif, etc. ».

Cette thèse a été reprise récemment (2004) par une des commissions parlementaires présidée par monsieur Jacques Alain. J'y reviendrai plus tard. Le présupposé assimilationniste transparaît clairement. Ensuite, la Constitution affirme en son article 2 que « Le français est la langue de la République » (1992).

Enfin, la Charte européenne des langues régionales et ou minoritaires a conduit la France à opérer des choix politiques qui excluent les langues des populations migrantes du paysage national. Cerquiglini (1999) dans son rapport sur *Les langues de la France* remis au Ministère de l'Éducation Nationale, de la Recherche et de la Technologie, et à la Ministre de la Culture et de la Communication donne les grandes orientations de la politique linguistique française à travers une reformulation terminologique.

Le rapport définit l'expression « langues régionales ou minoritaires » comme les langues « pratiquées *traditionnellement* sur un *territoire* d'un État par les *ressortissants* de cet État qui constituent un groupe numériquement inférieur au reste de la population de l'État ; et différentes de la (les) langue(s) officielle(s) de cet État ». Le rapport ajoute que l'objet de la Charte est de « reconnaître les seules langues parlées par les ressortissants du pays, distinguées des idiomes de l'immigration ». On notera cependant qu'en dépit du fait qu'en France la langue officielle est le français, le sentiment de fidélité envers la langue ancestrale reste fort dans la population immigrée. Des études sur la transmission des langues ancestrales le montrent (De Heredia-Deprez, 1976 ; Deprez, 1994 ; Leconte, 1998 ; Akinci, 2003.) D'autres études semblent démontrer le contraire et parlent d'« érosion des langues » aussi bien régionales que migrantes et de « progression du français dans la transmission familiale ». Selon Calvet (1994 : 257), l'étude réalisée par l'INSEE et l'INED en 1992 laisse entendre que « l'unification linguistique de la France se poursuivrait de façon continue malgré les nombreuses langues importées par l'immigration et les mouvements de défense des langues régionales ». Simon (1997), exploitant les données de cette enquête, s'inscrit dans la même optique.

Cette culture d'exclusion linguistique confortée par ce qui vient d'être rappelé et qui alimente la conscience collective linguistique aura une incidence sur la légitimité de la stratification ethnolinguistique générale - au détriment des groupes ethnolinguistiques minoritaires - et sur les normes d'usages linguistiques.

2.1.3. Légitimité de la stratification ethnolinguistique et normes

Lorsqu'un pays pratique une politique assimilationniste, « l'usage de la langue minoritaire en public par les minorités linguistiques peut donner lieu de la part des interlocuteurs de la langue dominante à des commentaires défavorables » (Bouhris, Lepicq et Sachdev, 2000, en ligne).

C'est de ces prises de positions, de ces jugements, de ces commentaires épilinguistiques sur les langues des communautés minoritaires qu'il faut inférer les normes qui régissent les usages linguistiques. Pour comprendre donc pourquoi des sujets bilingues utilisent telle ou telle langue, telle ou telle variété de langue, dans des situations de type diglossique par exemple, il faut que l'on ait une idée (non pas qu'on ait la maîtrise) des normes sociales en vigueur régissant ou autorisant l'emploi des langues ou des variétés en présence selon les situations. Selon Gumperz (1982 : 33) en effet, dans une perspective ethnographique,

> « *les règles linguistiques et les normes sociales peuvent être regardées comme des contraintes s'exerçant sur la forme et sur le contenu du message* ». *Par ailleurs on peut s'appuyer sur le postulat de Ross (1979) selon lequel « la relation entre la langue et l'identité de groupe varie en fonction des multiples formes et des différents niveaux de développement de cette identité* » (cité par Hamers et Blanc, 1983 : 212).

Il convient d'évaluer le rapport entre politique linguistique, vitalité ethnolinguistique et légitimité de la stratification ethnolinguistique. Si l'on se réfère à la taxinomie que propose Ross pour désigner les différents modes d'identité collective – communal, minoritaire, ethnique et national –, on peut dire que les communautés étrangères qui vivent sur le sol français, et particulièrement à Paris, entretiennent un mode d'identité collective de type « minoritaire. » Ce type caractérise une communauté ethnique qui, non seulement est privée de tout pouvoir de décision sur son propre sort, mais encore se trouve contrainte par la communauté dominante de restreindre l'usage de sa langue à certains domaines (famille, religion, rapports entre pairs, etc.) à l'exclusion des domaines importants comme l'économie, l'administration, et l'éducation (voir le traitement réservé au bilinguisme par certains enseignants : Varro, 1997).

Les étrangers qui viennent en France et se reconstituent en communautés - on parle bien de foyers sénégalais, maliens, portugais, turcs, de quartier chinois, etc. - s'ils apprennent le français, les ouvriers par exemple, c'est avant tout dans des buts purement fonctionnels pour ne pas dire professionnels. C'est ce que note également Noyau (1976 : 45) :

> « *les travailleurs, pour la toute petite minorité fréquentant des cours [...], ont dû se forger un système de secours pour comprendre et se faire comprendre en français dans les aspects les plus indispensables de leur existence, sans l'intervention d'aucune institution d'éducation* ».

C'était le cas en 1976, c'est encore le cas de nos jours avec en plus l'appui des institutions publiques. L'un des deux pôles du dispositif du FAS[41] dans « sa nouvelle organisation des formations linguistiques financées » mise en œuvre à partir de 1995 et rappelé par Pellé-Guetta (1997 : 147) est clair :

> « *procéder à un positionnement précis des personnes désirant entrer dans les stages tant en ce qui concerne leur niveau de compétence en français que le*

[41] Fonds d'Action Sociale.

point où ils en sont de leur projet personnel d'insertion, afin d'assurer le bon suivi des stagiaires » (souligné par moi).

Ce tableau d'ensemble permet de se faire une idée de ce que peut représenter un cadre d'échange informel tel que la rue, les magasins, les épiceries, où se côtoient des groupes de personnes d'appartenance ethnique différente et s'exprimant, de façon générale, dans leur(s) langue(s) ethnique(s.) De Heredia-Deprez (1976) fait remarquer que les étrangers sont tout de suite repérés, étiquetés comme « étrangers » bien plus sûrement par leurs langues ou la façon dont ils s'expriment en français que par la couleur de leur peau et ce, par n'importe quelle personne en contact avec des travailleurs immigrés ou avec leur famille, dans le cadre du travail, de l'école ou par simple côtoiement dans un quartier, dans l'autobus, en vacances ou ailleurs. Un tel environnement semble être par conséquent le lieu de manifestation idéale de certains aspects (utilisation systématique de la langue ethnique) de la vitalité ethnolinguistique des différentes communautés linguistiques.

Mais ce contexte idéal de liberté d'expression des identités linguistiques semble ne pas convenir aux politiques français. C'est ainsi qu'on en est arrivé à l'amalgame entre certaines populations jugées indésirables (les immigrés africains) et leurs langues, considérées comme génératrices de pathologies et donc de délinquance : c'est la conception à la française – du moins du côté des pouvoirs publics – du bilinguisme.

2.2. Conception idéologique du bilinguisme : le rapport Bénisti

Le rapport préliminaire de la commission « Prévention » du groupe d'études parlementaire sur la sécurité intérieure remis à Monsieur Dominique de Villepin en 2004 par son président, Jacques Alain Bénisti, député du Val-de-Marne en 2004, illustre parfaitement la politique linguistique française à l'égard des langues de l'immigration, africaine singulièrement. La conception que se font les parlementaires du bilinguisme échappe à toute logique scientifique et ne peut répondre qu'à une logique idéologique de glottophagie.

L'hypothèse de départ est la suivante : les enfants d'origine étrangère sont des délinquants parce qu'ils continuent à pratiquer « le parler patois du pays à la maison ». Convaincus du bien fondé d'une telle supputation, les parlementaires élaborent ce qu'ils appellent une « Courbe évolutive d'un jeune qui au fur et à mesure des années s'écarte du 'droit chemin' pour s'enfoncer dans la délinquance ».

La courbe suit un mouvement ascendant en établissant un rapport systémique entre l'âge et la nature de la délinquance. La variable explicative reste la même : l'emploi des langues d'origine.

0 à 3 ans : premières années sans problème ;

4 à 6 ans : difficultés de la langue + comportement indiscipliné ;

7 à 9 ans : accentuation des problèmes de la tranche 4-6 ans + marginalisation scolaire + démission ou non maîtrise de l'éducation des parents + pas d'activités pré ou post scolaires ;
10 à 12 ans : aggravation des problèmes de la tranche 7-9 ans + violence à l'école, redoublements des classes + début des petits larcins + conflits parentaux accentués et développement de la marginalisation ;
13 à 15 ans : entrée dans la délinquance avec des vols à la tire. Début de la consommation des drogues douces + absences répétées aux cours + toujours aucunes activités pré ou post scolaire ;
16 à 18 ans : consommation de drogues dures + cambriolages + vie nocturne et utilisation d'armes blanches ;
19 à 23 ans : entrée dans la grande délinquance + trafics de drogues, vols à main armée.

On ne peut qu'être frappé par le simplisme diabolique d'un tel schéma. Il met en lumière d'abord la méconnaissance des problématiques du bilinguisme chez les membres de la commission parlementaire. Tous les universitaires ayant travaillé sur l'acquisition langagière ou la bilingualité partagent les mêmes conclusions que rappelle Martin Beaudoin (1998) : à l'âge de cinq ans, l'enfant a appris l'ensemble de sa langue maternelle ; la majeure partie des apprentissages se font entre la naissance et trois ans. Ces observations montrent le caractère arbitraire des tranches d'âge retenues par les parlementaires. En effet, si ce sont les langues ancestrales qui sont mises en cause, alors leur interdiction devrait intervenir dès la naissance de l'enfant. En d'autres termes, l'interdiction de parler sa langue d'origine devrait frapper tous les étrangers adultes vivant en famille. À titre gracieux, je me permets de rappeler à messieurs les parlementaires les différentes étapes de l'acquisition du langage chez l'enfant :
1. Le stade prélinguistique se divise en deux étapes : l'étape du babillage (de 4 ou 6 mois à 12 mois) et l'étape du premier mot (4 ou 6 mois à 12 ou 18 mois) ;
2. le stade holophrastique (18 mois à 24 mois), l'enfant s'exprime par mots isolés ;
3. le stade syntaxique (de 2 à 5 ans) est la période où s'acquiert la syntaxe ;
4. le stade avancé (5 ans et plus) est la période où l'enfant acquiert les fonctions les plus fines du langage.

Ce qui frappe aussi dans ce schéma, c'est son caractère systémique. Tous les jeunes d'origine étrangère ayant conservé leurs langues d'origine suivent irrémédiablement, fatalement ce processus de la délinquance. On se demande par quel miracle il y a encore des enfants bilingues d'origine africaine en liberté. Le vaccin pour lutter contre ce gène de la délinquance inoculé chez les enfants bilingues africains dès leur naissance existe. Messieurs les parlementaires l'ont trouvé : les familles d'origine étrangère « devront s'obliger à parler le Français dans leur foyer pour habituer les enfants à n'avoir que cette langue pour s'exprimer » (p.9.). Les relents colonialistes sont à peine voilés. À l'époque de Jean Dard (1817), l'ancien inspecteur général Charton justifiait la suppression de l'enseignement bilingue français-wolof au Sénégal en ces termes : « les colonies d'Afrique Noire n'ont pas, comme en Indochine ou en Algérie, une langue de civilisation, inspiratrice de culture et d'éducation » (cité par Nacuzon Sall, 1996).

Cette obligation pour les parents d'interdire à leurs enfants l'usage des langues d'origine est présentée comme une œuvre de salubrité mentale. En effet, l'enfant bilingue est considéré comme un malade mental qu'il faut soigner de gré ou de force : « Un contact direct avec le jeune devra être instauré de gré ou par la contrainte avec une personne formée à cet effet pour le soigner ou lui faire choisir un autre chemin que celui qu'il est entrain de prendre » (p.8).

Prévoyant, M. Bénisti et ses pseudo-linguistes de parlementaires, envisagent la prise en charge de ces enfants malades dès la tendre enfance, c'est-à-dire au moment où se manifeste « les prémices de déviances » (de 1 à 3 ans) : « Des suivis sanitaires et médicaux réguliers doivent être opérés dans les structures de garde de la petite enfance pour détecter et prendre en charge, dès le plus jeune âge, ceux qui montrent des troubles comportementaux » (p.9).

Il faudra entendre par troubles comportementaux, la phase d'ajustement que le bilingue opère à partir d'un certain stade d'apprentissage ou d'acquisition bilingue en donnant l'impression de mélanger les deux langues en présence. Dans les faits il s'agit tout simplement de stratégies langagières et non de difficultés d'apprentissage-acquisition. Sur cette question, je me permets de renvoyer le lecteur à mon ouvrage : *Le parler ordinaire multilingue à Paris – ville et alternance codique* (L'Harmattan, 2004).

Quels acteurs seront sollicités pour mettre en œuvre cette politique de prévention de la délinquance ? Tout un bataillon de personnels : « en priorité bien sûr les parents mais également les équipes éducatives, les professionnels sociaux et médicaux » (p.8). Chacun à son niveau devra veiller au bon fonctionnement du dispositif par des signalements et des dénonciations. Si, en dépit des efforts des pouvoirs publics pour sauver ces malades mentaux que sont les enfants bilingues, les parents font de la résistance, d'autres moyens plus coercitifs sont envisagés pour les conduire à l'obéissance :

> « *[...] les mères joueront le jeu et s'y engageront. Mais si elles sentent dans certains cas des réticences de la part des pères, qui exigent souvent le parler patois du pays à la maison, elles seront dissuadées de le faire. Il faut alors engager des actions en direction du père pour l'inciter dans cette direction* ».

Tous les ingrédients d'un régime vichyste sont réunis : des délateurs, des contraintes dont la nature est laissée à la libre appréciation des autorités, la stigmatisation des langues (il est question de « patois »). Ceci dit, on ne tiendra pas rigueur à Monsieur Bénisti d'employer le mot « patois ! » Il n'y connaît rien à la linguistique. Dans une interview accordée à *Afrik.com* le mardi 15 mars 2005 par le député, ce dernier a parlé de « gambara » avant que le journaliste ne rectifie « bambara ».

Voici, pour terminer, un aperçu des actions envisagées à l'encontre de l'enfant et de ses parents pour chaque tranche d'âge :

Entre 1 et 3 ans : les réunions financées par le FAS doivent permettre de sensibiliser les mères ; en cas d'opposition du père, « Il faut alors engager des actions en direction du père pour l'inciter dans cette direction » (p.9).

Entre 4 et 6 ans : « L'enseignant devra alors en parler aux parents pour qu'au domicile, la seule langue parlée soit le français. Si cela persiste, l'institutrice devra alors passer le relais à un orthophoniste pour que l'enfant récupère immédiatement les moyens d'expression et de langage indispensables à son évolution scolaire et sociale » (p.10).

Entre 7 et 9 ans : « Des cours d'instruction civique (lutte contre les incivilités, respect de l'autre, vie en communauté, institutions...) devront être obligatoires durant toute la scolarité en primaire. Ces cours pourront être effectués soit par l'instituteur ou l'institutrice, soit par un enseignant spécialisé » (pp.10-11).

Entre 10 et 12 ans : « Si les faits de délinquance en dehors du milieu scolaire s'accentuent, le placement de l'adolescent sera irréversible et fera l'objet d'une procédure diligentée par le juge pour enfants. Une commission chargée de prendre la décision pourra être mise en place afin de statuer sur l'avenir et le suivi du jeune » (p.11).

Entre 13 et 15 ans : « Le jeune devra quitter le milieu scolaire traditionnel et rentrer dans la filière d'apprentissage d'un métier dès la fin de l'école primaire » (p.11).

Au-delà de 16 ans : « des centres de délinquances adaptés au plus de 16 ans devront être mis en place avec des éducateurs professionnels. Une partie de ces centres devront inclure des espaces de désintoxication et de postcure pour les jeunes toxicomanes. Une partie formation à un métier manuel devra être également envisagée pour préparer la sortie de ce dernier et une phase de réintégration dans la société avec suivi et mise à l'épreuve sera mise en place » (p.12).

Au total, on voit bien que la politique linguistique française vis-à-vis des langues de l'immigration participe davantage d'options idéologiques glottophagiques que d'une saisie scientifique du mode de gestion du paysage linguistique. Sinon, comment peut-on comprendre qu'à ce stade de la recherche sur le bilinguisme et la bilingualité, les parlementaires n'aient pas eu le réflexe de solliciter la contribution de linguistes ou de sociolinguistes dont regorgent pourtant les universités françaises ? Cette question aurait une certaine valeur si la réponse qu'elle appelle n'inscrivait pas la politique linguistique française dans une continuité idéologique : la domination.

Conclusion

Les relations entre le français et les langues africaines, de tous temps, ont toujours été marquées par une stratégie glottophagique du premier au détriment des secondes. La période coloniale a permis de poser les fondements d'une domination linguistique, culturelle, ce faisant mentale qui ne s'est jamais démentie. On a cru que les indépendances annonçaient la mise en retrait du français et concomitamment le développement des langues africaines au service de l'éducation et du développement. Ce fut une illusion. Dotées de moyens financiers importants, les institutions dites francophones ont permis à la France de continuer à imposer sa langue au détriment des langues africaines. En France, comme on l'a vu, les langues africaines sont considérées comme génératrices de pathologies chez les enfants bilingues. C'est l'angle d'attaque qu'ont choisi quelques parlementaires pour discréditer les langues africaines, ce faisant pour poursuivre l'œuvre d'aliénation culturelle des immigrés africains. Néanmoins, l'espoir reste vivace aussi bien en Afrique avec la multiplication dans un certain nombre de pays d'écoles bilingues qu'en France si on en croit l'indignation manifestée par la société civile et quelques universitaires à la publication du rapport Bénisti. Toute langue étant porteuse d'une culture, la survie des cultures africaines en France est intrinsèquement liée à la transmission au sein des familles ou par le biais d'enseignements de ces langues. Pourquoi les Africains accepteraient-ils que les langues régionales survivent sur les cendres des langues africaines ?

Eléments bibliographiques

Afrik.com

Bouhris R.Y., Lepicq D. et Sachdev I., 2000, « La psychologie sociale de la communication », in *DiversCité Langues*, revue en ligne (http://www.teluq.uquebec.ca/diversite).

Calvet L.-J., 1974, *Linguistique et colonialisme : petit traité de glottophagie*, Paris, Payot.

Cerquiglini (1999) dans son rapport sur *Les langues de la France* (en ligne).

Deprez C., 1994, *Les enfants bilingues : langues et familles*, Paris, Didier CREDIF.

Diki-Kidiri M. et al., « Langues en danger en Afrique noire, in *Les langues en danger*, Louvain – Peeters, pp.45-55, coll. « Mémoires de la Société de Linguistique de Paris.

Hamers et Blanc, 1983, *Bilinguisme et bilingualité*, Mardaga.
Heredia-Deprez Ch., 1976, « L'apprentissage du français par les travailleurs immigrés », *Langue française*, 29, Larousse.
Kazadi N., 1991, L'Afrique afro-francophone, Institut d'études créoles et francophones, coll. « Langues et développement ».
Makouta-Mboukou J.-P., 1973, *Le français en Afrique noire*, 1973, Bordas, collection « Linguistique ».
Martin Beaudoin (1998), « Développement du langage », en ligne (www.fsj.ualberta.ca).
Obenga T., 1993, *Origine commune de l'égyptien ancien, du copte et des langues négro-africaines modernes – Introduction à la linguistique historique africaine*, Paris, L'Harmattan.
Population et Sociétés, 2002, « La dynamique des langues en France au fil du XXe siècle » (en ligne).
Reclus O., 1917, *Un grand destin commence*, La Renaissance du Livre.
Sall H.N., 1996, *Efficacité et équité de l'enseignement supérieur. Quels étudiants réussissent à l'Université de Dakar ?* Thèse de doctorat.
Thomas J.M.C.et Béhaghel A., 1980, *La linguistique africaniste française (en France et en Afrique) – Le point de la question en 1980*, Société d'études linguistiques et anthropologiques de France – N°11 – numéro spécial.
Zongo B., 2004, *Parlons mooré – langue et culture des Mossi – Burkina Faso*, L'Harmattan.
Zongo B., 2004, *Le parler ordinaire multilingue à Paris – Ville et alternance codique*, L'Harmattan

Chapitre II
Les sources égyptiennes de la civilisation africaine

CHEIKH ANTA DIOP : L'HOMME ET L'ŒUVRE

Cheikh M'Backé DIOP*

Introduction

On se propose, ici, de donner un aperçu de l'œuvre de Cheikh Anta Diop. Après avoir rappelé le contexte historique et idéologique dans lequel Cheikh Anta Diop a entrepris ses recherches, on dégage quelques-uns des traits essentiels de son œuvre historique. On aborde ensuite la continuation de cette œuvre dans le domaine de l'histoire et de l'égyptologie pour conclure sur l'importance cruciale des travaux du savant dans le processus de redressement de l'Afrique et d'édification d'une civilisation planétaire.

1. Le contexte historique et idéologique au début du XXe siècle

Cheikh Anta Diop voit le jour, au début des années 1920, au Sénégal. Cette région de l'extrême ouest de l'Afrique noire a fait partie des grands États africains précoloniaux comme les Empires de Ghana et du Mali[42]. Au XIXe siècle, sous Napoléon III, elle a été conquise en grande partie et intégrée à l'Empire colonial français par Faidherbe[43].

Du 15 novembre 1884 au 26 février 1885, à Berlin, une "conférence" sur l'Afrique avait réuni les pays européens ainsi que les États-Unis. Cette rencontre se termina par la signature de *l'Acte de Berlin*, qui a conduit au "partage de l'Afrique" entre six puissances européennes, l'Angleterre, la France, la Belgique, l'Allemagne, le Portugal, l'Espagne[44]. À la veille de la 1ère Guerre mondiale, la quasi totalité de l'Afrique est constituée de colonies gouvernées par les Européens.

Cette situation résulte des événements qui se sont déroulés dans le monde depuis le XVIe siècle, marqués par le mercantilisme européen et la supériorité technique et militaire croissante de l'Europe. Celle-ci impose, en même temps que sa domination, ses idées sur l'humanité, son origine et son évolution. Parallèlement et s'ajoutant à celle pratiquée par les Arabes[45], en Afrique subsaharienne, la traite esclavagiste des Noirs est conçue,

---

* Docteur en sciences, co-directeur de la Revue *Ankh*, Revue d'Égyptologie et des Civilisations africaines.

42 Cf. *Histoire Générale de l'Afrique* : volume III : *L'Afrique du VIIe au XIe siècle* et volume IV : *L'Afrique du XIIe au XVIe siècle*, Paris, UNESCO/NEA, 1990, 1985.

43 de 1854 à 1865. Louis Léon César Faidherbe (1818-1889) avait été affecté en Algérie et en Guadeloupe avant d'être envoyé au Sénégal.

44 *Histoire Générale de l'Afrique*, Volume VII, *L'Afrique sous la domination coloniale, 1880-1935*, Paris, UNESCO/NEA, 1987.

45 Cf. J. E. Inikori, *Histoire Générale de l'Afrique*, " *La Traite négrière du XVe au XIXe siècle* ", Études et Documents 2, Paris, UNESCO, 1979, 1985.

institutionnalisée et rationnellement organisée par les Européens. Conséquences : la désagrégation des États et de la société dans tous les secteurs de la vie, la diminution de la population atteignant plusieurs centaines de millions d'habitants[46], la destruction humaine la plus massive et la plus prolongée que le monde ait jamais connue.

L'effroyable Code Noir, promulgué par Louis XIV en 1685 (au sujet duquel Montesquieu (1689-1755), l'auteur de *De l'esprit des lois*, ne dit mot) réglemente l'esclavage aux Antilles et en Guyane[47]. Au moment où l'Europe entreprend, au XIXe siècle, la conquête de l'intérieur de l'Afrique, celle-ci est donc déjà extrêmement affaiblie par les multiples effets destructeurs directs et indirects du système de la traite des êtres humains noirs qui s'est développée durant quatre siècles.

La domination coloniale qui prend le relais, dans ses deux phases successives, conquête militaire du continent africain et exploitation/pillage de ses ressources minières et agricoles, est éminemment meurtrière, également jalonnée d'atrocités, de génocides massifs[48]. Entre 1860 et 1930, des estimations montrent que le volume restant de la population de l'Afrique subsaharienne a encore diminué d'un tiers, passant approximativement de 200 millions à 130 millions de personnes[49].

Frantz Fanon écrit :

> « ... *l'occupant installe sa domination, affirme massivement sa supériorité. Le groupe social, asservi militairement et économiquement est déshumanisé selon une méthode polydimensionnelle. Exploitation, tortures, razzias, racisme, liquidations collectives, oppression rationnelle se relayent à des niveaux différents pour littéralement faire de l'autochtone un objet entre les mains de la nation occupante. Cet homme objet, sans moyens d'exister, sans raison d'être, est brisé au plus profond de sa substance* ... »[50].

---

46 Cf. J. E. Inikori *in Histoire Générale de l'Afrique*, " *La Traite négrière du XVe au XIXe siècle* ", Études et Documents 2, Paris, UNESCO, 1979, 1985, pp. 64-97 et *Histoire Générale de l'Afrique*, volume VII ; L. M. Diop-Maes, *Afrique noire : Démographie, sol et Histoire*, Paris, Présence Africaine/Khepera, 1996. L'auteur y établit que la population de l'Afrique subsaharienne au XVIe siècle était de l'ordre de 600 millions d'habitants.

47 Cf. Louis Sala-Molins, *Le Code Noir ou le calvaire de Canaan*, Paris, Presses Universitaires de France, 1987.

48 J. E. Inikori in *Histoire Générale de l'Afrique*, " *La Traite négrière du XVe au XIXe siècle* ", Études et Documents 2, Paris, UNESCO, 1979, 1985, pp. 64-97 et *Histoire Générale de l'Afrique*, volume VII ; L. M. Diop-Maes, *Afrique noire : Démographie, sol et Histoire*, Paris, Présence Africaine/Khepera, 1996 ; A. Hochschild, *Les fantômes du roi Léopold – Un holocauste oublié*, Paris, Belfond, 1998 ; Rosa Amélia Plumelle-Uribe, *La férocité blanche - Des non-blancs aux non-aryens, génocides occultés de 1492 à nos jours*, Paris, Albin Michel, 2001.

49 Cf. Daniel Noin, 1999, *La population de l'Afrique subsaharienne*, Éditions de l'UNESCO, p. 19-24.

50 Franz Fanon, « *Racisme et Culture* », *Actes du 1er Congrès International des Écrivains et Artistes Noirs*, Paris, Sorbonne, 19-22 septembre 1956, Présence Africaine, n°spécial, p. 122-131; Le Projet de l'Unesco : "La Route de l'esclave", lancé en 1994.

La domination de l'Afrique n'est pas de nature exclusivement militaire, politique et économique. Pour être pleinement efficace et acceptée par toutes les couches de la société européenne, cette domination et les moyens de son exercice se doivent d'être justifiés, légitimés au plan moral, philosophique, religieux[51]. Des penseurs européens décrètent alors l'infériorité intellectuelle du Nègre. Ils ont pour noms : Voltaire (1694-1778), Cuvier (1769-1832), Gobineau (1816-1882) et Lévy-Bruhl (1857-1939) en France, Hume (1711-1776) en Angleterre, Kant (1724-1804) et Hegel (1770-1831) en Allemagne[52].

Ils affirment que le Nègre n'a pas la capacité de raisonner, de créer. L'initiative de s'organiser en entités socio-politiques structurées, policées, en États ne peut avoir qu'une origine extérieure[53]. C'est ainsi que la grande cité du *Zimbabwé*, découverte au Sud du fleuve Zambèze, n'est certainement pas l'œuvre des autochtones africains eux-mêmes et devient celle du roi Salomon au *pays d'Ophir* ! Webber Ndoro, professeur de muséographie et de gestion du patrimoine culturel à *l'Université du Zimbabwe* précise que cette négation des réalisations africaines du *Zimbabwe* a perduré en Rhodésie jusqu'à une époque récente, malgré les résultats incontestables de la recherche archéologique[54] :

> « *En dépit de ces travaux, la plupart des colons européens en Rhodésie nient l'évidence. De 1965 jusqu'à l'indépendance, en 1980, le Front Rhodésien, parti fondé par Ian Smith et qui défend l'apartheid, censure tous les ouvrages et documents qui décrivent Zimbabwe ; les archéologues qui défendent l'origine africaine de Zimbabwe sont emprisonnés et expulsés; les Africains qui soutiennent des positions similaires perdent leur travail ; les populations locales n'ont plus le droit d'y célébrer des cérémonies rituelles; même les visites du site sont interdites* ».

Sous la plume de ces idéologues, le Nègre devient un être dominé par des comportements tout à fait singuliers que des caricatures[55] ne manqueront de représenter[56] :

---

[51] Cf. Rosa Amélia Plumelle-Uribe, *La férocité blanche - Des non-blancs aux non-aryens, génocides occultés de 1492 à nos jours*, Paris, Albin Michel, 2001.

[52] Cf. T. Obenga, *Cheikh Anta Diop, Volney et le Sphinx*, Paris, Présence africaine/Khepera, 1996 ; *Les derniers remparts de l'Africanisme*, *Revue Présence Africaine*, n°157, 1er semestre 1998, p. 47 à 65.

[53] Même Léo Frobenius qui a décrit les civilisations africaines, notamment celle du peuple Yorouba du Bénin, développe, dans son livre *Mythologie de l'Atlantide*, la thèse de leur origine grecque (Paris, Payot, 1949, p. 10-34 par exemple)

[54] Weber Ndoro, "*Zimbabwe, cité africaine*", *Pour la Science*, n°243, janvier 1998, p.74-79.

[55] Pascal Blanchard, Éric Deroo, Gilles Manceron, *Le Paris Noir*, Paris, Hazan, 2001.

[56] Franz Fanon, « *Racisme et Culture* », *Actes du 1er Congrès International des Écrivains et Artistes Noirs*, Paris, Sorbonne, 19-22 septembre 1956, Présence Africaine, n° spécial, p.122-131.

> « *Il y a d'une part une culture [européenne] à qui l'on reconnaît des qualités de dynamisme, d'épanouissement, de profondeur. Une culture en mouvement, en perpétuel renouvellement. En face on trouve des caractéristiques, des curiosités, des choses, jamais une structure* ».

C'est ainsi qu'une véritable théorie raciste est élaborée par l'intelligentsia européenne visant en particulier à positionner le Nègre au bas de l'échelle dans son système de hiérarchisation des races et au sommet de laquelle est placé l'homme Blanc. Le Nègre est nié en tant qu'être humain à part entière, il est "chosifié" selon l'expression d'Aimé Césaire. De cette conception racialement hiérarchisante de l'humanité découle que l'Afrique noire ne peut pas et ne doit pas avoir une histoire, qu'elle ne peut pas constituer « un champ historique intelligible » pour reprendre les termes de l'historien britannique Arnold Toynbee[57], qu'elle n'a pu créer aucune civilisation. C'est pourquoi l'Égypte ancienne, brillante civilisation de l'Antiquité, est alors littéralement arrachée à l'Afrique noire, à l'univers négro-africain, pour être arbitrairement rattachée géographiquement, anthropologiquement et culturellement à l'Asie occidentale et au monde méditerranéen (Moyen Orient). L'intelligentsia européenne déploie « une érudition féroce » pour commettre cet acte de falsification de l'histoire de l'humanité[58] :

> « *L'impérialisme aidant, il devenait de plus en plus "inadmissible", de continuer à accepter la thèse jusqu'alors évidente d'une Égypte nègre. La naissance de l'Égyptologie sera donc caractérisée par la nécessité de détruire à tout prix et dans tous les esprits le souvenir d'une Égypte nègre, de la façon la plus complète* ».

« Inadmissible » est effectivement le mot qu'emploie dans son ouvrage *Égypte ancienne*[59], Champollion-Figeac (1778-1867, ne pas le confondre avec son frère Jean-François Champollion surnommé Champollion-le-Jeune (1790-1832), le déchiffreur des hiéroglyphes) pour tenter d'invalider la conclusion, pourtant fondée, de l'historien Constantin-François de Chassebœuf (1757-1820), plus connu sous le nom de Volney, professeur d'histoire à *l'École Normale Supérieure* à Paris, dans son *Voyage en Syrie et en Égypte pendant les années 1783, 1784 & 1785*, conclusion selon laquelle les anciens Égyptiens étaient des Nègres[60] :

---

[57] Arnold Toynbee, *L'Histoire*, Paris-Bruxelles, Elsevier Séquoia, 1978.
[58] Cheikh Anta Diop, *Nations nègres et Culture*, Paris, Présence Africaine, 1954, 1979, p.62.
[59] Champollion Figeac, *Égypte ancienne*, Paris, Éditions Didot, 1839, p. 26-27 ; cité par Cheikh Anta Diop dans *Nations nègres et Culture*, 4e édition, 1979, p. 69.
[60] M. C. F. Volney, *Voyage en Syrie et en Égypte pendant les années 1783, 1784 & 1785*, Tome I, Paris, 1787, p. 74-77

« ... lorsque ayant été visiter le Sphinx, son aspect me donna le mot de l'énigme. En voyant cette tête caractérisée nègre dans tous ses traits, je me rappelai ce passage remarquable d'Hérodote, où il dit : Pour moi j'estime que les Colches sont une colonie des Égyptiens, parce que, comme eux, ils ont la peau noire et les cheveux crépus, c'est-à-dire que les anciens Égyptiens étaient de vrais Nègres de l'espèce de tous les naturels d'Afrique [...] Quel sujet de méditation [...] de penser que cette race d'hommes noirs, aujourd'hui notre esclave et l'objet de nos mépris est celle-là même à qui nous devons nos arts, nos sciences, jusqu'à l'usage de la parole ; d'imaginer enfin, que c'est au milieu des peuples qui se disent les plus amis de la liberté et de l'humanité, que l'on a sanctionné le plus barbare des esclavages et mis en problème si les hommes noirs ont une intelligence de l'espèce de celle des hommes blancs ! ».

Ces lignes de Volney n'y feront rien ; la vision d'une Afrique anhistorique (sans histoire, sans passé) et atemporelle (hors du temps, immuable), dont les habitants, les Nègres, n'ont jamais été responsables, par définition, de la moindre invention, d'un seul fait de civilisation, s'impose désormais comme courant de pensée dominant dans les discours, dans les écrits et s'ancre profondément dans les consciences.

Telles sont l'idéologie, l'image de l'Afrique, la falsification historique qui seront désormais transmises, enseignées par l'intelligentsia occidentale, de génération en génération, au sein des institutions les plus officielles, des plus modestes aux plus prestigieuses, de l'école à l'université ; elles seront largement véhiculées par tous les moyens d'expression : romans, peintures, bandes dessinées, publicités[61], et plus tard le cinéma....

Des zoos humains exhiberont en Europe et aux États-Unis les peuples non-blancs[62].

2. La résistance africaine et la restauration de la conscience historique

Les Africains ont développé, sur l'ensemble du continent et hors de celui-ci, différentes formes de résistance et des luttes de libération (guerre, guérilla, résistance passive, terre brûlée, révoltes, résistance intellectuelle, spirituelle...) face à l'agression militaire, politique, économique, culturelle et psychologique étrangère. Les figures emblématiques de cette résistance et de ces luttes, hommes et femmes, sont : la reine N'Zinga (1590-1663), Toussaint Louverture (1743-1803), Louis Delgrès (1766-1802), Sojourner Truth (1797-1883)[63], Béhanzin (1844-1906) et les Amazones, Samory

---

[61] Pascal Blanchard, Éric Deroo, Gilles Manceron, *Le Paris Noir*, Paris, Hazan, 2001.

[62] Nicolas Bancel, Pascal Blanchard, Gilles Boetsch, Éric Deroo, Sandrine Lemaire (ouvrage collectif) *Zoos humains, de la Vénus hottentote aux reality shows*, Paris, éditions La découverte, 2002.

[63] Robin D. G. Kelley, Earl Lewis, *A history of African Americans*, Oxford, New York, Oxford University Press, 2000, p. 199-201, Molefi Kete Asante, *Historical Atlas of African Americans* , New York, Macmillan Publishing Company, 1991, p. 71.

(1830-1900), Lat Dior (1842-1886), le Mahdi (1844-1885), la reine Ranavalona III (1862-1917), pour n'en citer que quelques-unes parmi tant d'autres connues ou encore inconnues. Lara[64] rappelle que c'est :

> « *La résistance des Nègres à l'occupation française de Haïti, depuis la deuxième moitié du XVIe siècle jusqu'à la guerre menée par Toussaint Louverture, de 1790 à 1803, qui a permis à Haïti de se débarrasser par les armes du régime colonial* ».

De simples personnes, quelques personnalités comme Condorcet[65] (1743-1794), des associations[66] et groupements variés en Europe et aux États-Unis d'Amérique se sont élevés contre les exactions dont les Noirs ont été victimes. Mais ils n'ont jamais été en mesure de s'opposer véritablement aux gouvernements, armées, milices, réseaux, compagnies commerciales et industrielles, banques, associations diverses à but faussement humanitaire ou religieux, missions scientifiques exploratoires etc. qui ont conjugué leurs efforts pour s'approprier l'Afrique, asservir ou massacrer ses habitants.

La proclamation de l'abolition de l'esclavage, au XIXe siècle, l'apparition du concept idéologique de *mission civilisatrice* de l'Europe vis-à-vis du monde non Blanc, marquent la charnière entre deux périodes consécutives d'une économie mondiale dominée par les puissances occidentales qui basculent dans l'ère industrielle. Au système du commerce transatlantique de Noirs réduits en esclavage (commerce dit "triangulaire"- Europe, Afrique, Amérique-) se substitue la domination coloniale de l'Afrique, l'appropriation de son sol, de son sous-sol, de son espace maritime et plus tard aérien par l'Europe. Aussi l'abolition officielle de l'esclavage ne s'est-elle nullement accompagnée d'une remise en cause institutionnelle des théories racistes, mais au contraire, celles-ci ont été savamment affinées, renforcées par des arguments présentés comme scientifiquement fondés : la théorie du polygénisme développée par le naturaliste d'origine suisse Louis Agassiz (1807-1873), disciple de Cuvier et le médecin américain Samuel George Morton, ainsi que l'ouvrage *Types of Manking* des Américains Josiah Nott et George Gliddon, paru en 1854, l'illustrent[67].

Le constat d'Aimé Césaire dans *Discours sur le colonialisme* est sans appel : « Et je dis que de la colonisation à la civilisation la distance est infinie; que de toutes les expéditions coloniales accumulées, de tous les

---

[64] Oruno D. Lara, in *Histoire Générale de l'Afrique*, « *La Traite négrière du XVème au XIXème siècle* », Études et Documents 2, Paris, UNESCO, 1979, 1985, pp. 111-124 et *Histoire Générale de l'Afrique*, volume VII.

[65] Élisabeth Badinter, Robert Badinter, *Condorcet - Un intellectuel en politique*, Paris, Fayard, 1998, pp. 171-175.

[66] A. Hochschild, *Les fantômes du roi Léopold – Un holocauste oublié*, Paris, Belfond, 1998.

[67] Cf. Stephen Jay Gould, *La Mal-Mesure de l'Homme*, Paris, Éditions Odile Jacob, Nouvelle édition, 1997, chapitre 1.

statuts coloniaux élaborés, de toutes les circulaires ministérielles expédiées, on ne saurait réussir une seule valeur humaine »[68].

Les quelques traits saillants de la nature du système de domination de l'Afrique par l'Europe, qui viennent d'être évoqués, montrent dans quel contexte de violence extrême physique et mentale et d'obscurantisme idéologique Cheikh Anta Diop entreprend ses recherches. Par une investigation scientifique méthodique, plongeant dans le passé le plus lointain de l'homme, il va restituer l'existence, l'antériorité et la richesse des civilisations négro-africaines, remettant dès lors en cause les fondements mêmes de la culture occidentale relatifs à la genèse et l'évolution de l'humanité.

L'une des grandes finalités de ce travail immense et révolutionnaire, est aussi *la restauration de la conscience historique africaine*, c'est-à-dire la conscience d'avoir une histoire. Théophile Obenga explicite ce que recouvre le concept de conscience historique :

> « *La prise de conscience de l'histoire est un double acte : (a) acquérir une conscience de plus en plus aiguë de la profondeur historique du monde tel qu'il a vécu ; (b) et aussi, corrélativement, acquérir une conscience de participer à l'histoire, de faire l'histoire. La conscience historique est de l'ordre de l'éveil, de la possibilité de choix, c'est-à-dire, en bref, de l'ordre même de la liberté. Les "accidents" de l'histoire (traite négrière, colonisation, traumatismes économiques, politiques, culturels, psychologiques) ont rendu le peuple africain noir amnésique : la mémoire historique collective du peuple africain a été atteinte, profondément. Cheikh Anta Diop a entrepris une œuvre fondamentale pour la restauration de la conscience historique africaine...* »[69].

3. L'œuvre historique et égyptologique de Cheikh Anta Diop

C'est ainsi que Cheikh Anta Diop s'attache, dès ses études secondaires à Dakar et St Louis du Sénégal, à se doter d'une formation pluridisciplinaire en sciences humaines et en sciences exactes, nourrie par des lectures extrêmement nombreuses et variées.

S'il acquiert une remarquable maîtrise de la culture européenne, il n'en est pas moins profondément enraciné dans sa propre culture. Sa parfaite connaissance du wolof, sa langue maternelle, se révèlera être l'une des principales clés qui lui ouvrira les portes de la civilisation pharaonique.

Par ailleurs, l'enseignement coranique le familiarise avec le monde arabo-musulman. À partir des connaissances accumulées et assimilées sur les cultures africaine, arabo-musulmane et européenne, Cheikh Anta Diop élabore des contributions majeures dans différents domaines.

[68] Aimé Césaire, *Discours sur le Colonialisme*, Paris, Présence Africaine, 1955, p. 10.

[69] T. Obenga, *Cheikh Anta Diop, Volney et le Sphinx*, Paris, Présence Africaine/Khepera, 1996, p. 359.

3.1. La reconstitution scientifique du passé de l'Afrique

Au moment où Cheikh Anta Diop entreprend ses premières recherches historiques (années 40) l'Afrique noire ne constitue pas "*un champ historique intelligible*" pour reprendre une expression de l'historien britannique Arnold Toynbee. Il est symptomatique qu'encore au seuil des années 60, dans le numéro d'octobre 1959 du Courrier de l'UNESCO, l'historien anglo-saxon Basile Davidson introduise son propos sur la « *Découverte de l'Afrique* » par la question : « Le Noir est-t-il un homme sans passé ? ».

On l'a vu plus haut, l'étude de l'Afrique était abordée, avant Cheikh Anta Diop, avec un préjugé racial. Cheikh Anta Diop réfute la notion de race au sens de l'idéologie occidentale. En effet, la notion de race telle qu'elle est conceptualisée, par les philosophes, les anthropologues et les ethnologues occidentaux, dans leur immense majorité, depuis le *Siècle des Lumières*, établit des corrélations entre le type physique (que les spécialistes dénomment *phénotype* : couleur de la peau, nature des cheveux, prognathisme, etc.) et les capacités intellectuelles des individus[70]. Blanc est devenu synonyme d'intelligence, de rationalité, de créativité, Noir synonyme de bestialité, de paresse, d'émotivité. Il découle de cette conception de la communauté humaine l'existence d'une hiérarchie entre les différentes races.

L'ethnologie et l'anthropologie occidentales appréhendent les sociétés africaines à travers ce découpage vertical de l'humanité. Dans un tel cadre de pensée, un Nègre n'a jamais créé de civilisation, ou bien n'a jamais été l'auteur d'une quelconque découverte ou innovation. Ceci explique la « naissance du *mythe du Nègre* »[71] et la notion de « *vrai Nègre* »[72] sorte d'outil méthodologique conçu par des spécialistes occidentaux pour étudier l'histoire des peuples africains afin de ne jamais être en contradiction avec leur propre conception hiérarchisante de la race : « Les anthropologues ont inventé la notion ingénieuse, commode, fictive du "vrai Nègre" qui leur permet de considérer au besoin tous les Nègres réels comme de faux Nègres se rapprochant plus ou moins d'une sorte d'archétype de Platon, sans jamais l'atteindre »[73].

---

[70] Théophile Obenga, *Cheikh Anta Diop, Volney et le Sphinx*, Paris, Présence Africaine/Khepera, 1996 ; Claude Liauzu, *La société française face au racisme – De la Révolution à nos jours*, Paris, Editions Complexe, 1999 ; Dominique Schnapper, Sylvain Allemand, *Questionner le racisme*, Paris, Gallimard Education, 2000.

[71] Cheikh Anta Diop, *Nations nègres et Culture*, *op. cit.* 4e édition, p. 49.

[72] Jean Vercoutter, *L'Égypte et la Vallée du Nil*, Paris, PUF, Nouvelle Clio - L'histoire et ses problèmes, 1992, p. 39.

[73] Cheikh Anta Diop, *Antériorité des civilisations nègres – Mythe ou vérité historique ?*, Paris, Présence africaine, 1967, 1993, p. 24.

La « mécanique » du *mythe du Nègre/« vrai Nègre* » fonctionne de la manière suivante :
- tout fait de civilisation mis au jour en n'importe quel endroit du continent africain, est l'œuvre d'un non-Nègre.
- tout peuple Nègre responsable d'une civilisation est en fait un peuple Blanc, quitte à être un peuple Blanc à peau noire ! Tel est le cas des Égyptiens, des Nubiens, et de tous les autres Négro-Africains responsables des constructions anciennes du Zimbabwe, de l'architecture soudanaise de Djenné et de Tombouctou, de l'impluvium yoruba, etc. L'étude de la société Baoulé par Maurice Delafosse dans son article « Sur des traces probables de civilisation égyptienne et d'hommes de race blanche à la Côte d'Ivoire »[74], et les considérations de Félix Dubois sur la civilisation Songhaï dans son livre *Tombouctou la Mystérieuse*, publié en 1897, sont des illustrations typiques du *mythe du Nègre* à l'œuvre dans les « *Études africaines* ». Dans le premier cas, seuls des Blancs (introuvables) ont pu apporter les éléments de la civilisation aux Nègres Baoulés, et dans le second, les Soudanais, auteurs des œuvres architecturales des cités du Niger, Djenné, Tombouctou, ... bien que noirs de peau et crépus de cheveux, ne sont pas des Nègres. Dans ce contexte d'obscurantisme et de racisme ambiants, l'apport déterminant de Cheikh Anta Diop est :
- de récuser toute corrélation entre couleur de la peau (l'apparence physique de manière générale ou phénotype) et capacités intellectuelles ;
- de récuser toute hiérarchie raciale : les différentes races humaines possèdent les mêmes aptitudes intellectuelles.
- de récuser les caricatures raciales et de considérer les grandes familles humaines, Noirs, Blancs, Jaunes, dans leur variabilité respective de types physiques.
- d'affirmer l'origine monogénétique africaine de l'espèce humaine : l'humanité est une dans sa diversité[75].

Dans *Nations nègres et Culture*, en 1954, Cheikh Anta Diop écrit à propos de la civilisation égyptienne[76] : « [...] la civilisation dont il [le Nègre] se réclame eût pu être créée par n'importe quelle autre race humaine – pour autant que l'on puisse parler d'une race – qui eût été placée dans un berceau aussi favorable, aussi unique ».

Cheikh Anta Diop n'a donc pas inversé la conception hégélienne ou occidentale de l'être humain, mais il affirme d'emblée, que si la réalité humaine présente de manière évidente une variété de types physiques différents, désignés faute de mieux par le terme de races, celles-ci sont

---

[74] *L'Anthropologie*, tome 11, Paris, 1900.

[75] Cheikh Anta Diop, « *L'unité d'origine de l'espèce humaine* », *in* Actes du colloque d'Athènes: *Racisme science et pseudo-science*, Paris, UNESCO, coll. Actuel, 1982, p.137-141.

[76] Cheikh Anta Diop, *Nations nègres et Culture*, *op. cit.* 4e édition, p. 401.

toutes à placer sur le même plan. Pour lui, la notion de hiérarchie raciale est un non-sens scientifique qu'il a justement combattu, ce que confirment d'ailleurs les données actuelles de la science.

Dans son ouvrage *Cheikh Anta Diop, Volney et le Sphinx*, Théophile Obenga montre en quoi consiste l'originalité et la nouveauté de la problématique historique africaine ouverte et développée par Cheikh Anta Diop[77] :

> « *En refusant le schéma hégélien de la lecture de l'histoire humaine, Cheikh Anta Diop s'est par conséquent attelé à élaborer, pour la première fois en Afrique noire une intelligibilité capable de rendre compte de l'évolution des peuples noirs africains, dans le temps et dans l'espace [...] Un ordre nouveau est né dans la compréhension du fait culturel et historique africain. Les différents peuples africains sont des peuples "historiques" avec leur État : l'Égypte, la Nubie, Ghana, Mali, Zimbabwe, Kongo, Bénin, etc. leur esprit, leur art, leur science. Mieux, ces différents peuples historiques africains s'accomplissent en réalité comme des facteurs substantiels de l'unité culturelle africaine* ».

Nations nègres et Culture – De l'Antiquité nègre égyptienne aux problèmes culturels de l'Afrique d'aujourd'hui – que publie en 1954 Cheikh Anta Diop aux Éditions *Présence Africaine* créées par Alioune Diop -, est le livre fondateur d'une écriture scientifique de l'histoire de l'Afrique. La reconstitution critique du passé de l'Afrique devient possible grâce à l'introduction du *temps historique* et de *l'unité culturelle*. La restauration de la conscience historique devient alors elle aussi possible.

3.2. Les principales thématiques développées par Cheikh Anta Diop

Les thématiques présentes dans l'œuvre de Cheikh Anta Diop peuvent être regroupées en quatre grandes catégories :

a. ***L'origine de l'homme et ses migrations.*** Parmi les questions traitées : l'ancienneté de l'homme en Afrique, le processus de différenciation biologique de l'humanité, le processus de sémitisation, l'émergence des Berbères dans l'histoire, l'identification des grands courants migratoires et la formation des ethnies africaines. L'analyse des résultats de la paléo-anthropologie humaine et de l'archéologie déjà acquis et disponibles permet à Cheikh Anta Diop, dès 1962[78], de proposer une synthèse cohérente sur l'évolution de l'humanité où apparaissent trois idées forces :

- les Africains sont les habitants autochtones de l'Afrique et ne sont pas des « envahisseurs » venus d'Asie ou d'ailleurs.

[77] Théophile Obenga, *Cheikh Anta Diop, Volney et le Sphinx*, Paris, Présence. Africaine/Khepera, 1996.

[78] Cheikh Anta Diop, « Histoire primitive de l'Humanité : Évolution du monde noir », Bulletin de l'IFAN, T. XXIV, série B, n° 3-4, 1962, p. 449.

- les premiers *Homo Sapiens* étaient des Nègres et l'aire d'extension du *substratum* nègre de l'humanité actuelle s'étendait bien au-delà du continent africain, en Asie et en Europe.
- les autres grands groupes « raciaux », Blancs et Jaunes sont issus de *l'homo sapiens* nègre africain, par un processus de différentiation des phénotypes liés aux différentes conditions géo-climatiques, processus que la science élucidera un jour.

C'est donc la thèse de l'origine monogénétique africaine de l'*homme moderne* (*homo sapiens sapiens*) que soutient Cheikh Anta Diop. À l'époque, la théorie polycentrique ou multirégionale (énoncée en 1945) rallie un grand nombre de spécialistes[79]. Elle stipule une différentiation raciale qui remonterait aux *Homo erectus* ayant respectivement vécu en Afrique, en Asie et en Europe. Cette théorie a encore aujourd'hui ses défenseurs.

Monogenèse et *polygenèse* de l'humanité sont discutées en 1969 dans le cadre d'un colloque organisé par l'UNESCO sur l'apparition de l'homme moderne[80]. Suite à son article de 1962, Cheikh Anta Diop consacrera plusieurs développements à cette question, soit dans des articles comme « *L'Apparition de l'Homo Sapiens* »[81] (1970), soit dans ses ouvrages : *Antériorité des civilisations nègres* (1967) et *Civilisation ou Barbarie* (1981). Il revient en particulier sur le processus du peuplement de la Terre et de différenciation raciale. Ainsi, l'homme noir arrivé en Europe aurait progressivement perdu sa pigmentation par adaptation à un climat caractérisé par des périodes de glaciation qui ont duré plusieurs milliers d'années (la dernière a duré 20000 ans de –30000 à –10000). Les "Blancs", et les "Jaunes", seraient issus de populations d'*homo sapiens sapiens* africains qui auraient émigré hors du continent par le Détroit de Gibraltar et/ou la Sicile, et/ou par l'isthme de Suez, il y a plusieurs dizaines de milliers d'années. La différentiation raciale est donc un phénomène récent à l'échelle de l'évolution de la Terre et de l'humanité. L'hypothèse monogénétique rend compte de l'unité de l'espèce humaine actuelle à travers sa diversité apparente : cela signifie que toutes les populations humaines présentent les mêmes aptitudes intellectuelles.

Les autres sujets traités relatifs à cet axe de recherche sont :
- *le processus de sémitisation*, c'est-à-dire le processus de formation des peuples sémites, analysé comme un phénomène de contact et de métissage

---

[79] Véronique Barriel, « L'origine génétique de l'homme moderne », in *Dossier Pour la Science, Les origines de l'humanité*, janvier 1999, pp. 92-98.
[80] Cheikh Anta Diop, « *L'apparition de l'Homo sapiens* », *Bulletin de l'IFAN*, T. XXXII, série B, n°3, 1970, pp. 623- 641.
[81] Cheikh Anta Diop, *op.cit.*

entre des populations mélanodermes et leucodermes en région proche-orientale[82].

- *l'apparition des Berbères*, que Cheikh Anta Diop identifie aux descendants des Peuples de la mer qui arrivèrent massivement en Afrique vers 1200 av. J.-C[83]. Les documents égyptiens font mention de batailles contre ces peuples venus du Nord sous les règnes des pharaons Mineptah et Ramsès III.
- *les mouvements de populations* sur le pourtour méditerranéen et dans les terres intérieures de l'Europe suite à la formidable explosion de l'île de Santorin dans les Cyclades (Mer Méditerranée), vers 1420 avant notre ère. Cheikh Anta Diop établit aussi des rapprochements éclairants entre cette explosion et certains passages de la Bible ainsi que les mythologies et les légendes grecques[84].
- *l'identification des grands courants migratoires et la formation des ethnies africaines.* Il introduit son étude intitulée « *Pour une méthodologie de l'étude des migrations* »[85] dans les termes suivants :

> *« Cet exposé se situe sur le plan méthodologique. L'ethnohistorien se garde, la plupart du temps, d'appliquer sa théorie à un cas concret pris comme exemple d'étude et se contente d'émettre des idées générales.*
> *Nous voudrions contribuer à combler cette lacune en montrant comment, en l'absence de données archéologiques et de documents écrits, on peut, dans certains cas privilégiés, utiliser les faits linguistiques, ethniques ("ethnonymes" et toponymes) et socio-politiques pour aboutir à une quasi-certitude dans la restitution du passé africain.*
> *Il s'agit de démontrer qu'à une époque relativement récente une migration, partie des rives du lac Albert et des collines de Nubie (région habitée par les Nuer, Shilluk, Dinka, etc.), aurait atteint le Sénégal en se glissant dans le couloir situé entre le 10ᵉ et le 20ᵉ parallèles au-dessus de l'Équateur, tandis qu'une autre migration, partie de la même région des Grands lacs, aurait suivi le cours du Zaïre [Congo] jusqu'à son embouchure, pour s'étaler le long de la côte, sans pouvoir longer celle-ci au-delà du Cameroun et du delta du Niger. Les peuples du golfe du Bénin, du Nigeria du Sud à la Côte d'ivoire du Sud (Ibo, Yoruba, Oyo, Ewe, Akan, Anyi, Baule, etc.), appartiendraient à une*

---

[82] Cheikh Anta Diop, *Antériorité des civilisations nègres - mythe ou vérité historique ?*, *op. cit.*, p. 189-193 ; Cheikh Anta Diop, *Parenté génétique de l'égyptien pharaonique et des langues négro-africaines* (Dakar, IFAN-NEA, 1977, p. XXXIX-XXXVII.

[83] Cheikh Anta Diop, « *La formation du rameau berbère* », *Histoire générale de l'Afrique, Études et Documents*, *Libya Antiqua*, Colloque organisé par l'UNESCO du 16 au 18 janvier 1984, Paris, Unesco, p. 77-81.

[84] Cheikh Anta Diop, *Civilisation ou Barbarie*, Paris, Présence Africaine, 1981, p. 208-209.

[85] Cheikh Anta Diop, « *Pour une méthodologie de l'étude des migrations* » dans *Histoire générale de l'Afrique : Études et Documents 6*, « *Ethnonymes et toponymes africains* » (1978), UNESCO, 1984, p.97-121 et dans une première version sous le titre : « *Introduction à l'étude des migrations en Afrique centrale et occidentale – Identification du berceau nilotique du peuple sénégalais* », *in Bulletin de l'IFAN*, série B, Tome XXXV, n° 4, 1973, p. 769-792.

migration antérieure aux deux précédentes et venue également de l'est. Cependant, ils auraient subi le choc de ces dernières vagues, ce qui a dû provoquer des mouvements secondaires de population, d'est en ouest, le long de la côte atlantique, comme semblent en témoigner l'unité culturelle de cette région, la différence de types physiques et des noms claniques comparés à ceux du Sahel, au nord».

- *Les relations entre l'Afrique Noire et les Amériques* avant Christophe Colomb (1492)[86].

b. *La parenté Égypte ancienne/Afrique noire*. Elle est étudiée sous tous les aspects : le peuplement de la vallée du Nil, la genèse de la civilisation égypto-nubienne, la parenté linguistique, la parenté culturelle, les structures socio-politiques, etc.

Il ne saurait être question d'exposer, ici, toute l'argumentation technique multidisciplinaire développée par Cheikh Anta Diop pour démontrer que l'Égypte pharaonique est négro-africaine tant sur le plan culturel que sur le plan ethnique. Il convient simplement de rappeler, très succinctement, la nature de cette argumentation déclinée, ici, selon quatre registres : *culturel, sociologique, anthropologique et historique*.

Les arguments d'ordre culturel incluent la culture matérielle et résultent des études comparatives entre l'Égypte ancienne et l'Afrique subsaharienne en particulier dans les domaines de :

la linguistique où sont comparées les langues négro-africaines modernes et la langue égyptienne (pharaonique et copte) au plan de la grammaire (morphologie et syntaxe), du vocabulaire (lexicologie), des correspondances phonétiques.

L'architecture qui s'intéresse aux monuments érigés dans l'ancienne Égypte, en Nubie, en l'Éthiopie, au Mali, au Zimbabwe.

L'artisanat qui offre au chercheur de multiples objets de la vie quotidienne: appuis-têtes, peignes, vêtements tissés, sandales, balais, calebasses décorées.

Des instruments de musique, telles les harpes que l'on retrouve en Égypte et en Afrique centrale.

La technologie illustrée par les techniques métallurgiques qui permettent de recueillir et fondre les métaux afin de fabriquer des outils et objets divers. Les outils eux-mêmes, comme la houe, sont aussi étudiés (conception, type d'utilisation, sens symbolique associé, termes les désignant) comparativement dans la Vallée du Nil et en Afrique de l'Ouest.

L'écriture. l'Afrique noire contemporaine a conservé des systèmes d'écritures de type hiéroglyphique (écritures *Vaï, Bamoun, Nsibidi*, etc) qui sont rapprochés de l'écriture hiéroglyphique égyptienne.

L'art où sont appréhendées à la fois les sculptures des artistes de l'Égypte pharaonique, du Bénin, du Nigeria, du pays Massaï, *...etc.*

---

86 Cheikh Anta Diop, *Afrique noire précoloniale* et *Antiquité africaine par l'image*, *op. cit.*

Les arguments d'ordre sociologique mettent en évidence des traits communs aux sociétés de l'Égypte ancienne et de l'Afrique subsaharienne. Elles concernent en particulier :
le matriarcat qui caractérise une société organisée autour de la femme.
Le totémisme qui associe de manière complexe un animal donné (par exemple le faucon, la grue couronnée, le crocodile, le chat, ...) à un individu ou un groupe d'individus et qui donne lieu à un culte.
L'ethnonymie, c'est-à-dire l'étude des noms de groupes humains de l'Afrique actuelle qui conservent encore de nombreux noms attestés en Égypte ancienne : *Atoum, Antef, Sek, Meri, Kara, Bara, Bari, Raka, Sen Sar, Kaba, Keti, Amenti, Kamara, Konare, Sankale, Sangare, Sankare,* etc.
La royauté et ses attributs comme l'*uraeus* figurant respectivement sur les coiffes royales du Pharaon et de *l'Oni d'Ife*.
La religion qui fait apparaître, par exemple, une réplique du panthéon égypto-nubien au Bénin, Togo et Nigeria chez les peuples Fon, Ewé et Yoruba.
Le système de transmission du savoir qui présente dans l'ancienne Égypte et en Afrique sahélienne une caractéristique essentielle commune : le transfert de connaissance initiatique.
etc.

Les arguments d'ordre anthropologique relèvent aussi de domaines variés :
L'étude des textes égyptiens hiéroglyphiques fournit les termes par lesquels les habitants de l'ancienne Égypte se désignaient eux-mêmes comme Nègres.
L'étude des textes des historiens et philosophes grecs et latins permet de relever de nombreux témoignages sur le phénotype des anciens Égyptiens. Par exemple Hérodote (480 ? - 425 avant J.-C.), surnommé le « *Père de l'Histoire* », grand voyageur et témoin oculaire écrit :

> « *Manifestement, en effet, les Colchidiens sont de race égyptienne ; mais des Égyptiens me dirent qu'à leur avis les Colchidiens descendaient des soldats de Sésostris. Je l'avais conjecturé moi-même d'après deux indices : d'abord parce qu'ils ont la peau noire et les cheveux crépus (à vrai dire, cela ne prouve rien, car d'autres peuples encore sont dans ce cas), ensuite et avec plus d'autorité, pour la raison que, seuls parmi les hommes, les Colchidiens, les Égyptiens et les Éthiopiens pratiquent la circoncision depuis l'origine*»[87].

L'étude de la Bible, des traditions juive et musulmane qui conservent la mémoire de la descendance de Cham, ancêtre biblique des Noirs : en particulier *Kush* (Kouch) et *Misraïm* (L'Égypte).
L'iconographie (sculptures et peintures) abondante qui couvre toutes les périodes de la préhistoire et de l'histoire égyptiennes.

---

[87] Hérodote, *Livre II*, 104.

L'anthropologie physique et la *biologie moléculaire*, avec l'étude des mensurations ostéologiques des squelettes, l'étude des groupes sanguins et de la pigmentation de la peau des momies (la mélanine, corps chimique responsable de la couleur de la peau, se conserve dans le temps et elle ne doit pas être confondue avec les produits de momification comme le bitume), etc., révèlent la parenté des anciens Égyptiens avec les populations négro-africaines.
etc.

Les arguments d'ordre historique qui fondent l'antériorité de la Haute Égypte par rapport à la Basse Égypte : l'origine de la civilisation égyptienne qui est à rechercher en Afrique, vers le Sud, et non vers le Nord dans les pays du Proche-Orient asiatique. Cette argumentation s'appuie sur :
L'étude des textes hiéroglyphiques égyptiens, qui montre par exemple que l'Égyptien s'orientait face au Sud, soit la direction de la terre d'origine de ses ancêtres qui avaient au fil du temps remonté le cours du Nil « divinisé ». Et, en effet, pour l'Égyptien le soleil se levait sur sa gauche et se couchait sur sa droite.
La tradition historique que rapporte par exemple Diodore de Sicile (vers 90-20 av. J.C.) :

> *« les Éthiopiens*[88] *disent que les Égyptiens sont une de leurs colonies qui fut menée en Égypte par Osiris. Ils prétendent même que ce pays n'était au commencement du monde qu'une mer, mais que le Nil entraînant dans ses crues beaucoup de limon d'Éthiopie, l'avait enfin comblé et en avait fait une partie du continent... »*[89].

La géophysique et *les datations* d'échantillons géologiques à l'aide de méthodes physico-chimiques comme celle du Carbone 14, peuvent permettre d'établir à quelle époque l'émergence du Delta du Nil s'est produite et de confirmer ou d'infirmer les informations recueillies à ce sujet par Hérodote et Diodore de Sicile auprès des Égyptiens et des Éthiopiens.
L'archéologie avec les fouilles menées en Haute Égypte et au Soudan qui mettent en évidence l'origine méridionale de la civilisation égyptienne.

c. *La recherche sur l'évolution des sociétés.* Plusieurs développements importants sont consacrés à la genèse des formes anciennes d'organisation sociale rencontrées dans les aires géographiques méridionale (Afrique) et septentrionale (Europe), à la naissance de l'État, à la formation et l'organisation des États africains après le déclin de l'Égypte, à la caractérisation des structures politiques et sociales africaines et européennes avant la période coloniale ainsi qu'à leur évolution respective, aux modes de

[88] Éthiopiens au sens des Anciens Grecs c'est-à-dire les Noirs Africains.
[89] Diodore de Sicile, *Histoire Universelle*, Livre 3, p. 341, traduction de l'abbé Terrasson, Paris, 1758, cité par C. A. Diop dans *Nations nègres et Culture*, *op. cit.*, 1954).

production, aux conditions socio-historiques et culturelles qui ont présidé à la Renaissance européenne.

d. ***L'apport de l'Afrique à la civilisation.*** Cet apport est restitué dans de nombreux domaines : la métallurgie, l'écriture, les sciences (mathématiques, astronomie, médecine, ...), les arts et l'architecture, les lettres, la philosophie, les religions révélées (judaïsme, christianisme, islam), etc.

L'ensemble de ces grandes problématiques définit de façon claire et cohérente un cadre, des axes et un programme de travail.

3.3. La fécondité de l'œuvre : apport méthodologique et acquis du colloque du Caire

Pour sortir l'Afrique du paradigme anhistorique et ethnographique dans lequel anthropologues et africanistes l'avaient confinée, Cheikh Anta Diop adopte une méthodologie de recherche qui s'appuie sur des études diachroniques, le comparatisme critique, la pluridisciplinarité : archéologie, linguistique, ethnonymie/toponymie, sociologie, sciences exactes, etc.. Grâce à une approche à la fois analytique et synthétique, il lui a été possible de rendre aux faits historiques, sociologiques, linguistiques, culturels du continent africain, leur cohérence et leur intelligibilité. La nouvelle méthodologie en matière d'histoire africaine que préconise et met en œuvre Cheikh Anta Diop dans ses travaux est exposée dans son livre *Antériorité des civilisations nègres – mythe ou vérité historique ?*, (*op. cit.*, p.195-214).

S'agissant de l'Égypte ancienne alors étudiée dans son contexte négro-africain, Cheikh Anta Diop écrit[90] :

> « *Partant de l'idée que l'Égypte ancienne fait partie de l'univers nègre, il fallait la vérifier dans tous les domaines possibles, racial ou anthropologique, linguistique, sociologique, philosophique, historique, etc. Si l'idée de départ est exacte, l'étude de chacun de ces différents domaines doit conduire à la sphère correspondante de l'univers nègre africain. L'ensemble de ces conclusions formera un faisceau de faits concordants qui éliminent le cas fortuit. C'est en cela que réside la preuve de notre hypothèse de départ. Une méthode différente n'aurait conduit qu'à une vérification partielle qui ne prouverait rien. Il fallait être exhaustif* ».

En 1970, l'UNESCO sollicite Cheikh Anta Diop pour devenir membre du Comité scientifique international pour la rédaction d'une *Histoire générale de l'Afrique*. Son exigence d'objectivité le conduit à poser trois préalables à la rédaction des chapitres consacrés à l'histoire ancienne de l'Afrique. Les deux premiers consistent en la tenue d'un colloque

---

[90] Cheikh Anta Diop, *Antériorité des civilisations nègres – mythe ou vérité historique ?*, Paris, Présence Africaine, 1967, p. 275.

international, organisé par l'UNESCO, réunissant des chercheurs de réputation mondiale, pour d'une part, traiter de l'origine des anciens Égyptiens, et d'autre part faire le point sur le déchiffrement de l'écriture méroïtique. En effet, une confrontation des travaux de spécialistes du monde entier lui paraissait indispensable pour faire avancer la science historique. Le troisième préalable concerne la réalisation d'une couverture aérienne de l'Afrique afin de restituer les voies anciennes de communication du continent.

C'est ainsi que se tient au Caire du 28 janvier au 3 février 1974, organisé par l'UNESCO dans le cadre de la Rédaction de l'*Histoire générale de l'Afrique*, le colloque intitulé : « Le peuplement de l'Égypte ancienne et le déchiffrement de l'écriture méroïtique ».

Ce colloque rassemble une vingtaine de spécialistes appartenant aux pays suivants : Égypte, Soudan, Allemagne, USA, Suède, Canada, Finlande, Malte, France, Congo et Sénégal. La contribution très constructive des chercheurs africains tant au plan méthodologique qu'au niveau de la masse des faits apportés et instruits, a été reconnue par les participants et consigné dans le compte-rendu du colloque, notamment dans le domaine de la linguistique[91] :

> « *Un large accord s'est établi entre les participants* ». « *Les éléments apportés par les professeurs Diop et Obenga ont été considérés comme très constructifs (...) Plus largement, le professeur Sauneron a souligné l'intérêt de la méthode proposée par le professeur Obenga après le professeur Diop. L'Égypte étant placée au point de convergence d'influences extérieures, il est normal que des emprunts aient été faits à des langues étrangères ; mais il s'agit de quelques centaines de racines sémitiques par rapport à plusieurs milliers de mots. L'égyptien ne peut être isolé de son contexte africain et le sémitique ne rend pas compte de sa naissance ; il est donc légitime de lui trouver des parents ou des cousins en Afrique* ».

S'agissant de la culture égyptienne :

> « *Le professeur Vercoutter a déclaré que, pour lui, l'Égypte était africaine dans son écriture, dans sa culture et dans sa manière de penser. Le professeur Leclant a reconnu ce même caractère africain dans le tempérament et la manière de penser des Égyptiens* ».

Le rapport, dans sa conclusion générale, indique que :

> « *La très minutieuse préparation des communications des professeurs Cheikh Anta Diop et Obenga n'a pas eu, malgré les précisions contenues dans le document de travail préparatoire envoyé par l'UNESCO, une contrepartie toujours égale. Il s'en est suivi un véritable déséquilibre dans les discussions* ».

[91] cf. *Histoire générale de l'Afrique*, Paris, Afrique/Stock/Unesco, 1980, p. 795-823.

À l'issue du colloque du Caire, Cheikh Anta Diop appelle de ses vœux une réorientation des études égyptologiques qui doit s'accompagner d'un dialogue avec les chercheurs africains[92] :

> « *Ce colloque peut être considéré comme un tournant qui a permis à l'égyptologie de se réconcilier avec l'Afrique et de retrouver sa fécondité. [...] Le dialogue scientifique sur le plan international est instauré et l'on peut espérer qu'il ne sera pas rompu. À la suite des débats, des participants n'ont pas manqué d'exprimer leur volonté de réorienter leurs travaux vers l'Afrique et d'intensifier leur collaboration avec les chercheurs africains* ».

Le fait que l'Égypte ancienne soit traitée dans le cadre de l'*Histoire générale de l'Afrique* et la rédaction par Cheikh Anta Diop dans le Volume II du chapitre I intitulé « L'origine des anciens Égyptiens »[93], constituent deux exemples des retombées directes du colloque d'égyptologie du Caire. *L'Histoire générale de l'Afrique*, éditée par l'UNESCO, est aujourd'hui complète et disponible ; elle comporte huit volumes progressivement traduits en plusieurs langues dont le swahili et le haoussa.

Depuis 1974, les découvertes archéologiques, les études linguistiques, les études génétiques, l'examen de la culture matérielle, l'étude de la philosophie, etc. ne font que confirmer chaque jour davantage les grandes orientations de recherche recommandées par le Colloque du Caire.

4. La continuation de l'œuvre historique et égyptologique

Dans le domaine de l'égyptologie, par exemple, une communauté d'égyptologues africains existe désormais. Elle s'est constituée selon les étapes identifiées ci-après.

4.1. La période de la recherche solitaire 1946-1970

Jusqu'au début des années 1970, Cheikh Anta Diop poursuit, dans une totale solitude intellectuelle, ses recherches sur la parenté existant entre l'Égypte ancienne et le reste de l'Afrique noire engagées déjà depuis plus d'une vingtaine d'années. Un veto s'oppose implacablement à ce qu'il enseigne à l'Université de Dakar. Deux conséquences immédiates en découlent : l'impossibilité d'orienter et de former les jeunes générations d'historiens et d'égyptologues africains, et celle de procéder au renouvellement complet des "Études africaines" tant sur le plan du contenu de l'enseignement (intégration des antiquités égypto-nubiennes, etc.) que sur celui des critères de compétence.

---

[92] *Le Soleil*, n° 1128, janvier 1974.

[93] Cf. l'*Histoire générale de l'Afrique*, *op. cit.* p. 39-72.

4.2. Théophile Obenga rencontre Cheikh Anta Diop

Au début des années 60, Théophile Obenga, découvre le livre de Cheikh Anta Diop *Nations nègres et Culture.* Théophile Obenga, est déjà formé à la philosophie et il maîtrise le grec ancien ainsi que le latin. Il s'oriente de manière décisive vers l'égyptologie et la linguistique. Il suit les enseignements de grands noms de la linguistique historique comme Henri Frei à l'Université de Genève et Émile Benveniste au Collège de France à Paris. Les premiers résultats des recherches de Théophile Obenga en histoire et en linguistique paraissent dans des articles dès 1969. C'est en 1973, qu'il publie aux Éditions *Présence Africaine* son premier grand livre, *L'Afrique dans l'Antiquité - Égypte pharaonique/Afrique Noire.*

Le lecteur y trouvera entre autres des chapitres fondamentaux consacrés à la comparaison de la langue égyptienne ancienne et des langues négro-africaines contemporaines, ainsi qu'aux écritures anciennes du continent africain. Cheikh Anta Diop n'est désormais plus seul. Il le sait et il exprime l'espoir, dans sa préface au livre de Théophile Obenga, de voir se constituer à terme une équipe de chercheurs africains :

> « *Il est indispensable de créer une équipe de chercheurs africains où toutes les disciplines sont représentées. C'est de la sorte qu'on mettra le plus efficacement possible la pensée scientifique au service de l'Afrique* », avec la mise en garde préalable suivante : « *Puissent-ils comprendre qu'à la maîtrise des connaissances il faut ajouter l'efficacité de l'organisation pour se maintenir* ».

Le colloque du Caire (1974) évoqué plus haut consolide la collaboration entre les deux hommes pour la réécriture de l'histoire de l'Afrique et partant de l'humanité, sur des bases strictement objectives. Les acquis du colloque du Caire provoquent des fissures dans le dispositif d'isolement dressé autour de Cheikh Anta Diop. La technicité du débat scientifique dévoile, jour après jour, l'incompétence africaniste qui se réfugie de manière malsaine, dans le procès d'intention, le mépris, l'ironie, la calomnie, l'insinuation malveillante. C'est l'ensemble de cette « critique » africaniste, éminemment idéologique, que Théophile Obenga analyse dans différents textes[94]. Au fil des années des Africains se sont résolument engagés dans la voie de l'égyptologie, tout en se heurtant à l'hostilité du milieu universitaire, notamment en France, où l'étude de l'Égypte ancienne

[94] Théophile Obenga, *Cheikh Anta Diop, Volney et le Sphinx*, Paris, Présence Africaine/Khepera, 1996, chapitre 2, pp. 27-44 ; « Un commentaire sur les réflexions de M. Luc Bouquiaux », Ankh n°4/5, 1995-1996, p. 317-346 ; Théophile Obenga, « Les derniers remparts de l'Africanisme », Présence Africaine, n° 157, 1er semestre 1998, p. 47-65 ; Théophile Obenga, *Le sens de la lutte contre l'africanisme eurocentriste,* Paris, Khepera/L'Harmattan, 2001.

dans son cadre naturel négro-africain est considérée « politiquement incorrecte ».

4.3. L'École africaine d'égyptologie

En 1981, Cheikh Anta Diop est enfin nommé professeur d'histoire associé à la Faculté des Lettres et Sciences Humaines de Dakar, c'est-à-dire vingt sept ans après la parution de *Nations nègres et Culture*, vingt et un ans après son Doctorat d'État. Il y enseignera en maîtrise, en DEA et dirigera des thèses jusqu'à sa disparition en 1986. Depuis, une école africaine d'égyptologie s'est progressivement constituée. Il convient de souligner, ici, toute l'importance que revêt la connaissance de l'intérieur de l'univers négro-africain, particulièrement la langue, la culture matérielle, les conceptions philosophiques, religieuses et socio-politiques. Cheikh Anta Diop écrivait en 1967 :

> « *[Et] les études africaines ne sortiront du cercle vicieux où elles se meuvent, pour retrouver tout leur sens et toute leur fécondité, qu'en s'orientant vers la vallée du Nil. Réciproquement, l'égyptologie ne sortira de sa sclérose séculaire, de l'hermétisme des textes, que du jour où elle aura le courage de faire exploser la vanne qui l'isole, doctrinalement, de la source vivifiante que constitue, pour elle, le monde nègre* »[95].

On touche donc du doigt les critères mêmes que doit satisfaire un spécialiste véritable de l'Afrique ancienne. Théophile Obenga, auteur de nombreux travaux en égyptologie, linguistique, histoire, philosophie (cf. http://www.ankhonline.com), après avoir enseigné l'égyptologie à l'Université de Brazzaville, a poursuivi son activité de chercheur et d'enseignant aux États-Unis. Actuellement, il enseigne et mène ses recherches aux USA à l'Université de San-Francisco. À l'Université Cheikh Anta Diop de Dakar, la relève est assurée aujourd'hui par les égyptologues Aboubacry Moussa Lam et Babacar Sall (cf. http://www.ankhonline.com) qui ont publié des ouvrages majeurs consacrés à l'étude des liens étroits et multiformes qui unissent la Nubie, l'Égypte et le reste de l'Afrique noire, dans le temps et dans l'espace[96]. Sollicités par nombre de clubs, de cercles d'études, d'associations comme les *Générations Cheikh Anta Diop* du Burkina-Faso, du Niger, du Mali, du Sénégal, ... les égyptologues africains assurent également une vulgarisation sur l'histoire ancienne de l'Afrique à travers conférences, séminaires, expositions organisés en Afrique, aux États-Unis, dans les Caraïbes, en Europe.

---

[95] *Antériorité des civilisations nègres - mythe ou vérité historique ?*, *op. cit.* p. 12.

[96] A. M. Lam, *De l'origine égyptienne des Peuls*, Paris, Présence Africaine/Khepera, 1993, B. Sall, *Les racines éthiopiennes de l'Égypte ancienne*, Paris, L'Harmattan/Khepera, 1999.

Les grandes orientations de travail de l'école africaine d'égyptologie recouvrent les thématiques développées par Cheikh Anta Diop, rappelées plus haut, ainsi que les recommandations du colloque d'Égyptologie du Caire. Les résultats les plus récents des recherches linguistiques, culturelles de manière générale sur la civilisation pharaonique, alliés à ceux des recherches archéologiques et génétiques, illustrent la pertinence scientifique du cadre de travail négro-africain, le caractère éminemment fécond du paradigme africain. La revue ANKH, *Revue d'égyptologie et des civilisations africaines*, a justement pour vocation de publier de tels acquis. ANKH signifie la "Vie" en langue égyptienne pharaonique. Créée en 1992, elle est dirigée par le professeur Théophile Obenga. Les collaborateurs de Ankh (cf. http://www.ankhonline.com) sont des chercheurs de divers pays, marque de son ouverture internationale. On y trouvera, outre les études consacrées à l'Antiquité égypto-nubienne (linguistique, culture matérielle, philosophie, religion, archéologie,...), des synthèses sur l'Afrique en général, une section sciences exactes (physique, mathématiques, informatique, ...), et une rubrique bibliographique. Parallèlement, toute une série d'ouvrages traduit la richesse de la recherche égyptologique africaine (cf. http://www.ankhonline.com). Cette production intellectuelle de haut niveau s'enrichit chaque année de nouvelles études et, entre autres, elle constitue la base incontournable d'un enseignement renouvelé sur l'Afrique ancienne.

5. La Renaissance de l'Afrique et l'édification d'une civilisation planétaire

Les Africains du continent et de la diaspora sont désormais édifiés sur la période de leur histoire qui précède les quatre siècles de la traite esclavagiste atlantique et d'occupation coloniale, jusqu'aux périodes les plus reculées. L'œuvre de Cheikh Anta Diop montre la nécessité pour l'Afrique d'un retour à l'Égypte ancienne dans tous les domaines : celui des sciences, de l'art, de la littérature, du droit... La démarche historique, loin d'être conçue comme un repli sur soi ou une simple délectation du passé, permet à Cheikh Anta Diop de définir le cadre de réflexion approprié pour poser, en termes rationnels et opératoires, l'ensemble des problèmes culturels, éducatifs, institutionnels, politiques, économiques, scientifiques, techniques, industriels, etc., auxquels sont confrontés les Africains, aujourd'hui, et pour y apporter des solutions.

Cheikh Anta Diop traite toutes les questions majeures que pose l'édification d'une Afrique moderne : maîtrise des systèmes éducatif, civique et politique avec l'introduction et l'utilisation des langues nationales à tous les niveaux de la vie publique ; l'équipement énergétique du continent ; le développement de la recherche fondamentale ; la représentation des femmes dans les institutions politiques ; la sécurité ; la construction d'un État fédéral démocratique, etc. La création par Cheikh Anta Diop du laboratoire de datation par le radiocarbone qu'il dirige jusqu'à sa disparition est significative de toute l'importance accordée à « l'enracinement des sciences en Afrique ». L'œuvre de Cheikh Anta Diop se présente ainsi comme le socle même d'une véritable renaissance de l'Afrique. Pour Cheikh Anta Diop, l'humanité doit rompre définitivement avec le racisme, les génocides et les différentes formes d'esclavage. La finalité est le triomphe de la civilisation sur la barbarie. Cheikh Anta Diop appelle de ses vœux l'avènement de l'ère qui verrait toutes les nations du monde se donner la main « pour bâtir la civilisation planétaire au lieu de sombrer dans la barbarie » (*Civilisation ou Barbarie*, 1981).

> « *Nous aspirons tous au triomphe de la notion d'espèce humaine dans les esprits et dans les consciences, de sorte que l'histoire particulière de telle ou telle race s'efface devant celle de l'homme tout court. On n'aura plus alors qu'à décrire, en termes généraux qui ne tiendront plus compte des singularités accidentelles devenues sans intérêt, les étapes significatives de la conquête de la civilisation par l'homme, par l'espèce humaine tout entière. L'âge de la pierre taillée et la conquête du feu, le néolithique et la découverte de l'agriculture, l'âge des métaux, la découverte de l'écriture etc., etc.. ne seront plus décrits que comme les instants émouvants des rapports dialectiques de l'homme et de la Nature, la série des "défis" de la Nature sans cesse relevés victorieusement par l'homme.* »

L'aboutissement d'un tel projet suppose :
- la dénonciation de la falsification moderne de l'histoire :

> « *La conscience de l'homme moderne ne peut progresser réellement que si elle est résolue à reconnaître explicitement les erreurs d'interprétations scientifiques, même dans le domaine très délicat de l'Histoire, à revenir sur les falsifications, à dénoncer les frustrations de patrimoines. Elle s'illusionne, en voulant asseoir ses constructions morales sur la plus monstrueuse falsification dont l'humanité ait jamais été coupable tout en demandant aux victimes d'oublier pour mieux aller de l'avant* »[97].

- la réaffirmation de l'unité biologique de l'espèce humaine, fondement d'une nouvelle éducation qui récuse toute inégalité et hiérarchisation raciales[98] : « ... Donc, le problème est de rééduquer notre perception de l'être humain, pour qu'elle se détache de l'apparence raciale et se polarise sur l'humain débarrassé de toutes coordonnées ethniques ».

---

[97] Cheikh Anta Diop, *Antériorité des civilisations nègres – mythe ou vérité historique ?*, Paris, Présence Africaine, p. 12.

[98] Cheikh Anta Diop, "*L'unité d'origine de l'espèce humaine*", *in* Actes du colloque d'Athènes : *Racisme science et pseudo-science*, Paris, UNESCO, coll. Actuel, 1982, p. 137-141.

ÉTAT DES RECHERCHES SUR LES SIMILITUDES ENTRE L'ART DE L'ÉGYPTE ANTIQUE ET CELUI DE L'AFRIQUE NOIRE

Babacar Mbaye DIOP*

Introduction

Il peut paraître surprenant de parler de similitude entre l'art de l'Égypte antique et celui de l'Afrique noire. Mais nombreux sont les chercheurs égyptologues qui pensent que tous les aspects de la vie culturelle de l'Afrique noire renvoient à l'Égypte ancienne. Selon eux, beaucoup de traits de la civilisation égyptienne antique ne peuvent, en effet, se comprendre si l'on méconnaît les caractéristiques des cultures de l'Afrique noire.[99] L'art africain et l'art égyptien ne sont donc pas aussi loin l'un de l'autre qu'on pourrait le croire ; et, dans beaucoup de cas, ce sont deux composantes d'une même réalité artistique originelle que le temps et l'histoire ont scindée en deux entités.

Dans cette étude, nous examinerons tout d'abord le style africain dans son rapport avec l'art égyptien ; nous passerons, ensuite, brièvement en revue l'état des recherches sur les similitudes entre les deux formes d'art. Et pour lever tout malentendu, nous montrerons, enfin, que cette similitude pourrait bien être une identité. En d'autres termes, l'existence d'un même schème ici et là dans le même contexte peut supposer une origine unique.

1. Le style africain et l'essence de l'art égyptien

Bien que faisant partie de l'Afrique du point de vue purement géographique, l'Égypte est souvent associée, et à tort, au monde culturel moyen-oriental. En 1917, Apollinaire avait déjà montré que les arts africains ont une « indubitable parenté avec l'esthétique égyptienne dont ils dérivent ». Léo Frobenius, en 1933, dans son *Histoire de la civilisation africaine*, compare les caractéristiques de l'art africain avec celles de l'Égypte et voit que la formule de l'Afrique noire définit l'essence même de la civilisation égyptienne. Il nous livre les caractéristiques africaines en ces termes :

> « *les étoffes ont un drapé plus raide, les bijoux les plus riches sont sobres, les armes sont simples et ne s'éloignent pas de leur fonction [...], les sculptures ont des lignes âpres et sévères.[...]. Tout comporte un but précis, âpre, sévère, tectonique.[...]. Voilà le caractère du style africain. [...]. Il se manifeste dans les gestes de tous les peuples Nègres autant que dans leur plastique, il parle*

* Doctorant en philosophie, université de Rouen/ERAC.

[99] cf. *Encyclopédie de l'art*, La Pochothèque, Librairie Générale Française, 1991.

dans leurs danses comme dans leurs masques, dans leur sens religieux comme dans leurs modes d'existence, leurs formes d'État et leurs destins de peuples. Il vit dans leurs fables, leurs contes de fée, leurs légendes, leurs mythes. Ceci posé, si nous comparons ces caractéristiques avec celles de l'Égypte, ne voyons-nous pas que la formule de l'Afrique Noire définit aussi l'essence de cette civilisation particulière ? L'Égypte pré-islamique ne s'exprime-t-elle pas aussi dans un style âpre, sévère, réfléchi, direct et grave ? » (p. 20-21).

Quand Henri Matisse fait la découverte à Paris d'un masque africain, il lui rappelle, dit-il, « une tête de porphyre rouge des antiquités égyptiennes du Louvre ». Pour le sculpteur Jacques Lipchitz, c'est l'art égyptien qui révèle l'art africain[100].

Cheikh Anta Diop dans *Nations nègres et culture* nous dit qu'après avoir reproduit une série de monuments représentant les différentes couches sociales de la population égyptienne, y compris surtout les pharaons, il y intercale des types de race noire pour que la parenté ou la différence ethnique éclate mieux. Il remarque, fort curieusement, en rapprochant ces séries de figures, que l'art égyptien est souvent plus africain que l'art africain proprement dit. Sur les monuments, les Égyptiens se sont représentés avec des coiffures artificielles identiques à celles que l'on porte partout en Afrique noire et dont il sera question lors de son analyse des scènes de la Palette de Narmer (cf. *Nations nègres et culture*, p.134).

Dans ses *Réflexions sur l'art funéraire Kota*[101], Gérard Delorme parlant de l'origine de l'art Koto, montre que pour trouver des objets évoquant, de près ou de loin, « ces formes », « cette stylisation » de l'art Kota, il faudra remonter, pense-t-il, jusqu'à l'Égypte antique pour retrouver des représentations offrant quelques « airs de famille ». Sans accréditer totalement les thèses de Cheikh anta Diop, il confirme la contribution importante des peuples noirs dans la civilisation égyptienne antique et ne peut s'empêcher de mettre en évidence les ressemblances assez frappantes entre certaines figures kota et les représentations de têtes de pharaons : avec leurs coiffes latérales largement développées. Il est tentant de trouver à ces objets une allure « pharaonique ».

En dehors des similitudes d'aspect morphologique entre les figures de reliquaire kota et les têtes pharaoniques, Gérard Delorme met aussi en évidence une autre analogie, celle consistant à recouvrir la représentation du défunt par un placage métallique : l'or sur les statues et sarcophages des pharaons, le cuivre sur les représentations des grands dignitaires des clans kota. Dans les deux cas, le métal oblitère entièrement la couleur initiale du sujet et lui donne une apparence irréelle. Cette convergence des modes d'expression, à savoir le placage d'un métal brillant, transformant ainsi son

---

100 Voir à ce propos Marine Degli et Marie Mausze, *Arts premiers. Le temps de la reconnaissance*, Gallimard, 2000.

101 In *Arts d'Afrique Noire* n°123.

apparence réelle, sur un support quelconque, est à la fois peu courante et étrange. D'autres chercheurs, tels le R.P. Briault, ont également relevé la «similitude frappante entre l'art Bantou et l'Égypte ancienne ». Ces analogies sont-elles purement fortuites ? Selon Raponda-Walker, même si, a priori, rien ne semble rapprocher ces deux civilisations, apparemment éloignées à la fois dans le temps et dans l'espace et s'il n'existe à l'heure actuelle aucune ébauche de preuves concernant des relations, même lointaines, entre les Kota et la civilisation égyptienne, la question mériterait d'être approfondie.

Margaret Trowell dans son ouvrage *Classical african sculpture* (1964) a établi des parallèles entre les sculptures africaine et égyptienne, pour démontrer les rapports entre l'art de l'Égypte antique et celui de l'Afrique noire.[102] On sait aussi que les différents rois-divinités de l'Afrique occidentale et orientale ont leur origine dans l'Égypte ancienne.[103] Dans le même ordre d'idée, Paul Bohannan (1964) s'exprime ainsi :

> « *On ne peut bien comprendre la religion égyptienne qu'en référence à la religion africaine ; bien d'autres aspects de l'histoire et de la politique égyptiennes sont éclairés par l'ethnographie africaine. Il était autrefois bien noté de considérer que toutes ces structures sociales et culturelles avaient été inventées en Égypte, d'où elles s'étaient répandues dans le reste de l'Afrique. Aujourd'hui nous savons qu'il s'agissait là d'une simplification : l'Égypte était fondamentalement une culture africaine, modifiée par des apports de la culture asiatique* »[104].

L'art de l'Égypte prédynastique présente principalement des caractéristiques africaines. Celui des périodes suivantes

> « *présente toutes les caractéristiques d'un style égyptien évolué, tout en conservant de l'époque prédynastique la rigidité de la forme, la pose frontale, l'absence d'expression du visage et de toute indication claire sur l'âge du sujet : tous ces traits sont en fait caractéristiques de la plus grande partie de la sculpture africaine* »[105].

On sait aussi que de par leur fonction, ces statues égyptiennes sont identiques aux images d'ancêtres originaires de plusieurs régions d'Afrique : ce sont des dépositaires d'une force surnaturelle, offrant en particulier une demeure éternelle pour l'essence spirituelle de l'homme figuré. Pour les Égyptiens, l'art est « une affaire pratique », dont le but est d'assurer par des moyens magiques l'éternité de la personne représentée.

---

[102] *Classical african sculpture* Londres, 2e éd, 1964, voir les pages 51, 52,53, 62 et 83.
[103] voir à ce propos, P.A. Talbot, *The peoples of southern Nigeria*, Londres, 1926.
[104] Africa and Africans, Garden City, New York, 1964, p.81-82.
[105] Frank Willet, L'art africain (1971), traduit de l'anglais par Catherine Ter-Sarkissian, nouvelle édition, 1994, p.110.

Les figures funéraires sont complétées par un rituel magique destiné à s'assurer qu'elles avaient absorbé l'esprit du mort. Ce rituel était effectué sur une sculpture qui était une reproduction idéalisée du modèle. La reproduction de la figure humaine étant plus perceptive que visuelle. Selon le mot de Frank Willet, « la sculpture égyptienne appartient nettement au monde africain »[106]. L'art égyptien est donc plus qu'une source d'influence sur l'art africain ; c'est une manifestation locale d'une tradition africaine très répandue. L'aspect africain de l'esprit égyptien s'explique par un trait de sa culture. C'est cette similitude de la culture égyptienne et celle de l'Afrique noire ou, plus profondément encore, cette similitude de construction spirituelle qui fait que la culture égyptienne n'est autre que l'éclat de l'esprit de l'Africain, que nous allons maintenant aborder à travers quelques exemples de production artistique.

2. Quelques exemples de ressemblance entre objets africains et objets égyptiens

a) L'art des tresses : sur la palette de pierre du roi Narmer[107], les personnages de la face A jusqu'aux vaincus de la scène du bas qui sont en fuite, comme la victime qui va être immolée, ont des cheveux artificiels, en étages, comme on en voit encore en Afrique noire ; une telle coiffure portée par les jeunes filles s'appelait *djmbi* chez les Wolofs du Sénégal ; légèrement modifiée, et portée par des femmes mariées, elle devient le *djéré*, qui a disparu au Sénégal au début du XXe siècle. Chez les hommes, l'Islam a fait disparaître, tout récemment, la coutume. On ne rencontre plus de coiffures semblables que chez les Sérères non islamisés jusqu'à la circoncision, et chez les Peulhs : une forme spéciale de ces coiffures chez ces populations s'appelle *Ndjumbal.* En Égypte ancienne, le Roi proto-dynastique Tera Neter porte les cheveux coiffés en tresses. Ce type de coiffure tressée est ensuite observé dans de nombreuses populations Égypto-nubiennes (scribes, pharaons, artisans...). Maspero nous append à propos du pharaon Seqenenrê que : « des larves de nécrophore ont laissé leurs coques par centaine dans les tresses et les replis du bras »[108]. Ce style de coiffure en tresses existe dans tout le reste de l'Afrique noire après l'Antiquité Égypto-nubienne, que ce soit chez des populations Ouest-africaines comme les Peuls, les Mandingues, les Dogons, les Wolofs, les

[106] Ibid., p.112.

[107] Découverte en 1898 par l'archéologue J. E. Quibell, la palette de Narmer provient du temple de Hiérakonpolis, une ancienne cité de Haute-Égypte qui fut la capitale des premiers pharaons. Les égyptologues s'entendent pour la dater des environs de 3150 av. notre ère et elle est attribuée au roi prédynastique Narmer. Elle est conservée par le musée du Caire.

[108] « Les momies royales de Deir El-Bahari », Maspero, MMAF, I, fascicule 4, 1889, p772, cité par Aboubacry Moussa Lam dans *L'affaire des momies royales*, Khepera / Présence Africaine 2000.

Akans, les Yorubas, les Mangbetous et les Fangs de l'Afrique centrale. Il existe aussi chez des populations de l'Est comme chez les Massaïs jusqu'à nos jours aussi bien chez les hommes que chez les femmes.

b) Un bonnet égyptien qui se trouve partout en Afrique : restons toujours sur la palette de pierre du roi Narmer. On voit bien que les cheveux du roi et du serviteur sont cachés par leurs bonnets ; l'usage d'une telle perruque était courant dans toutes les classes de la société égyptienne. Le bonnet du roi est encore celui que portent tous les circoncis du Sénégal, bien que l'usage tende à disparaître sous l'influence de l'Islam. Il est fait en réunissant par une couture deux ellipses d'étoffe blanche, exceptée une extrémité par où passe la tête ; une armature en bambou qui donne la forme de la couronne du pharaon de la Haute-Égypte.

Dans son article sur la parenté des coiffures entre l'Égypte antique et l'Afrique noire, Moussa Lam montre que les formes générales de certains couvre-chefs sont très voisines. Le *laara* des poularophones est une coiffure en cotonnade (à l'origine) de forme conique au sommet, dont l'ouverture épouse l'ovale du visage, avec deux prolongements latéraux couvrant les oreilles et se rejoignant sous le menton par l'intermédiaire de deux cordons que le porteur attache pour éviter la chute du couvre-chef. Cette coiffure était celle des circoncis, des guerriers et des chasseurs.

C'est une coiffure similaire qu'on retrouve aussi chez les Dogon. Marcel Griaule a d'ailleurs publié, dans *Dieu d'eau*, des photographies de ces bonnets portés par les Dogons. Ces bonnets sont très proches du *némès* égyptien (R.M.A Bedaux, 1980, p.9-23) : ils pouvaient être portés de différentes façons et présentaient même, peut-être, plusieurs variétés (M. Griaule, *Dieu d'eau*). Le *némès* égyptien lui aussi n'était pas uniforme ; il y en avait plusieurs variétés. Cette coiffure aux trois extrémités fermées (*nemsa*) est bien celle qui se rapproche le plus du *laara* ou du bonnet dogon, du *mbaxana njuli* des wolofs même s'il faut reconnaître qu'elle était beaucoup plus complexe que ceux-ci, avec ses plis astucieux et sa coupe toute particulière, autant que permettent d'en juger les représentations qui nous sont parvenues à travers les monuments égyptiens.

La plupart des rois d'Ifé sont représentés portant un diadème orné au centre d'un emblème analogue à l'Uræus égyptien. La déesse yoruba, *Odudua*, représentée par une femme donnant le sein à son enfant, porte une couronne royale formant une haute tiare de style égyptien[109].

Les similitudes entre couronnes égyptiennes et africaines concernent aussi la couleur des coiffures. Le blanc et le rouge seraient les deux symboliques de la royauté égyptienne. En Afrique aussi nous trouvons les deux couleurs. Au Bénin le rouge et le blanc sont effectivement celles de la royauté.

---

[109] cf. Histoire universelle de l'art, Tome III, p.55.

Chez les poularophones de la région du fleuve du Sénégal, jusqu'à un passé récent, les chefs de canton ou de province, héritiers de la chefferie traditionnelle, portaient comme couvre-chef une coiffure souple et allongée avec un rouge écarlate. Chez leurs voisins du Cayor, la couronne ancestrale était « formée d'un turban "orné" d'écarlate ». Donc là aussi la présence du rouge est incontestable. Chez les Bambara, « *le rouge était réservé autrefois au seul roi* » d'après Dominique Zahan[110]. Chez les Dogons, un objet particulier du Hogon qui exprime l'origine de son pouvoir est le bonnet rouge.

On le voit, en matière de couronne, la symbolique des couleurs entre l'Égypte ancienne et l'Afrique noire est la même.

c) Le chevet égyptien et l'appui-tête africain : l'explorateur français F. Cailliaud parlant de son voyage au Soudan, nous décrit en 1826 un chevet soudanais qui ressemble exactement à ceux qu'il avait « vus sous la tête des momies dans les tombeaux de Thèbes, ainsi que sur les peintures de ces mêmes tombeaux »[111]. Pour Cailliaud, il n'y a aucun doute : ces objets, que les Soudanais du début du XIXe siècle utilisaient, étaient les mêmes que ceux déjà attestés dans la vieille civilisation égyptienne. Un chevet, comme le décrit Moussa Lam, est « un objet mobilier, très souvent en bois et comprenant, dans sa forme la plus générale, un cintre, un montant et une base, que les anciens Égyptiens et certaines populations d'Afrique noire actuelle, utilisaient ou utilisent encore, comme appui-tête »[112].

Le chevet africain actuel est une survivance, aussi bien dans sa forme que dans son utilisation, de celui de l'Égypte pharaonique. Moussa Lam note que leur similitude est très frappante à tout point de vue. Selon lui, sur le plan de la forme générale, le chevet africain actuel n'a rien de différent de celui de l'Égypte ancienne : il se présente lui aussi, dans son aspect le plus général, avec les trois éléments qu'il distingue chez les exemplaires égyptiens (cintre, montant, base). Le chevet est connu sur presque tout le continent, exceptée la partie nord qui correspond à l'Afrique blanche. Autant dire que c'est essentiellement un objet de l'Afrique noire. Il sert d'appui-tête et a pour fonction de préserver la coiffure des Égyptiens et d'assurer l'intégrité corporelle d'un défunt et de lui permettre de ressusciter. Ces deux modes d'utilisation sont attestées presque partout en Afrique. Il n'a pas entièrement disparu de son ancien berceau. C'est ainsi qu'on le trouve encore au sud de l'Égypte, dans la région d'Assouan, chez les Bicharines. Il est utilisé en Éthiopie, principalement en Abyssinie et dans le Harrar, chez les Gallas et les Turkanas ; en Somalie, au Kenya, en Zambie, au Mozambique, en Angola, au Zimbabwe, au Congo, mais aussi en

---

[110] cf. « Les couleurs chez les Bambara du Soudan Français », *Notes Africaines*, n°3, 1951, p.54.
[111] Cité par A. Moussa Lam in *Afrique-Histoire*, n°9, p.53.
[112] Moussa Lam, idem. p.53.

Centrafrique et au Cameroun. On constate aussi la présence du chevet du côté de l'Afrique occidentale : au Bénin, dont un exemplaire est conservé au Musée de l'Homme ; au Ghana, au Mali chez les Dogons et enfin chez les Bassaris du Sénégal Oriental.

d) Le mr des Égyptiens ou la houe des Africains : Le mr est un outil agricole qui se présente sous deux formes : un grand modèle avec un manche suffisamment long pour être manipulé dans la position debout et un petit modèle dont le manche très court suppose un certain fléchissement de l'utilisateur. Moussa Lam dans son article sur cet objet (revue *Ankh* n°2, 1993, pp.19-27) montre qu'on trouve des outils agricoles analogues à la fois dans leurs formes et dans leurs modes d'utilisation chez les Haal-Pulaar de la région du fleuve du Sénégal et les Mandingues de Casamance. Chez les Haal-Pulaar, il y a, affirme-t-il, le *njinndaangu* et le *jalo* qui ressemblent respectivement, à quelques détails près, aux deux versions du mr égyptien. Chez les Mandingues, il existe aussi deux modèles : un grand et un petit, qui sont manipulés dans les mêmes conditions et qui ont les mêmes fonctions que les deux formes de mr égyptien.

e) Bâtons, massues et sceptres d'Égypte et d'Afrique : Dans une étude consacrée aux « Bâtons, massues et sceptres d'Égypte et d'Afrique noire », Moussa Lam nous livre quelques exemplaires de ces objets choisis pour la pertinence de leurs similitudes. La comparaison des faits porte sur les termes désignant ces objets, leur forme, leur mode d'utilisation, leur attribut symbolique :

- ***Les bâtons*** : les termes *pulaar* permettent, dans bien des cas, écrit-il, de mieux comprendre la signification symbolique et /ou pratique des bâtons égyptiens. Il commence sa comparaison par le modèle le plus simple, c'est-à-dire le bâton droit et sans décoration spéciale. En Égypte, ce modèle est représenté par le *mdw* qui, se caractérise par une certaine dissymétrie des bouts : celui qui correspond à ce qui serait la tête du bâton est visiblement plus gros et est légèrement arrondi ; l'autre est plus mince et présente une section plus régulière. Le *mdw* peut être plus ou moins long. Chez les poularophones de la région du fleuve du Sénégal, Moussa Lam a distingué un modèle équivalent : *?ooldu* un bâton gros et lourd dont les deux bouts sont traités de la même manière que ceux du mdw égyptien. Les fameux bâtons sur lesquels s'appuient les vieux du Fuuta (Sénégal), les bâtons fourchus des égyptiens (Musée du Caire) et le bâton fourchu du Hogon s'identifient au *mdw*. Le traitement des extrémités est le même.

Tous ces détails montrent que l'allure générale des bâtons était la même pour ceux des Égyptiens et des Africains.

- ***Les massues*** : on connaît bien la massue égyptienne à la tête piriforme avec laquelle le pharaon massacre rituellement ses ennemis. J. Maes a établi de nombreuses similitudes entre, par exemple, le *nps* égyptien et le *yatagan* des populations du bassin du Zaïre. Il affirme en effet, que le Musée du Congo possède environ une centaine d'objets qui peuvent être classés dans la catégorie des casse-têtes. Moussa Lam précise que les exemplaires n°27 et, dans une moindre mesure, le n°31 que donne J. Maes ressemblent le plus à la massue piriforme des anciens Égyptiens. La massue des Bihe, sans conteste, ressemble beaucoup à la fameuse arme de parade des souverains égyptiens et il n'y a aucune ambiguïté à ce niveau. En Égypte aussi l'implication de ce type de massue dans les actions guerrières ne fait l'ombre d'aucun doute. Les similitudes sont donc réelles ; elles le sont aussi en ce qui concerne les sceptres d'autorité.

- ***Les sceptres d'autorité*** : sur le plan de la présentation extérieure, la massue des Kioko représentée par J. Maes dans son article « *Les sabres et massues des populations du Congo Belge* »[113] ressemble beaucoup au prototype égyptien. Le traitement de la tête des deux objets est pratiquement le même. En Égypte pharaonique, le sceptre d'autorité par excellence est *heka*. Il se présente avec une crosse dont la base et l'extrémité s'incurvent brusquement vers l'extérieur. Il y avait, semble-t-il, deux versions du *heka* : un modèle de grande dimension, fait sans doute pour servir d'appui au pharaon en position de marche et un modèle aux proportions plus modestes pour la position assise ou statique. En Afrique, le *heka* peut être comparé au sceptre de l'Ayo des Kouroumba malgré une différence notable au niveau de la crosse entre les deux insignes royaux. En effet la crosse du sceptre de l'Ayo est totalement fermée alors que celle du *heka* égyptien ne l'est pas. C'est là, reconnaît Moussa Lam, un détail qui peut faire douter les plus sceptiques. Le rapprochement le plus décisif nous vient du Hogon des Dogons du Mali. Le bâton de manche de ce personnage qui, comme le pharaon égyptien, était à la fois chef religieux et politique, est très proche du *heka* égyptien. Comme l'extrémité du modèle égyptien, celle de la crosse du Hogon est incurvée vers l'extérieur.

Moussa Lam a étudié deux anciens bâtons burkinabés conservés au musée de l'IFAN à Dakar. Si l'historien Sénégalais insiste sur ces deux bâtons, c'est que du point de vue du traitement de la tête, ils sont les exemplaires d'Afrique noire les plus proches du sceptre *was* égyptien que nous connaissions.

f) L'architecture : la forme architecturale des monuments érigés dans l'ancienne Égypte ressemble à celle des monuments érigées en Nubie, en Éthiopie, au Mali, au Zimbabwe : la pyramide à degrés de Meïdoum en Égypte présente bien des similitudes avec celle du tombeau de Askia au Mali.

g) Des instruments de musique, telles que les harpes égyptiennes qui se retrouvent aussi en Afrique centrale (au Gabon).

---

[113] cf. *In Revue Générale de la Colonie belge*, Bruxelles, 1923, figure 28.

Notre étude des rapports entre l'art africain et l'art égyptien s'arrête là. Nous ne pouvons exposer en détail tous les objets de ressemblance. Les similitudes entre les deux formes d'art ont été déjà relevées, et d'une manière plus développée, par des voix plus autorisées que la nôtre. Nous ajouterons seulement que le rapport entre l'art africain et l'art égyptien n'est pas un rapport d'analogie et que les ressemblances entre plusieurs objets ne peuvent être dues à un hasard. C'est pourquoi nous nous proposons maintenant de donner des lignes directrices pour éviter les malentendus qui naissent de l'ambiguïté des concepts de similitude et d'analogie. Ce qui est le plus important, pour nous, c'est de montrer que cette similitude relève d'une identité commune. Un travail philosophique, beaucoup plus détaillé que notre propos ici, qui définirait ces concepts, serait méthodologiquement très utile dans les rapports entre l'art africain et l'art égyptien : il permettrait de montrer la profonde unité culturelle et artistique entre l'Égypte antique et l'Afrique noire. Dit autrement, de telles recherches en matière artistique parviendraient à des conclusions entièrement renouvelées, touchant la nature de l'art africain et de l'art égyptien. C'est à ce travail conceptuel, qui n'est pas celui de l'historien ni de l'anthropologue, que nous invitons les philosophes africains.

3. Cette similitude est-elle une identité ou une simple analogie ?

La diversité et la profondeur des ressemblances que nous venons de constater entre l'art égyptien ancien et l'art africain actuel agitent bien des certitudes et invitent à une recherche approfondie sur l'unité culturelle égypto-africaine. Reste maintenant à savoir si cette ressemblance est une simple *analogie* ou si elle est bien une *identité*.

Il nous faut éclaircir ici ce point de vue afin de lever toute ambiguïté dans l'analyse de ces différents concepts. L'identité ici peut signifier soit une identité essentielle d'un objet à lui-même au travers des figures qu'il est susceptible de revêtir, soit la similitude de deux objets en exacte reproduction de forme et de grandeur, ou de deux propriétés conceptuelles marquant pour des objets divers un semblable rapport au vrai. Comment, sur la base de ces similitudes, établir linéament les rapports qu'il peut y avoir entre la création artistique de l'Égypte antique et de celle de l'Afrique noire ? Comment savoir si les cheveux artificiels, en étages, des personnages de la face A de la palette de pierre du roi Narmer sont identiques au *djmbi* ou au *djéré* chez des Wolofs, ou au *Ndjumbal* des Peulhs du Sénégal ? Qu'est-ce qui nous permet de ré-identifier à coup sûr le chevet des Égyptiens en Afrique noire ? Il y a là tout un travail pluridisciplinaire extrêmement important à faire qui concerne à la fois l'archéologie, l'histoire, la philosophie, l'anthropologie, la linguistique.

Aussi étonnant que cela puisse paraître, il faut « seulement » en théorie connaître les conditions, nécessaires et suffisantes, d'appartenance d'un objet à la classe des tresses ou des chevets. Cela revient à savoir tracer la ligne de démarcation entre ce qui est une tresse ou un chevet, et ce qui ne l'est pas. L'historien de l'art, de bonne foi et n'étant pas animé d'idéologie, qui dit que les tresses en formes d'étages, aujourd'hui en Afrique noire, sont les mêmes tresses que celles remarquées sur la tête du roi Narmer, n'ignore pas ce qu'est une tresse, c'est-à-dire où commence et où finit ce genre de tresses. Car comment pourrait-il ré-identifier un genre de tresses s'il ne peut pas reconnaître le terme général occupant la place centrale dans tout jugement d'identité ?

Dans la mesure où il sait ce qu'est un chevet, il est dès lors capable de désigner a priori un principe de différenciation à propos des chevets : il sait non seulement différencier un chevet d'un autre mais aussi une tresse d'une autre. S'il soutient, donc, que l'appui-tête des Africains est le même objet que celui du chevet égyptien, c'est parce que l'existence de ce chevet doit être une « existence continuée ». Savoir ce qu'est un chevet, c'est savoir, en principe, ce en vertu de quoi n'importe quel chevet peut rester identique à lui-même : « un jugement d'identité, et donc un énoncé de ré-identification, à propos d'une chose n'exige rien de plus, mais rien de moins, que la possession complète du concept de cette chose »[114]. Logiquement, l'identité révèle essentiellement deux choses : ou bien l'unicité attribuée à plusieurs objets d'abord perçus, créés ou nommés de manière différente (il s'agit de *l'identité numérique*), ou bien la particularité possédée par plusieurs objets d'avoir les mêmes propriétés, sauf celle d'être confondus dans l'espace ou dans le temps (il s'agit de *l'identité dite spécifique ou qualitative*).

L'identité appliquée à un objet ou un être qui est « un et le même » est dite identité numérique. Lorsqu'il s'agit d'individus, on parle d'identité personnelle. L'individu est un tel ou un tel, en raison d'une certaine permanence d'être, physiquement et socialement identifiable. Mais cette *identité concrète* peut laisser place à une analyse *abstraite* ; une analyse qui met en lumière une identité spécifique ou qualitative entre deux réalités. Gagnant en complexité, le concept d'identité trouve alors son véritable poids philosophique, dans la mesure où la perte d'une certaine univocité immédiate l'emmène vers les langages plus élaborés de l'*analogie*. Or l'identité n'est pas une analogie.

La ressemblance est une relation entre deux éléments qui permet d'établir un certain degré d'identité relativement à une ou plusieurs propriétés. Cette relation est évidemment réflexive et symétrique, mais on peut contester sa transitivité, et, par conséquent, le fait qu'elle soit une relation d'équivalence. La ressemblance entre l'art égyptien ancien et l'art africain est une *identité* puisque l'identité désigne le rapport que présentent entre eux deux ou plusieurs objets qui ont une similitude parfaite. Du latin

[114] *Grand dictionnaire de la philosophie*, sous la direction de Michel Blay, Larousse 2003.

idem, le même, l'identité c'est ce qui ne diffère en rien d'autre ; qui présente avec quelque chose une parfaite ressemblance. Le sceptre égyptien est identique au bâton africain parce qu'ils réunissent plusieurs dimensions qui sont liées : la permanence à travers le temps, qui d'ailleurs n'écarte pas le changement, et l'unicité absolue de l'objet. Les vrais jumeaux sont bien deux, ils ne perçoivent pas exactement la même chose au même moment, ils sont différents l'un de l'autre. Le chevet égyptien est identique à l'appui-tête africain en ce sens qu'ils entretiennent entre eux un rapport de continuité et de permanence, au travers de la variation de leurs conditions d'existence et de leurs états, ou de la relation qui fait que ces deux objets, différents sous de multiples aspects, sont cependant semblables et même équivalents sous tel ou tel rapport. Ne peuvent être dits identiques donc que des termes reconnus comme distincts, sans que le rapport en cause, sous peine de s'éteindre, puisse jamais annuler cette différence qu'elle articule à l'intérieur d'un langage. Reste à dire les deux aspects que ce sens est susceptible de revêtir, et que l'on perçoit mieux dans un exemple : « Ces deux objets sont identiques », ou « nous avons le même objet », peut signifier l'identité matérielle et la totale contemporanéité des sculpteurs ou de l'objet, ou bien une assimilation dans la distance qui se base sur une équivalence qualitative. Cette ressemblance ne peut donc être une analogie. Lorsque deux objets se ressemblent, une identification partielle ou totale des deux s'impose à notre esprit. Alors que dans une analogie la relation de correspondance ne s'impose pas d'emblée ; elle nécessite une réflexion ou une analyse plus approfondie. Là où l'identité implique donc deux objets de *pensée identiques*, l'analogie nécessite une ressemblance entre deux ou plusieurs objets de *pensée essentiellement différents.* Si l'on suppose que ce sont les mêmes populations noires de l'Égypte antique qui ont peuplé toute l'Afrique sud saharienne, il n'est pas étonnant que des objets d'Égypte antique puissent se retrouver en Afrique noire.

★

L'extrême ressemblance entre les objets d'art égyptiens et négro-africains actuels, ne laisse aucun doute sur leur origine commune. Seuls des contacts directs et continus peuvent expliquer la profondeur des similitudes constatées. Que la même forme artistique soit répandue et se rencontre toujours dans le même contexte, cela veut dire qu'il a une origine unique qui s'est diffusée. Dans la plupart des cas, il y a conservation du même matériau et du vrai sens.

Des traits communs peuvent apparaître dans des cultures n'ayant aucun rapport les unes avec les autres. Mais dans les cas où la forme, la signification et la fonction des productions artistiques sont semblables dans des sociétés ayant entretenu des échanges à l'époque concernée, on pourra déduire à juste titre l'existence d'une continuité. La ressemblance identique entre les objets d'art égyptien et ceux de l'art africain les situe au sein de la dialectique du même et de l'autre, au pôle du semblable. En d'autres termes, le fait qu'un objet de l'Égypte antique puisse se retrouver en Afrique noire actuelle, lui donne la possibilité d'être *Autre*. Il vit dans une rencontre incontournable de l'altérité. L'*Ailleurs* et l'*Ici* se côtoient. En ce sens, il peut y avoir du *Différent* dans le *Même*, de l'*Ailleurs* dans l'*Ici* et, inversement, du *Même* dans le *Différent* et de l'*Ici* dans l'*Ailleurs*.

Eléments bibliographiques :

Bonheme, M. A et Forgeau, A., *Pharaon. Les secrets du pouvoir*. Paris, Armand Colin, 1988.

Bohannan Paul (1964), *Classical african sculpture* Londres, 2e éd, 1964

Diop Cheikh Anta, *Nations nègres et culture*, Paris, Présence Africaine, 1954. Réédition en livre de poche en 1979, 1999.

Diop Cheikh Anta dans *L'antiquité africaine par l'image*, publié en 1975

Delorme, Gérard Réflexions sur l'art funéraire KOTA, Arts d'Afrique noire, 2002, no 122, pp. 14 - 42 [29 pages.]

Frobenius Léo dans *Que signifie pour nous l'Afrique ?* (texte extrait de *Histoire de la civilisation Africaine*, paru en 1933, traduit de l'allemand par Philippe Deneuve, Toguna, 1996)

Lam Aboubacry Moussa, *Le mr, un outil agricole à travers le temps et l'espace,* in Ankh, n°2, avril 1993, pp.19-27.

Lam Aboubacry Moussa, *Les coiffures : un autre exemple de parenté entre l'Égypte ancienne et l'Afrique noire*, in Ankh 4/5, 1995-1996, pp. 123-137.

Lam Aboubacry Moussa, *Le chevet égyptien se retrouve dans toute l'Afrique noire,* in Afrique-Histoire, n° 9, Dakar, 1983, pp. 53-58.

Lam Aboubacry Moussa, *Bâtons, massues et sceptres d'Égypte ancienne et d'Afrique noire,* ANKH n°3, juin 1994, pp. 115 - 131

Lam Aboubacry Moussa, *Quelques similitudes culturelles entre l'Afrique du nord et l'Afrique de l'ouest,* in Notes Africaines, n° 176, IFAN-Université de Dakar, 1982, pp.90-95

Marcel Griaule et Georges Dieterlen, *Le Renard Pâle*, Paris, Institut d'ethnologie, 1991

Palau Marti, M. , *Le roi-dieu du Bénin*. Paris, Berger-Levrault, 1964

Trowell Margaret, *Classical african sculpture,* Londres, 2e éd., 1964

Willet Frank, *L'art africain* (1971), traduit de l'anglais par Catherine Ter-Sarkissian, nouvelle édition, 1994

Zahan Dominique, « Les couleurs chez les Bambara du Soudan Français », Notes Africaines, n°3, 1951, p.52-56

ÉTAT DES ÉTUDES SUR L'ANTIQUITÉ AFRICAINE

Babacar SALL*

Introduction

L'histoire est une science et une discipline. Elle se caractérise par ses objet, méthode et son champ d'études ou d'investigations. La confusion entre ces deux catégories est probablement à l'origine de la fausse définition qui réduit l'Histoire à l'étude du passé. Cette définition nous semble fausse parce que le passé, en tant que notion, est un jugement de valeur. Partons de la dichotomie classique qui distingue l'histoire « *en-soi* » et l'histoire « *pour-soi* ».

L'histoire « *en-soi* » renvoie à l'ensemble des voies et moyens par lesquels une société a, à travers le temps, assuré ses production et reproduction sociales. L'histoire « *pour-soi* » se réfère, quant à elle, à l'étude des phases et façons par lesquelles, une société a, à travers le temps, assuré ses production et reproduction sociales. Il découle de cette distinction que toute société a une histoire « *en-soi* ». La question de pouvoir étudier cette histoire, d'en faire une histoire « *pour-soi* », est un problème de moyens, de techniques d'investigation, de mentalité. De ce point de vue, l'histoire est une science récente et se distingue en maints points du récit qui peut être assimilé à la forme primitive du discours historique. L'autre question qui se pose alors est de savoir s'il faut parler *d'histoire africaine* ou *d'histoire des sociétés africaines*. Nous préférons parler *d'histoire des sociétés africaines* dans la mesure où l'expression *histoire africaine* nous paraît être l'étude des spécificités des sociétés africaines. Or, de même qu'il n'y a pas de chimie africaine, il ne saurait y avoir d'histoire africaine particulière, mais d'Histoire des sociétés africaines. Cette perception permet d'éviter une des tares des études historiques qui consiste à procéder à des divisions géographiques des questions historiques.

Nous allons par conséquent vous entretenir de l'étude historique des sociétés africaines en restant dans le segment temporel appelé Antiquité. La référence géographique n'est qu'un prétexte pour mettre à l'épreuve les techniques opératoires de la science dite Histoire. Il faut rappeler les termes d'un autre débat, celui de savoir s'il faut des historiens d'une période ou des historiens d'une institution ? Étant un produit de la première tradition, c'est dans cette première optique que je vais me situer aujourd'hui.

* Professeur d'Histoire, Égyptologue, université Cheikh anta Diop de Dakar.

1. Généralités et problématique

J'étonnerai certains en disant dès l'entame de notre présent entretien qu'on ne sait toujours pas d'où vient le terme Afrique. Des hypothèses répertoriées dans le premier volume de *L'Histoire générale de l'Afrique*[115] éditée sous l'égide de l'U.N.E.S.C.O., aucune n'est l'objet d'un accord entre les Historiens. Il est cependant accepté que dans les textes grecs anciens, le terme *Libuè*/Libye désignait, dans certains de ses emplois, le continent que nous appelons aujourd'hui Afrique. Précisons dès maintenant que l'histoire des sociétés africaines durant l'Antiquité se résume pour l'essentiel à la vallée du Nil. Cela n'est pas une particularité puisque l'histoire des sociétés européennes du même segment temporel se réduit aussi à la Grèce et à Rome, de l'époque mycénienne à la chute de Rome. Mais on pourrait se poser la question de savoir s'il existe une antiquité en Afrique. Formulons la question autrement. Une étude historique sur l'époque antique en Afrique est-elle possible ? Selon Cheikh Anta Diop, l'une des raisons qui l'avaient amené à écrire *Nations nègres et cultures* était la suivante :

> « *Tandis que l'Européen peut remonter le cours de son histoire jusqu'à l'antiquité gréco-romaine et les steppes eurasiatiques, l'Africain qui, à travers les ouvrages occidentaux, essaie de remonter dans son passé historique, s'arrête à la fondation de Ghana (lIIe s. av. ou lIIe s. ap. J.C.). Au-delà, ces ouvrages lui enseignent que c'est la nuit noire. Que faisaient ses ancêtres sur le continent depuis la Préhistoire ?* »[116].

En rédigeant et en publiant l'ouvrage sus-cité, Cheikh Anta Diop fondait, non pas l'histoire « *pour-soi* » des sociétés africaines, mais l'histoire ancienne desdites sociétés. De ce fait, il apportait une innovation majeure en donnant à ce que l'on appelait ou appelle histoire africaine, de la profondeur. En se focalisant sur le fait que l'Afrique, dans l'État actuel de la recherche, apparaît comme le continent

- où l'humanité a pris naissance
- où s'est élaborée la première réussite culturelle de l'humanité, à savoir l'Égypte des pharaons
- où pour la première fois, les femmes, à savoir les *candaces* de Koush, ont eu à exercer le pouvoir en tant que souveraines.

Cheikh Anta Diop est, de manière quasi incontestable, le fondateur de l'École africaine d'Histoire, non pas seulement d'histoire des sociétés africaines, mais d'histoire tout court. Rappelons que la connaissance qu'on a des voies et moyens, des phases et façons par lesquels une société a assuré ses production et reproduction sociales est fonction des problèmes, des

---

[115] Édition de 1980, p. 21.

[116] Diop C. A., *Nations nègres et culture, avant-propos*, p.27 de l'édition de 1979.

interpellations, des ambitions mais aussi des rêves et des utopies de ceux qui élaborent une page d'histoire et de la société ou du groupe social pour lesquels ils élaborent une page d'histoire. Les problèmes soulevés par les travaux de Cheikh Anta Diop et de ceux qui se situent dans son sillage, proviennent, nous semble-t-il, du fait que dans certains milieux, il n'était pas question que les Noirs en général, les Négro-Africains en particulier, colonisés, aliénés, exclus des acteurs du devenir de l'humanité, se mettent à écrire et l'histoire de leurs sociétés et l'histoire de l'humanité. Or, non seulement Cheikh Anta Diop révélait les enjeux du discours historique, mais il rappelait qu'il n'était plus question que l'histoire des sociétés africaines soit élaborée par des non-Africains car, selon un adage bien connu, ce que l'on fait pour vous et sans vous, se fera contre vous. Depuis lors, l'étude historique des sociétés africaines, à partir de critères classificatoires tirés des problématiques endogènes, a fait des pas de géant. Nous allons dresser, dans le cas de cette rencontre, le panorama de ces connaissances. Mais, puisque l'une des caractéristiques d'un discours qui se veut historique réside dans la présentation, aussi sommaire soit-elle, de la documentation, disons deux mots de celle-ci.

2. La documentation

L'histoire, avait dit Marc Bloch, est la science des traces. À l'heure actuelle, une page d'histoire ancienne des sociétés africaines commence en Nubie-soudan, cette région que les auteurs grecs anciens appelaient Éthiopie. C'est là que Diodore avait placé le foyer d'apparition de l'homme. C'est là que paléontologues et généticiens, malgré leurs divergences, situent les foyers d'émergence des plus anciens hominidés. C'est là que sont attestés, d'après les fouilles de l'institut d'études orientales de l'université de Chicago, les foyers de constitution des formes primitives de l'État[117]. Longtemps étudiée comme appendice du champ archéologique égyptien, la Nubie-soudan a fini par être intégrée et considérée comme la matrice dudit champ. Ce n'est qu'un juste retour à ce qui, selon les savants grecs, reprenant une tradition des anciens Égyptiens, était la terre où avaient régné les dieux avant de confier le pouvoir aux hommes et de monter aux cieux. Preuve de cet état de fait, les congrès de Nubiologie, de recherches des spécificités, se sont estompés, le dernier en date ayant été le colloque de Chantilly en 1975. Un rapide survol des sources de l'histoire des sociétés africaines dans l'Antiquité établirait la typologie suivante :

[117] cf. William, B., « The Qostul incense burner and the case for a nubian origin of ancient egyptian kingship », in Celenko, Th. (editor), *Egypt in Africa*, Indianapolis museum of art, 1996, p.95-97; Id., « Forebears of Menes in Nubia », in *J.N.E.S.*, 1987; Scott Macleod, « The Nile's other Kingdom », in Time, september, 1997.

2.1. Les sources textuelles

Dans cette rubrique, selon une démarche à reculons, nous commençons par les textes grecs anciens. Un ancien recensement avait été fait par le R.P.E. Mveng[118]. Malgré leur richesse en informations, ils présentent le défaut d'être tardifs, de mélanger, parfois et pas toujours, mythes, légendes et récits. Ils sont néanmoins une bonne base pour établir un premier panorama de l'Antiquité en Afrique méditerranéenne et nilotique. Leur utilisation peut se révéler très pertinente pour entrevoir le peuplement, à l'époque, des côtes occidentale et orientale de l'Afrique[119]. La déconstruction de ces discours révèle, en partie, leur fondement égyptien. Ces textes égyptiens, d'après un ancien recensement, ont été édités par K. Sethe. Ils constituent l'incontournable série des *Urkunden*[120].

À la traduction anglaise faite par J.H.Breasted[121] dès 1906 est venue s'ajouter celle de A. Roccati[122] qui, malheureusement, ne prend en compte que les textes à caractères historiques du seul Ancien empire, c'est-à-dire le troisième millénaire av. J.-C. A côté du *Religiöse Urkunden* de H. Grapow (Leipzig, 1915-1917), de *The egyptian coffin texts* établi, entre autres auteurs, par BUCK A. (1935-1947) du *The book of the Dead : the chapters of coming forth by Day* publié par Budge, E. A. W. (1898), nous disposons, toujours pour l'Égypte, du recueil de A. Barucq et F. Daumas intitulé *Hymnes et prières de l'Égypte ancienne* (1982). Il y a longtemps que G. Lefebvre a publié en version française les *Romans et Contes égyptiens de l'époque pharaonique*. Plus récemment, Cl. Lalouette a offert de nouvelles traductions de certains textes[123].

Les textes méroïtiques, bien que non compris, viennent de faire l'objet d'une publication par J. Leclant. Pour l'Afrique méditerranéenne à l'ouest des bassins de la vallée du Nil, en sus des textes grecs et latins, nous disposons des recueils des textes puniques laissés par les Carthaginois[124] et Le Catalogue du musée *Alaoui au Bardo* établi par Du Coudray et *alii.* Retenons qu'au niveau des sources textuelles, la vallée du Nil est privilégiée aussi bien en matière de sources internes que des sources externes.

---

[118] cf. *Les sources grecques de l'histoire négro-africaine de Homère jusqu'à Strabon*, 1972.

[119] cf. Berthelot A, *L'Afrique centrale et occidentale ; ce qu'en ont connu les Anciens*, 1926.

[120] cf. *Urkunden des Alten Reiches* ; *Übersetzung zu den Heften 1-4 der Urkunden* IV, 1914 et 1984 ; *Urkunden der ägyptiscen Altertums, IV, Urkunden der 18. Dynastie*, Leipzig, 1930 ; *Urkunden der ägyptischen Altertums, VII, Urkunden des Mittleren Reiches*, 1935.

[121] cf. *Ancient Records of Egypt.*

[122] *La Littérature historique sous l'Ancien empire égyptien*, 1982.

[123] cf. *Textes sacrés et textes profanes de l'ancienne Égypte*, 1984.

[124] cf. *Corpus inscriptionum semiticorum*, 1881.

2.2. Les sources archéologiques

Dans ce domaine, il est impossible de répertorier ici les références tant elles sont nombreuses, variées, diversifiées. Leur particularité, leur difficulté devrai-je dire, réside dans leur dispersion à travers les bibliothèques et centres de recherches. Leur accès suppose des moyens dont le chercheur africain peut rarement disposer. Il faudra distinguer dans ce registre les données qui proviennent des fouilles et celles qui sont le fruit de simples prospections.

D'une manière générale, l'archéologie en Afrique, en dehors des basse et moyenne vallée du Nil, a fait des pas de géant pour les périodes dites préhistoriques et modernes. Mais restons dans l'antiquité, puisque c'est sur cette période que porte notre présent entretien. Hors de la vallée du Nil et de la berge méridionale de la Mer Méditerranée, il n'y a presque rien en matière de scillographie et de numismatique. Dans le plateau saharien, aux périodes correspondant aux époques prédynastiques et dynastiques, les tableaux rupestres constituent de véritables livres d'images, traces de ce que furent les voies et moyens, les phases et façons par lesquels des populations ont assuré les bases de leurs production et reproduction sociales. C'est dire qu'en matière d'antiquité en Afrique, les régions nilotiques, subméditerranéenne et saharienne, sont privilégiées. Nous avons indiqué plus haut que cela n'était pas une spécificité puisque le même constat vaut pour l'Europe et l'Asie. La situation était la même dans l'Antiquité déjà puisque l'École grecque classique d'études africaines n'a mené des analyses et descriptions que sur ces régions.

Certains historiens africanistes ont tenté et tentent encore de réduire les passages des textes grecs anciens relatifs à l'Afrique à des légendes et mythes. Précisons que cette attitude n'a aucune consistance dans la mesure où ce sont les mêmes sources qui servent de fondements à la reconstitution des civilisations de l'Europe ancienne. Ceci pour dire que si ce que rapporte Hérodote sur l'Afrique n'est que mythes et légendes, ce que la même source dit de la Grèce est aussi mythes et légendes. Or, les Africanistes en question se gardent bien de tirer cette conclusion. En plus, l'étude de l'histoire des sociétés africaines dans l'antiquité fait un recours pertinent aux acquis de la paléobotanique et de la paléoclimatologie. Quant à l'anthropologie souvent brandie pour nier les analyses de maints historiens, africains en particulier, elle a d'abord besoin d'un minimum d'accord sur ses critères classificatoires. Nous renvoyons à l'interview de Jean Coppans dans le journal de vulgarisation *Histoire*, n° 293, décembre 2004.

3. Panorama

Répétons-nous. Quand on parle de l'Antiquité en Afrique, les esprits se tournent d'abord vers la vallée du Nil. Ici, se sont constitués les États égyptien, koushite et axoumite. L'Égypte, c'est l'ensemble des terres situées au nord de la première cataracte et que le Nil inonde pendant ses crues. Son émergence à la fin du quatrième millénaire a été la conséquence de trois révolutions. L'Égypte, c'est un peu avant –3000 /

1) l'unification territoriale et politique. Ceci s'est traduit par un ingénieux système hydraulique fait de digues de protection, de canaux d'irrigation et de bassins de rétention des eaux. Ce système, en sus qu'il permettait une maîtrise du fleuve, offrait aux populations établies dans la plaine alluviale, la possibilité de procéder à une utilisation rationnelle et judicieuse des potentialités dont le Nil était le vecteur.

2) l'élaboration d'un système d'écriture avec deux variantes. La variante des hiéroglyphes utilisait des images conventionnelles d'éléments des règnes divin, humain, animal, végétal et minéral. Caractères sacrés, ils servaient à rédiger les textes religieux, les faits et gestes des divinités dont pharaon et des personnes attachées à la cour. La variante hiératique, constituée par des caractères très stylisés, servait à rédiger les textes profanes comme les traités de mathématique, les documents comptables, etc.

3) la constitution d'une monarchie forte de droit divin incarnée par pharaon assisté par une bureaucratie pléthorique mais efficiente et efficace constituée par les scribes. Ces données de base sont visibles sur les vases des périodes précédant l'émergence de l'État monarchique. Elles trouvent des mentions fugaces dans les *Textes des pyramides* et dans certains textes grecs anciens.

Leur constitution a été un lent et complexe processus dont on peut saisir les premières manifestations à la fin du quatrième millénaire. Entre 3600 et 3300 av. J.-C., il y eut unification culturelle de la vallée. Le processus est parti de Nagada, un site de la Haute Égypte. Hérodote avait fait remarquer que la région où a eu lieu l'ethnogenèse des anciens Égyptiens était la Haute Égypte. Puis, à la suite d'une pression démographique, les anciens Égyptiens se sont répandus jusqu'au Delta (Hérodote, II, 15).

Cette double unification était animée par un pouvoir monarchique constitué dans l'espace contenant les localités de Thinis, d'Abydos et de Hiérakonpolis. Ici, à cette date, apparaissent les premiers hiéroglyphes. Les fouilles de Günter Dreyer au cimetière U d'Abydos, de la tombe U-j en particulier, ont révélé l'existence, à l'époque, d'une société hiérarchisée, riche d'inégalités, connaissant le stockage, ce que traduit la présence de vases à fond pointu avec ou sans éléments de préhension. Cette pression démographique aurait entraîné le développement de la culture des céréales et le commerce à longue distance en direction de la Nubie et des côtes syro-palestiniennes. Ainsi s'est constitué un groupe social que l'on peut caractériser d'aristocratique dont on trouve la richesse dans les tombes. Les hommes qui ont été à la base de ces changements étaient les héritiers d'une tradition dont les plus anciens vestiges sont attestés dans une aire s'étendant des Grands Lacs à l'actuel Kenya. Il s'agit de la civilisation des pêcheurs de *Gamble's cave, de Early-Khartoum* et de *Es-shaheinab.* Les palettes à fard en forme de poisson, les harpons à barbelures, les gouges et les têtes de massue trouvés en Égypte, au Fayoum en particulier, ont été inventés dans *les cat-fish caves* du Soudan. Ici, tout a commencé à l'époque correspondant au Tardiglaciaire en Europe. Durant cette période qui s'est étendue des alentours de 21000 à 15000 B.P., le Sahara s'était vidé de l'essentiel de ses populations[125]. L'aire qui allait devenir le territoire du royaume d'Égypte était boueuse, infeste, inhospitalière suite à la capture de l'Atbara par le Nil, et ce, depuis 25000 B.P. La haute Nubie et le Soudan nilotique septentrional, avec un biotope sahélo-soudanien, enregistrait une raréfaction du gibier. Les populations se rabattaient sur l'exploitation des ressources halieutiques[126].

À partir de 15000B.P, on assiste à un recul, du sud vers le nord, du désert du Tardiglaciaire. Alors, chasseurs et pêcheurs allaient suivre à la trace le recul du désert. Si les instruments des chasseurs ne nous sont pas parvenus, c'est parce que ces derniers ne créent pas de foyer. En dehors des armatures, les pêcheurs apportaient avec eux la poterie qu'ils avaient inventée pour bouillir des mollusques. Ce type de poterie nubio-soudanaise a donné la poterie des classes P et B de l'Égypte prédynastique. En occupant la plaine alluviale du bas Nil, c'est-à-dire ce qui allait devenir le territoire du royaume d'Égypte, ces communautés de pêcheurs y constituaient des entités politiques de type clanique. Elles y développent ce qu'on appelle les cultures pré et proto-dynastiques dont le *Badarien, l'Amratien* ou Nagada I, le *Gerzhéen* ou Nagada II et le *Sémaïnien* ou Nagada III. Vers –3500, alors qu'au Sahara, la culture dite bovidienne était à son zénith grâce au retour de l'humide du Pluvial II[127], on assiste à une unification culturelle de la basse vallée du Nil. C'était l'œuvre de la monarchie constituée à Hiérakonpolis et à Abydos. Cette monarchie, dont les souverains n'ont régné que sur une portion de l'Égypte et dont les noms ne nous sont pas parvenus, constitue dans le jargon égyptologique, la dynastie « O ». Devant les effets dévastateurs des crues du Nil, ces communautés allaient s'engager dans les grands travaux de construction de digues de protection, de canaux d'irrigation et de bassins de rétention des eaux. La coordination de ces travaux nécessita l'institution d'organe de coordination.

---

[125] cf. Gabriel Camps, *Les civilisations préhistoriques de l'Afrique du Nord et du Sahara*, 1974.

[126] cf. Les fouilles de F.Wendorf de la SMU de Dallas.

[127] cf. Cornevin M., L'archéologie africaine à la lumière des découvertes récentes, 1993.

Ainsi apparaissent les premiers fonctionnaires appelés « Les préposés à la surveillance du nilométre ». C'est ainsi qu'apparaît l'État égyptien dans sa phase balbutiante. Il arriva une époque où un clan, technologiquement fort, s'empara de toute cette organisation pour s'imposer à toutes les communautés de la basse vallée du Nil, créant ainsi le royaume unifié d'Égypte. La tradition a retenu que l'homme qui a été à la base de ce geste fut Narmer identifié au Ménès ou Min des textes grecs anciens[128]. Ce royaume qui devint un empire au début du XVIe s. av. J.-C., a créé la science, les arts et la littérature. Devant Ounamon venu chercher du bois au Liban actuel, un prince de Byblos reconnaît que « Amon a fondé tous les pays ; il les a fondés mais a fondé avant tout autre, le pays d'Égypte d'où tu viens. Et, c'est d'Égypte qu'est sortie la sagesse [la science et la philosophie] pour atteindre mon propre pays »[129].

Le rôle civilisateur de l'Égypte a été reconnu dès l'Antiquité. Nous en voulons pour preuve le fait qu'Alexandre le Grand, un Grec nourri au rationalisme d'Aristote, dut affronter le désert pour se rendre à l'oasis saharienne de *Siwah* pour demander à Amon d'accepter d'être son père et de lui confier le gouvernement du monde.[130] Les voies et moyens, les phases et façons par lesquels les anciens Égyptiens ont, à travers quelques quatre millénaires, assuré leurs production et reproduction sociales sont largement décrits et commentés dans les ouvrages. Je m'épargnerai et vous épargnerai d'y revenir dans le cas de cet entretien.

En sus d'avoir donné à l'Égypte les hommes et les cultures à partir desquels celle-ci a été le fleuron de l'antiquité, l'espace nubio-soudanais a été vital pour le pays des pharaons. C'est lui qui fournissait entre autres produits l'encens. Or, que serait l'Égypte sans ce produit qui était censé réveiller les dieux ? En effet, chaque matin, quant à l'horizon filtraient les premiers rayons du soleil, dans le Saint des Saints de chaque temple, le prêtre achevait la fumigation par l'encens de la statue de la divinité qui se relevait alors de sa torpeur. À ce même instant, au fronton du temple, la frise des babouins saluait le soleil, victorieux des forces hostiles qu'il avait combattues, la nuit durant, dans les obscurités de la *Douât.* L'Égypte était un des pays où on sacrifiait beaucoup en l'honneur des dieux. Or, comme le remarquait Hérodote, ce pays n'était pas une grande terre d'élevage, à cause de l'exiguïté du territoire, lequel n'a jamais dépassé 30.000 km^2. [131].

La Nubie-soudan nilotique était depuis le huitième millénaire une terre d'élevage. L'art rupestre en constitue l'illustration la plus parfaite.

---

[128] cf. Derchain Ph., « Ménès, le roi quelqu'un », in, RdE, 18, 1966,p. 31-36.

[129] cf. Gustave Lefebvre, *Romans et contes égyptiens de l'époque pharaonique*, 1976.

[130] Leclant J., « *Per Africae sitientia*, témoignages des sources classiques sur les pistes menant à l'oasis d'Ammon », in, *B.I.F.A.O.*

[131] Leclant J., « les « empires » et l'impérialisme de l'Égypte pharaonique », in, Duverger M., *Le concept d'empire*, 1980.

Sous la IVe dynastie, le pharaon Snéfrou revenait d'une expédition de ces régions avec quelques 200.000 têtes de bétail. Cette région, la Nubie-soudan, n'était pas un espace inorganique. Des « explorateurs » égyptiens qui l'avaient parcourue au troisième millénaire y avaient noté la présence d'entités politiques qui, si elles n'avaient pas atteint la forme monarchique de l'État, n'en étaient pas moins des entités politiques bien structurées. Sous la VIe dynastie, des fonctionnaires égyptiens comme Ouni, Herkouf, Pepinakht, etc. mentionnent les États de Irthet, de Wawat, de Setou et surtout de Yam[132]. La nature des produits que ce dernier État livrait à l'Égypte (on y fait mention de bois d'ébène, d'huile-*hékénou*, de grains-*sat*, d'ivoire, de peaux de fauves et de pygmée) permet de montrer que son territoire s'étendait jusqu'à la confluence du Nil bleu et du Nil blanc. Exit les thèses néo-hégéliennes d'une Afrique au sud du Sahara repliée sur elle-même, hors des courants historiques.

Les Nubio-soudanais, appelés *Néhésiyou* par les anciens Égyptiens et Éthiopiens dans les textes grecs anciens, étaient présents en Égypte avant et pendant toute l'histoire de l'Égypte pharaonique. Domestiques et gardiens de troupeaux, ils assuraient la police des pharaons dès l'Ancien empire[133]. Les représentations que nous avons de ces Nubio-soudanais, comme sur la tombe d'un certain Ankhtify à Moalla, annulent les théories fantaisistes qui ont tenté et tentent encore d'établir des distinctions raciales entre Égyptiens et Nubio-soudanais dans l'antiquité. La richesse de l'espace nubio-soudanais a très vite attiré l'Égypte dont l'option expansionniste vers le sud a entraîné un processus fédératif des États situés au sud de son territoire. Ainsi allait naître, au début du second millénaire av. J.-C., le royaume de Koush. Constitué dans la plaine du Dongola, avec Kerma pour capitale, Koush allait s'élargir, absorbant la plaine du Bayuda avec Napata comme centre principal. Par la suite, il s'étendra à la plaine du Boutana dominée par Méroé. D'abord royaume indépendant de –2000 à –1560, Koush fut ensuite une colonie de l'Égypte de –1560 à –1085. À cette date, suite à la crise qui sévissait en Égypte, Koush recouvrait son indépendance. Il entreprit un processus de restructuration et, au milieu du VIIIe siècle av. J.-C., il entreprit la conquête de l'Égypte qu'elle domina jusqu'en – 663. Expulsés d'Égypte par les Assyriens, les Koushites se repliaient à Napata puis à Méroé où, ils perpétuaient la tradition pharaonique dans toute sa pureté. Innovateurs, ils élaboraient une écriture que les égyptologues appellent le Méroïtique.

---

[132] cf. Sall, B., « Herkouf et le pays de Yam », in *ANKH*, 4/5, 1995-1996 ; Id., « Géopolitique de la Nubie-soudan pré-koushite, in, *Mélanges d'archéologie, d'histoire et de littérature offerts au doyen Oumar Kane*, Dakar, P.U.D., 2000, p.47-60.

[133] cf. Valbelle D., *Les neuf arcs. L'Égyptiens et les étrangers, de la préhistoire à la conquête d'Alexandre*, 1990.

À Amon, ils substituent Apédémak comme divinité de la monarchie et, cerise sur le gâteau, ils initient une dynamique politique grâce à laquelle, des femmes accèdent à la monarchie en tant que souveraines : ce sont les *candaces*. Alors que vers –30 l'Égypte, suite à la conquête romaine, n'était plus qu'une simple province d'un État dont le centre était situé hors du continent, les Koushites continuaient de vivre l'héritage des pharaons. C'est vers le milieu du IVe siècle après J.-C., que le royaume de Koush disparaissait, déstructuré par le royaume d'Axoum sous la conduite de Ezana que les sources présentent comme un puissant souverain chrétien.

Hors de la vallée du Nil, que savons-nous des populations africaines et de leurs genres de vie durant l'antiquité ? Du point de vue textuel, le vide est total. Certes, les textes grecs anciens mentionnent l'existence de communautés éthiopiennes. Strabon écrit qu'il fut des temps où toutes les terres du Midi s'étendant vers l'Océan étaient appelées Éthiopie (Strabon, I, 2,27). Il voulait, selon toute probabilité, dire qu'elles étaient habitées par des communautés éthiopiennes. Nul doute que ces propos concernaient tout ce que nous appelons aujourd'hui, l'Afrique.

De l'étude d'autres passages, on peut déduire qu'au temps du géographe, il y avait en Afrique des populations qui n'étaient pas des Éthiopiens. Cette donne avait déjà été exprimée par Hérodote. Selon ce dernier, l'Afrique à l'ouestdes bassins de la vallée du Nil était habitée à son époque (Ve siècle avant J.-C.), par quatre groupes humains. Il écrit

> « *ce que j'ai encore à dire sur cette contrée [l'Afrique saharienne, sahélienne, soudanienne, etc.], c'est que quatre races l'occupent..., deux de ces races étant autochtones. Les uns [les Libyens] habitant le Nord de la Libye, les autres [Éthiopiens], le Midi [c'est-à-dire le Sud], les Phéniciens et les Grecs étant des émigrés* »[134].

Si certaines des communautés qu'elles formaient étaient composées d'agriculteurs, d'autres étaient nomades, entendons éleveurs. Hérodote signale des Éthiopiens grands commerçants qui pratiquaient le commerce muet avec les Carthaginois (Hérodote, IV, 196). L'essentiel des connaissances que nous avons sur ces régions provient de l'archéologie et des résultats de la paléoclimatologie. Or, aux dires de Moses I. Finley, l'archéologie ne peut rendre compte ni des relations de propriété et de production ni des systèmes de répartition des biens ou de l'économie politique[135].

Il est établi que durant le Tardiglaciaire, un immense désert couvrait toute la moitié nord de l'Afrique, jusqu'aux latitudes du Nigeria actuel.[136] À

---

[134] Hérodote, IV, 197.

[135] cf. « Archaeology and history », in *Daedalus*, 100, 1971, p. 168-186.

[136] cf. Rognon P., *Biographie d'un désert*, Paris, Plon, 1989 ; id., « Une extension des déserts (Sahara et Moyen Orient) au Tardiglaciaire (18.000- 10.000 B.P.). », in *R.G.P.G.D.*, 1980, p.413-428.

l'époque, dans les zones aujourd'hui équatoriales et tropicales humides, prédominaient la chasse et la pêche. Avec le recul du désert du Tardiglaciaire, ces communautés allaient ré-envahir le plateau saharien redevenant verdoyant, à la faveur du retour de l'humide du Pluvial II et de la transgression lacustre[137].

Ces Noirs ont apporté au plateau saharien des instruments parmi lesquels, la pointe d'Ounan (site de l'actuel Mali) occupe une place de choix comme expression de cette invasion de la moitié septentrionale de l'Afrique par des populations dont la culture s'est élaborée en Afrique équatoriale. Ici, précédant le Néolithique, s'étaient épanouies des cultures dites épipaléolithiques comme le *Tshitolien* dans laquelle les armes de jet avaient remplacé les armes de point[138]. Qu'est-ce à dire sinon qu'on y avait inventé l'arc. Le Sahara post-tardiglaciaire fut la terre de la civilisation de l'arc[139]. Dès le huitième millénaire, ces communautés de chasseurs et pêcheurs s'étaient mises à l'élevage à l'instar des pêcheurs de l'Afrique orientale qui avaient en plus, inventé la poterie. Au VIIIe millénaire, autour du Tibesti et de l'Aïr, on assiste à la naissance de l'âge pastoral[140].

Ainsi, c'est au cœur de l'Afrique qu'est né ce qui, au Sahara, allait être la culture bovidienne. Elle est attestée par les peintures rupestres dont les recensements constituent de nombreux *corpus*[141]. Au Tassili, celle-ci a atteint son apogée au quatrième millénaire av. J.-C. Son déclin aurait commencé au milieu du troisième millénaire av. J.-C. suite au processus d'accentuation de la désertification, laquelle a eu des effets en Égypte où elle a engendré une crise d'adaptation. À cette date, le pays des pharaons voyait s'établir sur son sol les conditions climatiques péjorées, en relation avec la désertification du Sahara[142]. Elle s'est conjuguée aux luttes politiques qui s'étaient exacerbées sous la sixième dynastie et qui ont favorisé l'effondrement de la période memphite, celle qui avait vu l'érection des pyramides. Les auteurs de cette culture dite bovidienne étaient des Noirs venus des haute et moyenne vallée du Nil. Les savants de la Grèce en étaient conscients. Strabon rapporte, sur la base du texte perdu de Éphore et qui s'intitulait *Europe,* que selon une tradition qui avait cours à Tartessos, ce sont des Éthiopiens qui avaient envahi le plateau saharien jusqu'à

[137] cf., Quezell P. et Martinez G., « Le dernier inter-pluvial au Sahara central », in, *Libyca*, 6-7, 1958 ; Servant M., *Séquences continentales et variations climatiques. Evolution du bassin du Tchad au Cénozoïque supérieur,* O.R.S.T.O.M./ Paris VI, 1983.
[138] Hugot J., *Préhistoire de l'Afrique*, 1970.
[139] cf. Huard P. et Leclant J., *La culture des chasseurs du Nil et du Sahara*, 1982.
[140] cf. Roset J.P., « Céramique et Néolithisation en Afrique saharienne », in, Guilaine J., éditeur, *Les premiers paysans du monde. Naissance des agricultures,* Paris, Errance, 2000, p. 261-290.
[141] cf. entre autres auteurs abbé H. Breuil, H. Lhote, R. Mauny etc.
[142] cf. Bell B., « The dark ages in ancient history. I : the first dark age in Egypt », in, *A.J.A.*, 75,1971,p.1-26.

l'Atlas. De là, certains allèrent jusqu'à la côte, mais la plupart resta en arrière (Strabon, I, 2, 26). Les squelettes trouvés au Sahara, en particulier à Amekni dans le Hoggar, présentent toutes les caractéristiques de ceux des Noirs. Évidemment, la plupart des auteurs préfèrent les qualifier de négroïdes, terme de faible consistance scientifique. Pour mener une étude sur les relations entre les auteurs du Bovidien et l'Égypte pré dynastique et dynastique, on peut commencer par lire les textes de T. Gostynski[143].

Mais revenons à la vallée du Nil. Par la jalouse égyptienne, nous y avons déjà fait allusion, on en sait un peu plus sur les populations et les genres de vie des moyenne et haute vallée du Nil. Les inscriptions biographiques de fonctionnaires de l'Ancien empire nous apprennent qu'au sud de l'Égypte, existaient des entités politiques parmi lesquelles Wawat, Sétou, Irthet et Yam qui ont, à cette époque, été des protagonistes de l'Égypte. Parmi ces biographies, la plus célèbre est celle de Herkouf. Ce cadre avait mené quatre expéditions au pays de Yam. Les produits qu'il rapportait de ces terres lointaines étaient constitués de bois d'ébène, d'huile, d'ivoire, de peaux de fauves et de grains. Ces derniers montrent que l'économie yamite était à la fois agraire (grains) et forestière (ébène). Entre Yam et l'Égypte, s'étendaient les territoires de Wawat, Sétou et Irthet. Leur économie était à dominante pastorale. Ces États ont eu des relations d'abord cordiales avec pharaon. Puis, suite à la politique expansionniste de l'Égypte, ces relations se sont détériorées pour devenir conflictuelles. Ainsi, en revenant de sa seconde expédition de Yam, Herkouf avait été fait prisonnier par le prince de Sétou et Irthet alors confédérés. Au terme de la quatrième expédition, Herkouf ramenait un pygmée. L'habitat des pygmées, branche de l'humanité spécifique au monde noir, étant la zone forestière, on en conclut, entre autre que les caravaniers égyptiens fréquentaient à l'époque la région du *Bahr-el ghazal* car c'est dans cette région couvrant le sud-ouest de l'actuel Soudan et le nord-est de la Centrafrique que se situent les pygmées les plus septentrionaux. La thèse hégélienne d'une Afrique au Sud du Sahara repliée sur elle même, hors des courants historiques n'a donc aucun fondement historique. Au début du second millénaire av. J.-C., les terres nilotiques et subnilotiques s'étendant de la première cataracte au Nord jusqu'à la confluence des deux Nil allaient être unifiées en une seule entité politique connue sous le nom de royaume de Koush. Durant toute la première moitié du second millénaire l'Égypte se contentait d'envoûter cet État. Les textes qui nous renseignent sur cet état de fait sont les Textes d'envoûtement[144].

---

[143] « La Libye antique et ses relations avec l'Égypte », in, *B.I.F.A.N.*, série B., n° XXXVII, volume 3, 1975, p.473-588.

[144] cf. Posener G., « Die Achtungstexte », in, *Lexikon* der *Ägyptologie*, I, 1,1972, colonnes 67-69.

Au cours de la seconde moitié du second millénaire av. J.-C., Koush fut conquis par l'Égypte qui le soumit à l'acculturation. La crise égyptienne dite Troisième période intermédiaire (1085-750 av. J.-C.) permit à Koush de recouvrer son indépendance. L'aristocratie, très égyptianisée, entreprit la restructuration du royaume. Vers 750 av. J.-C., le processus était achevé. Les souverains entreprirent la conquête de l'Égypte alors aux mains des dynastes dits libyens, entendons des Égyptiens dont les ascendants étaient venus du Sahara. Les épisodes de la conquête de l'Égypte par le souverain koushite nommé Peye sont relatés dans un document célèbre. C'est la stèle de victoire de Peye.[cf., Grimal N., *La stèle triomphale de Pi(ankh)y au musée du Caire (J.E. 48862 et 47086-47089*), 1981].

L'occupation de l'Égypte fut de courte durée puisqu'en 663 av. J.-C., les Assyriens expulsaient les Koushites et installaient sur le trône une dynastie fantoche, celle des Psammétique. Celle-ci, avec l'appui de mercenaires grecs, réussit à assurer son autonomie par rapport à la cour de Ninive. Puis, elle fut balayée par les Perses. Après leur expulsion d'Égypte, les Koushies s'installaient à Napata. Là, ils allaient perpétuer la civilisation en y apportant des transformations progressives. À partir du troisième siècle av. J.–C, l'Égypte, administrée par les Grecs, se tournait de plus en plus vers la Méditerranée. À Koush dont les centres névralgiques s'étaient déplacés très au sud, il y eut un processus de rupture, jamais achevée, d'avec le modèle égyptien. On y élabora une écriture encore non déchiffrée. À Amon, se substitua Apédémak comme chef du panthéon local. Et, innovation majeure, les femmes accédaient au pouvoir. Ce sont les candaces. Malgré les ruptures, de par leur nom théophore formé sur celui d'Amon, les *candaces* véhiculaient dans leur conscience, l'orthodoxie amonnienne. C'est aux alentours de 340/360 ap. J.-C., que ce second grand royaume négro-africain après l'Égypte fut conquis par le souverain axoumite Ezana. Dans sa stèle en Ghèze, Koush est transcrit *Kasu.*

S'il existe quelques indices permettant de fonder la thèse de l'existence de relations entre le pays des pharaons et l'orée de l'actuelle zone équatoriale et forestière, seules des bribes d'indices induisent des contacts indirects entre l'Égypte et l'Afrique occidentale non saharienne. En effet, des graines de plantes dont l'Afrique occidentale passe pour être le centre de domestication sont attestées en Égypte dynastique. Parmi elles, il y a le *Cajanus cajan* ou *cajan* des Indes ou pois d'Angola. Ses graines sont attestées dans des tombes de la XIIe dynastie. Or, il semble établi que cette plante a été domestiquée en Afrique subsaharienne où existe encore l'espèce sauvage. Il y a aussi la *vigna unguiculata* ou *vigna baoulensis* (*niébé* en *wolof*, une des principales langues du Sénégal). Domestiquée en Afrique de l'ouest, elle a été décelée dans des complexes archéologiques datés de la V°dynastie.

Quant au *ricinius communis* ou ricin commun domestiqué aussi en Afrique occidentale, il est attesté en Égypte dans des contextes prédynastiques[145]. L'existence de telles relations à de si hautes époques suppose celle de réseau routier. Là aussi, il y a quelques faibles indices. Au sud de la troisième cataracte, se trouve le site de Kerma. Fouillé au début du siècle par G. Reisner puis durant ces dernières années par Ch. Bonnet de l'institut de Genève, ce site semble avoir été le centre d'un puissant royaume qui fut l'ancêtre de Koush.

À Kerma aboutissait la piste dite la *Sikkat el-Meheila* en provenance de Méroé à travers la plaine du *Boutana* via Napata à travers celle du *Bayuda*. C'était aussi le terminal de la piste du *Wadi el-Howar* en provenance du Darfour. Au sud de Kerma, est le site de Debba. Il était le débouché de la piste du *wadi el-Melek* ou *wadi el-Milk* qui liait le cœur de la plaine du Dongola commandée par Kerma au Darfour et au Kordofan et au-delà, à la boucle du Niger. Ce serait par cette piste que *vigna unguiculata* et *ricinius communis* auraient transité pour arriver en Égypte via la Nubie. Dans la biographie de Herkouf relatant une guerre entre le souverain de Yam et des populations du Sahara, le souverain yamite dit qu'il allait combattre ces populations appelées *témékhou*, dût-il aller jusqu'à l'horizon occidental du ciel. Voulait-il dire jusqu'au Darfour-Kordoffan ou jusqu'au cœur de l'Afrique occidentale, terre de domestication des produits sus-cités ? À cette question, il n'y a pas, à l'heure actuelle, de réponse textuelle ou archéologique. Des oasis de Dakhleh et de Khargeh aux latitudes de la haute Égypte, à quelques 400km de la vallée du Nil, des pistes partaient aussi vers le Darfour et la boucle du Niger. Dans le Sahara subnubien, des bretelles détachées de ces pistes menaient vers la vallée. Là se trouve le site de Sélima qui était un nœud de voies terrestres allant ou venant des oasis du Sahara subégyptien par *Bir tarfawi / Bir sahara* et la dépression tchadienne. Ainsi, il appert qu'on peut, par la jalouse égyptienne, se faire une idée des populations de l'Afrique subnilotique et de leur genre de vie dans l'Antiquité.

Encore un coup d'œil vers l'ouest. S'agissant du Sahara, nous savons par les sources grecques qu'il y eut des temps où il était grouillant de vie. Quelle reconstitution peut-on tenter pour comprendre de tels propos ? Ici, c'est l'art rupestre et les acquis de la paléoclimatologie qui servent de base. Tout semble avoir commencé à la fin de l'aride du Tardiglaciaire.

Des latitudes du Nigeria actuel, des haute et moyenne vallée du Nil, des populations suivant à la trace le recul du sud vers le nord du désert, peuplaient le plateau saharien. La première vague fut celle des chasseurs.
Ils ont été les auteurs des gravures rupestres. L'idée qu'il s'agissait de chasseurs se déduit du fait que les silhouettes animales qui dominent leurs tableaux sont celles dont se nourrit un peuple de chasseurs. Inutile de

[145] cf. Blench R., « Connections between Egypt and subsaharan Africa : the evidence of cultivated plants », in Davies W. V., *Egypt and Africa : Nubia from Prehistory to Islam*, 1993, p.54-56.

chercher des foyers car le chasseur ne campe pas en un lieu durant de longues périodes pour laisser des traces indélébiles de son occupation du sol. À la suite des chasseurs, arrivent les pêcheurs. Leur présence au Sahara est illustrée par les filets et autres armatures de pêche que Henri Lhote a retrouvés au *Tassili.* Ils ont été la branche saharienne de la culture des pêcheurs qui s'est épanouie à partir du Xe millénaire de la région des Grands Lacs au Kenya et dont le zénith s'est situé au VIIe millénaire avant J.-C. Ces pêcheurs dont la culture a été transplantée en Égypte, ont laissé des campements célèbres au Soudan. Les plus cités sont Khartoum et Es-Shaheinab. Ce sont eux qui ont inventé les massues pour fracasser la tête des batraciens et la poterie pour bouillir des mollusques. Tôt, ils s'étaient mis à élever des animaux pour « améliorer » leur nourriture.

À la suite des pêcheurs, arrivent les auteurs de la culture dite bovidienne. Ils ont laissé des peintures rupestres dominées par des silhouettes de bovidés. Leur culture s'est formée dans une aire allant de l'Éthiopie actuelle au Tibesti. Auteurs du vrai Néolithique au Sahara, les bovidiens ont dû quitter la région quand, aux alentours de 2500 à 2000 avant J.-C., le plateau fut en proie au processus d'assèchement qui est à l'origine du désert actuel. Qui y avait-il au sud du Sahara et à l'ouest de la vallée du Nil ? Ici, c'est le domaine de notre ignorance. Nous touchons là l'évocation des domaines peu et/ou insuffisamment étudiés de l'évolution des sociétés africaines dans l'antiquité.

Conclusion

Pour géants qu'ont été les pas franchis dans l'étude et la compréhension de l'évolution des sociétés africaines dans le segment temporel dénommé Antiquité, ils sont encore insuffisants. D'abord parce que d'immenses régions sont encore *terra incognita.* Les historiens africains spécialisés dans l'antiquité ne constituent qu'un faible cénacle. Leurs conditions d'existence non seulement les isolent, dans une certaine mesure, les uns les autres mais font qu'ils sont souvent absents de certaines rencontres. En Afrique, les politiques de recherches sont quasi inexistantes surtout en matière de sciences sociales. Tous les dirigeants en reconnaissent, dans leurs discours, le caractère vital. Tout le monde est d'accord sur le fait que l'orientation ou la réorientation de notre devenir est en partie subordonnée à la connaissance de ce que fut notre itinéraire.

Mais les priorités semblent être ailleurs. Il se confirme, cependant, comme l'avait suggéré Diodore de Sicile, que l'Égypte ancienne n'a été que la forme monarchique de l'État qui, en tant que catégorie, était né en Nubie. Les tombes des populations créatrices de la culture dite du groupe-A, celles de Siali et de Qostul, en basse Nubie en ont fourni les preuves. L'image d'un homme adorant un *serekh* au-dessus duquel est perché un faucon, est attestée sur un sceau découvert à Siali. Le décor de l'encensoir découvert à Qostul, œuvre du groupe-A, montre une procession de trois barques se dirigeant vers une façade de palais. On retrouve, dans la barque du milieu, le faucon sur un *serekh* en association avec un homme coiffé de ce qui deviendra la couronne blanche de Haute-Égypte. Ce dernier a entre ses mains un *flagellum*, autre insigne des temps dynastiques en Égypte.

Nous avons essayé de montrer dans d'autres circonstances que les créateurs de la civilisation de l'Égypte se rattachaient à l'univers de la culture des pêcheurs née dans une aire allant des Grands Lacs au Kenya. Or, parmi les éléments du décor de l'encensoir de Qostul, nous retrouvons en plus des barques, et le poisson silure, hiéroglyphe entrant dans la graphie du nom de Narmer, et les harpons à barbelures. Il y a aussi l'image d'une lionne. C'est selon toute probabilité une représentation de Sekmet qui apparaît dans les textes comme une nubienne, aussi l'y appelle-t-on « La lointaine ».

L'hiéroglyphe transcrit *ta-séti*, c'est-à-dire la Nubie, est attesté aussi sur le sceau de Siali. Or, ces deux documents, d'après les analyses de Keith C. Seele et de Bruce Williams, sont datés de quelque trois générations avant Narmer, le fondateur, non pas de la monarchie mais de l'État unifié du royaume d'Égypte. Tel est donc le panorama succinct des études sur les sociétés africaines dans le segment temporel dénommé Antiquité.

ÉGYPTE ANCIENNE ET AFRIQUE NOIRE : QUELQUES NOUVEAUX FAITS QUI ECLAIRENT LEURS RELATIONS

A. Moussa LAM*

Introduction

Les relations entre l'Égypte ancienne et l'Afrique noire ont été et restent encore un grand sujet de débat entre les écoles occidentale et dakaroise d'égyptologie. La première s'est d'abord attachée à isoler la civilisation égyptienne avant d'accepter enfin de la remettre dans son contexte africain ; la seconde a toujours défendu la thèse d'une profonde unité culturelle et raciale entre l'Égypte et l'Afrique noire. Des faits nouveaux, fruit des recherches menées par des égyptologues négro-africains (continent et diaspora) permettent de confirmer aujourd'hui l'existence de l'unité égypto-africaine dont le berceau le plus fécond est bien l'Égypte ancienne. Ce berceau ne se disloqua qu'avec l'affaiblissement puis la chute du pouvoir pharaonique, donnant ainsi naissance à des vagues migratoires en direction de l'intérieur du continent.

Dans le présent texte nous présentons certaines de nos trouvailles personnelles dont l'exploitation permet de faire de nouveaux pas dans la direction indiquée depuis 1954 par le grand Africain Cheikh Anta Diop.

1. Le débat

Comme nous l'avons rappelé en introduction, les relations entre l'Égypte ancienne et l'Afrique noire font partie de ces questions d'égyptologie les plus passionnément discutées : L'un des pères de l'égyptologie, Gaston Maspero (1846-1916) n'hésita pas à blanchir les anciens Égyptiens et à en faire des envahisseurs venus de l'extérieur de l'Afrique[146]. Pour Claire Lalouette, ils étaient des métis d'Africains et de Sémites mais ces derniers seraient dominants et viendraient d'Asie à partir du 4e millénaire[147].

Avec Jean Leclant, le débat franchit un pas très important. Cet auteur reconnaît en effet que pour comprendre culturellement l'Égypte ancienne il faut regarder du côté des civilisations négro-africaines ; mais attention, il y a une chose qu'il ne faut pas perdre de vue : les anciens Égyptiens n'étaient

---

* Professeur d'histoire, égyptologue, université Cheikh anta Diop de Dakar.

146 *Histoire ancienne des peuples de l'Orient*, Paris, Hachette, 1912, p. 16-17 ; *Les momies royales de Deir el-Baharî*, Mémoires de la Mission Archéologique Française, I, 4, Paris, E. Leroux, 1889 ; voir aussi Lam A. M., *L'affaire des momies royales*, Paris, Présence Africaine, 2000.

147 Lalouette C., *L'art et la vie dans l'Égypte pharaonique*, Paris, Fayard, 1992, p. 13-14.

pas des Noirs car « jamais les Égyptiens de l'époque pharaonique ne se sont considérés eux-mêmes comme des Noirs » ; d'où donc la nécessité de séparer race et civilisation. Pour Leclant, les similitudes entre l'Égypte ancienne et l'Afrique noire se sont forgées dans le Sahara. Voilà pourquoi il rejette résolument l'idée de migrations parties de l'Égypte en direction d'autres parties du continent, raillant avec un humour féroce la propension des Africains noirs à se trouver des racines égyptiennes afin de rectifier certains travers de l'histoire coloniale. C'est dans cette perspective que l'académicien affirme que le fait que tout le monde veuille se rattacher à l'Égypte est la preuve même du manque de sérieux des thèses avancées car, dans son esprit, une telle éventualité n'est même pas envisageable. Pour les rapprochements linguistiques avancés par les spécialistes africains, il pense qu'il faut choisir le copte et non l'égyptien ancien car le premier a l'avantage d'être vocalisé. Bref, Leclant ne veut pas entendre parler d'un berceau nilotique égypto-africain et encore moins de migrations partant de l'Égypte[148].

Maurizio Damiano-Appia est celui qui a eu le courage de reconnaître les manipulations faites par ses prédécesseurs autour d'une prétendue « Race Dynastique » blanche et mésopotamienne, afin d'exclure les Africains de la genèse de la civilisation égyptienne. Malgré cela, il pense que les Égyptiens étaient une race à part, race faite d'une « synthèse magique » impliquant des groupes venus des quatre points cardinaux se retrouver en Égypte. Voilà pourquoi il renvoie dos à dos ceux qui prétendent que les Égyptiens étaient des Blancs et ceux qui affirment qu'ils étaient au contraire des Noirs. L'auteur soutient avec vigueur que « la différence ne donnait lieu ni à la critique ni à la discrimination. La différence était ignorée et tous les citoyens étaient égaux à condition qu'ils respectent les règles de l'État »[149]. Ainsi, de Maspero à Damiano-Appia, l'Égyptien passe du Blanc le plus pur au métis le plus parfait et se serait définitivement séparé de l'Africain (terme utilisé par les spécialistes occidentaux pour rester dans le flou) au Sahara du fait de la désertification.

Face à de telles thèses il y a bien entendu celles de Cheikh Anta Diop qui pourraient se résumer ainsi : après la désertification du Sahara, les populations noires refluèrent majoritairement dans la vallée du Nil où elles vécurent jusqu'à la chute du pouvoir pharaonique, date à laquelle elles commencèrent à se disperser par vagues migratoires successives à

[148] J. Leclant a beaucoup écrit sur les relations entre l'Égypte et le reste de l'Afrique mais deux textes pourraient résumer son point de vue : « Afrika », *Lexikon der Ägyptologie*, I, 1, 1972 et « Égypte pharaonique et Afrique », *Institut de France*, n° 10, 1980.

[149] Voir *L'Égypte ancienne. Dictionnaire encyclopédique de l'ancienne Egypte et des civilisations nubiennes*, Paris, Gründ, 1999, p. 107.

l'intérieur du continent[150]. Voilà pourquoi pour l'auteur de *Nations nègres et culture* il y a une profonde unité culturelle entre Égyptiens anciens et Négro-africains. Certes Cheikh Anta Diop utilise une argumentation variée pour étayer son point de vue mais nous citerons particulièrement les traditions qu'il convoque pour montrer que les populations négro-africaines n'ont jamais oublié leurs origines nilotiques ; c'est tout le sens que l'auteur donnait sans doute à son magistral article écrit en 1973 et intitulé « Introduction à l'étude des migrations en Afrique centrale et occidentale : identification du berceau nilotique du peuple sénégalais »[151].

Ainsi est campé le débat autour des relations entre Égyptiens anciens et Négro-africains. La contribution qui va suivre s'attachera à montrer que la thèse défendue par les Occidentaux est difficilement conciliable avec les données que nous avons pu glaner au cours des dernières années de recherche. Nous sommes parti d'un lexique comparé entre l'égyptien ancien et les langues négro-africaines de l'Afrique de l'Ouest : pulaar (essentiellement), wolof, seereer, sooniŋke, bambara, dogon ; le constat qui s'impose est que les similitudes constatées ainsi que leurs multiples implications, confirment entièrement le point de vue défendu par Cheikh Anta Diop et remettent même en cause certaines lectures et interprétations de la langue égyptienne que presque deux siècles d'égyptologie occidentale avaient fini d'imposer. Une telle perspective nous confirme justement la pertinence d'un des points de consensus du colloque du Caire de 1974 qui concluait que le sémitique ne rendait pas compte de l'égyptien ancien et qu'il était donc légitime de se tourner vers l'Afrique noire pour la compréhension et la vocalisation de cette langue.

2. L'échantillon

L'échantillon que nous avons choisi concerne des termes relatifs aux parties du corps, à l'eau, à l'agriculture, au nain, au pygmée, à l'hippopotame et au cheval. Nous avons essentiellement utilisé le *An Egyptian Hieroglyphic Dictionary* de E. A. W. Budge pour la partie égyptienne ; et pour la partie africaine, sauf indication contraire, la langue choisie est le pulaar/fulfulde. Voici les différents tableaux :

---

[150] Voir, entre autres, *L'Afrique noire précoloniale*, Paris, *Présence Africaine*, 1960, 1987, p. 202 ; *Les fondements économiques et culturels d'un État fédéral d'Afrique noire*, Paris, Présence Africaine, 1960, 1974, p. 12.
[151] *BIFAN*, série B, T. XXXV, n° 4, 1973, p. 769-792.

LES PARTIES DU CORPS

EGYPTIEN ANCIEN	LANGUES AFRICAINES
irt : œil ; *irt bint* : le mauvais œil Copte : *eiat* ; *eiep boone* : le mauvais œil	- *yiitere* : œil (pulaar) - *yiiretee* (irt) : ce avec quoi on voit c'est-à-dire l'œil - *yiyata* : ce qui voit - *yiitere bonnde* : le mauvais œil
hr : face, visage Copte : *xo*	- *hoore* : tête (pulaar) ; s'oppose à teppere : talon - *xoox* : noyau (d'un fruit) en wolof - *xoox* : tête en seereer ; dans ces deux langues, le *x* se prononce comme le français *kh*
hry : qui est au-dessus	- *huuri* : qui couvre, qui est au-dessus (pulaar)
spd Hr : être intelligent ; mot à mot : être pointu de la Tête. Le déterminatif le confirme Copte : sbte	- *seebde* : être intelligent (pulaar) ; mot à mot : être pointu
wpw hr : excepter	- *woppu hoore* : excepter (pulaar) ; mot à mot : abandonner une tête ; l'expression pulaar *hoore haa teppere* : de la tête aux pieds confirme que l'expression égyptienne vise bien la tête

TERMES RELATIFS À L'EAU

EGYPTIEN ANCIEN	LANGUES AFRICAINES
n : eau	- même signe et même sens chez les Dogons (cf. *Dieu d'eau*, p. 203, fig. 1, 6.)
ynam : nom d'une ville	- *Yenoam* : ville de Palestine ; la lecture de est confirmée
HsAmw/HsA : lait *HsAmw/HsA* : lait HsAw : lait(s) *Nnww*	- *kosam* : lait (pulaar) ; de *hoos-* : traire - *kose/kocce* : laits (pulaar)
nw w/nwwmw : eaux du Noun *nww/nwwmw* : idem *nww/nwwmw* idem	-*Nommo* : eau mais également les premiers êtres humains engendrés par Amma (dieu suprême des Dogons) et sa femme - *muno* : génies du fleuve (soniŋke) - *munu* : génie du fleuve (pulaar)

dy : vallée, lac ?	- *ji* : eau (soniŋke). - *di* : eau (dogon). - Le pulaar *ndiyam* nous ramène à la lecture de : *diyam > ndiyam* et le déterminatif serait alors uniquement
ir : fleuve	- *il-* : inonder (pulaar) - *Ilo* : nom de personne, mot à mot : crue
yr : fleuve	- *ilam* : crue, inondation (pulaar)
itrw aA : Le Nil ; mot à mot : la grande eau ; ἰλάς, ἴλος en grec	- *Ilo* : l'ancêtre des Peuls qui leur a ramené les vaches ; celles-ci sont également censée sortir de l'eau
krty : grotte d'où sort le Nil	- Le fleuve de *Korotoumou* qui serait le Nil d'après les traditions des Mannden ; ainsi *Korotoumou* pourrait veni *qrty mw

AGRICULTURE

EGYPTIEN ANCIEN	LANGUES AFRICAINES
rmn : demi-perche (2,5 m) demi-aroure	- *leemnu* : arpentable ; remarquer le bras dans la position de l'arpentage - *remnu* : cultivable (ici en matière de superficie)
rmnyt : exploitation	- *remnata* : ce qui fait cultiver - *leeman-* : arpenter au profit de - *laman* : maître de terre chez les *Seereer* et les Wolof du Sénégal - *lamini* : territoire lignager chez les Manndiŋko

DAtt : État, domaine, propriété foncière	*-jatti* : terre occupée de longue date, fief. La combinaison de de et ne laisse aucun doute sur le degré d'artificialisation du milieu
mr : houe	- *rem-* : cultiver
mr : attacher ensemble, entraver	- La grande houe s'appelle *toŋngu* : attacher, entraver ; donc le nom renvoie au mode de fabrication de l'objet

PYGMEE OU NAIN ?

EGYPTIEN ANCIEN	LANGUES AFRICAINES
nmw : nain, pygmée *nm* : nain, pygmée	- *ndaama* : courtaud (pulaar et wolof) - idem
dAng: nain, pygmée	- *diŋaa* : courtaud (pulaar) *-deŋkii* : tassé, courtaud ; rappelle l'amharique dĕnk : nain, pygmée - *tuŋngune* : nain (wolof)
dAg/dAg Hr ? : nain, pygmée ; la 2e lecture est suggérée par le pulaar duuuguuro *dyrgA* : nain	- *duuguuro* : courtaud (pulaar) - *duuguuro* : courtaud (pulaar)

L'IPPOPOTAME ET LE CHEVAL

ÉGYPTIEN ANCIEN	LANGUES AFRICAINES
dbi : hippopotame *dbw* : hippopotame	- *Diba* : nom d'honneur de l'hippopotame mais également d'un clan ayant pour totem l'hippopotame chez les *Haal-pulaar en* du Sénégal
hAbw : hippopotame *hAb*	- *ngabu* : hippopotame (pulaar) - *gabi* : hippopotames (pluriel)
ss : cheval *ssw* : cheval	- *si* : cheval (soninke) -*Siisee* : cavalier, de *si* : cheval. C'est le nom du clan royal dans l'ancien Ghana

En partant des parties du corps et en terminant par le nom du cheval, nous sommes allé de surprise en surprise car l'interprétation des termes choisis nous a donné des éclairages sur le débat résumé un peu plus haut, éclairages auxquels nous étions loin de nous attendre.

3. Quels faits nouveaux

3.1. Les parties du corps

En ce qui concerne l'œil et les expressions qui lui sont attachées, la confrontation de l'égyptien (copte compris) au pulaar permet de faire apparaître des choses curieuses et intéressantes à la fois : *Yiitere* (l'œil, en pulaar) c'est « ce avec quoi on voit » (*yiiretee*) ; le parallélisme est presque parfait avec *irt* et *eiat*. Le mauvais œil, connu chez les anciens Égyptiens mais également chez les Peuls, se disait *irt bint* / *eiep boone* ici et *yiitere bonnde* là. Le copte *boone* valide bien le parallélisme *bin(t)*/*bone* (pulaar) et *bon* (wolof) : « mal », « ce qui est mauvais », etc. Mais ce qui est intéressant ici, c'est que la finesse des correspondances exclut une séparation entre Égyptiens anciens et Peuls et Wolofs depuis le Sahara préhistorique. En effet le copte apparaît seulement au 2e siècle avant J.-C. Mieux, le frappant parallélisme *irt bint/yiitere bonnde* montre qu'on n'a pas besoin de passer par le copte pour une comparaison valable entre l'égyptien ancien et les langues négro-africaines ; le copte peut tout au plus servir d'instrument de contrôle.

Après l'œil, la série qui tourne autour de la tête confirme la profondeur et la finesse des similitudes entre l'égyptien ancien et les langues négro-africaines :

Ici les langues africaines (pulaar, wolof, seereer) montrent que le sens que les égyptologues occidentaux ont donné à *hr* (face, visage) doit être complété par une autre acception : tête. En effet le pulaar *hoore* désigne bien l'ensemble de la tête et les expressions *seebde* et *woppu hoore* renvoient indubitablement à la tête car le siège de l'intelligence c'est la tête et le décompte des individus se fait par tête. Les termes seereer et wolof viennent confirmer que c'est bien la tête qui est en cause et le copte *xo* et le pulaar *hoore* montrent clairement à tous les tenants de la thèse selon laquelle il faut passer par le copte pour la vocalisation des hiéroglyphes que leur thèse est loin d'être confirmée par les faits dont on dispose.

3.2. L'eau

Le signe hiéroglyphique qui désigne l'eau est présent chez les Dogons et a le même sens et la même symbolique. N'oublions pas ici qu'Amma, le dieu suprême des Dogons est dieu d'eau (titre du grand livre de Marcel Griaule) et a également le même avatar que le dieu Amon des Égyptiens, à savoir le bélier. Mais ce n'est pas tellement l'aspect qui nous intéresse pour l'instant.

Ce qui nous intéresse ici c'est la question de savoir si le groupe est uniquement déterminatif, comme le pensent les égyptologues occidentaux, ou s'il était parfois lu. Le nom hiéroglyphique de la ville palestinienne de Yénoam[152] montre déjà que dans ce cas précis le groupe était bien lu. Le nom du lait en pulaar, *kosam*, laisse supposer que dans les deux graphies égyptiennes correspondantes le groupe était lu.

La troisième graphie qui est un pluriel et qui correspond au pulaar *kose/kocce* (pluriel) nous amène à l'hypothèse que si c'est le pluriel qui était visé par le scribe, le groupe pouvait être un simple déterminatif ou même disparaître au profit des marques du pluriel. Dans le cas de la deuxième graphie le groupe , tout en étant lu, servirait également de déterminatif. Un tel cas de figure, à notre connaissance, n'a pas été prévu par les spécialistes de l'écriture égyptienne.

[152] Voir Gardiner A. H., *Egyptian Grammar*, Sign-list, N (35).

Dans le même ordre d'idée, le terme dogon *Nommo* qui désigne à la fois l'eau primordiale et le premier couple humain engendré par Amma et sa femme nous incite à revoir les lectures proposées par les égyptologues occidentaux dont aucune ne donne n*wwmw*, très proche de *Nommo*. Or si nous prenons les trois graphies concernées ici, il suffit de lire au lieu de considérer l'ensemble comme un déterminatif pour retrouver le terme dogon *Nommo*. S'il en est ainsi, dans la première graphie prendrait le rôle de complément phonétique et de déterminatif comme dans la deuxième graphie de l'exemple précédent ( ). Dans les deux derniers cas, on voit bien que les bons déterminatifs sont et .

La graphie qui donne *ji* et *di* en soninke et en dogon montre que est bien un déterminatif mais le pulaar *ndiyam* < *diyam* montre tout aussi bien que dans ce cas le déterminatif est . Ici on voit clairement comment à partir de l'héritage égyptien chaque langue négro-africaine a choisi sa voie.

Les deux graphies suivantes comparées au pulaar confirment l'hypothèse selon laquelle le groupe pouvait être simple déterminatif, déterminatif et complément phonétique ou complément phonétique tout court. L'avant dernière expression *itrw aA* qui a donné en grec ἰλάς, ἶλος[153], nous ramène bien entendu au *Ilo* des Peuls. Ce personnage est censé avoir ramené les vaches à ces pasteurs. Ces mêmes Peuls disent que les vaches sont sorties de l'eau. Or *ilo* en pulaar signifie tout simplement « la crue ». On voit bien donc que les deux thèses qui cohabitent chez les Peuls quant à l'origine des bovidés ne sont pas contradictoires. La forme grecque nous permet de voir que les Peuls ont tout simplement pris le nom du Nil, comme un autre groupe, celui des Mandingues a pris un autre nom du Nil, *Korotoumou*[154], vraisemblablement **qrty mw*. Mais ce sont les Soŋngay qui appellent le Niger *Isaa Beer*, « La Grande Eau », qui ont retenu la même manifestation du Nil que les Peuls ; et ce sont de nouveaux indices sur l'origine nilotique de ces deux populations ouest-africaines qui sont ainsi mis au jour.

3.3. L'agriculture

L'agriculture est une activité très importante dans les sociétés humaines, surtout avant la révolution industrielle. L'occupation de l'espace agraire et sa gestion étaient des enjeux de taille pour ces sociétés. Au vu du tableau, il apparaît qu'anciens Égyptiens et Ouest-africains ont incontestablement vécu dans un même environnement et partagé le même type de gestion de l'espace agraire. Tout s'organise autour de l'exploitation

---

[153] Voir Luft U., in *Studia Aegyptiaca*, XIV, p. 406-407.

[154] C'est ce que montre une intervention de Cissé Y. T. in *Actes du colloque de Bamako. Histoire et tradition orale*, fondation SCOA, 1975, p. 34.

agricole délimitée après arpentage (*rmn/leemnu/leeman*). À cette première correspondance s'ajoute une série d'autres, tournant autour du territoire lignager et du maître de terre. C'est toujours autour de l'occupation de l'espace que s'organise la société. Ainsi l'égyptien DAtt, « État », « domaine », « propriété foncière », renvoie au pulaar *jatti*, « terre occupée de longue date et mise en valeur », « fief ».

Mieux, ici la combinaison de et de montre que nous sommes vraisemblablement dans la vallée du Nil et que le degré d'artificialisation du milieu est très élevé. Les signes et ouvrent une piste très intéressante vers le champ du Lébé (qui fait 80 x 80 carrés d'une coudée) et l'invention de l'agriculture par Osiris (équivalent du Lébé chez les Égyptiens). Ainsi ce que les égyptologues occidentaux ont jusqu'ici pris pour une stylisation de canaux d'irrigation, pourrait en fait symboliser le champ primordial comme chez les Dogons[155] ; ce qui repose encore une fois la question de la thèse de la séparation saharienne des Africains et des Égyptiens. Tous les faits ci-dessus, mis ensemble, font bien voir que la vallée du Nil est incontournable même si certains tiennent coûte que coûte à la contourner pour échapper à l'inévitable conclusion : celle d'une unité culturelle et raciale égypto-africaine ayant pour creuset la vallée du Nil. Le *mr* égyptien, outil multifonctionnel mais avant tout aratoire, conduit au pulaar *rem-* (cultiver) mais un autre parallélisme apparaît à travers *toŋngu* (attacher, entraver), lequel parallélisme renvoie de manière évidente à la technique de fabrication de l'outil[156]. Voilà une autre preuve de la profondeur de la parenté égypto-africaine.

3.4. Pygmée et nain

Les égyptologues sont partagés sur le sens des termes nmw et dng[157]. Pour H. Junker le terme dng désigne le nain[158] alors que pour W. R. Dawson il désignerait en réalité le pygmée et nmw viserait le nain[159]. Jean Vercoutter parle de nain et non de pygmée dans un article du *Lexikon*[160]. Dans le *Dictionnaire de la civilisation égyptienne*, Serge Sauneron avait

[155] Voir Griaule M., *Dieu d'eau. Entretiens avec Ogotemmêli*, Paris, Fayard, 1966, p. 41 ; voir aussi Griaule M. et Dieterlen G., *Le renard pâle*, Paris Institut d'ethnologie, 1991, p. 501 et fig. 190, p. 502.

[156] Voir Lam A. M., « Un outil agricole à travers le temps et l'espace » in *Le Sahara ou la vallée du Nil ?*, Dakar, IFAN/Khepera, 1994, p. 33-41.

[157] Voir l'exposé du débat dans *De l'origine égyptienne des Peuls*, Paris, Présence Africaine, 1993, p. 240-245.

[158] *Gîza V. Die Mastaba des Śnb (Seneb) und die umliegenden Gräber*, Wien, Akademie der Wissenschaften, 1941, p. 7.

[159] « Pygmies and Dwarfs in Ancient Egypt », *The Journal of Egyptian Archaeology*, 24, 1938, p. 185.

[160] *Lexikon*, I, 1973, col. 340 ; mais il opte finalement pour pygmée : *L'Egypte et la vallée du Nil*, Paris, PUF, 1992, p. 304, 334.

déjà pris le parti de traduire dng par pygmée[161]. Dans l'*Histoire Générale de l'Afrique,* A. H. Zayed et J. Devisse, tout en choisissant nain pour dng, nous mettent en garde contre la confusion entre nain et pygmée[162]. Mais alors comment faire la différence entre les deux ? En plus des noms déjà différents, Dawson insiste sur le fait que le nanisme est dû à une pathologie appelée achondroplasie et que la présence des nains en Égypte était une réalité[163]. Qu'apportent les langues négro-africaines dans ce débat ? Les parallèles respectifs de nmw et de dng, *ndaama*, *diŋaa*, *deŋkii*, *děnk* renvoient tous à la petitesse de la taille. C'est également le cas du terme pulaar *duuguuro* (avec métathèse) qui pourrait correspondre à l'égyptien *dyrgA*.

Cependant le wolof *tuŋngunee* (avec métathèse) qui pourrait être rapproché de dng désigne bien le nain. S'il en est ainsi, dng pourrait avoir désigné à la fois le nain et le pygmée en égyptien ancien malgré l'existence de nmw pour nain. Le même déterminatif pour les deux termes renforce le préjugé de confusion qui prévalait chez les Égyptiens. Même si le nain est différent du pygmée, anciens Égyptiens et Négro-africains modernes ont, tout en étant conscients de cela, préféré mettre l'accent sur ce qui les unissait : leur petite taille. À supposer même que dng soit un pygmée comme le soutiennent véhément Dawson et ses partisans, les déterminatifs qui accompagnent *dng* et *dyrgA* laissent supposer que le pygmée en question n'était pas un pygmée ordinaire. En effet l'horus sur pavois et le personnage divin nous orientent plutôt vers un personnage qui appartient à la catégorie des dieux. Le pulaar *duuguuro* (courtaud) nous incite à croire qu'il frappait surtout par sa petite taille. C'est ici que l'ésotérie peule vient à notre secours. Nous avons longuement développé dans *De l'origine égyptienne des Peuls* l'importance du génie nain (comme l'appelle Marguerite Dupire[164]) dans les choses pastorales[165]. Nous savons que Geno, le dieu suprême des Peuls avait fait de *Kuumel* (remarquer le diminutif pour marquer la petitesse du personnage) le gardien de ses troupeaux ; autrement dit, *Kuumel/Kuumeen* était en relation avec les animaux, notamment domestiques et principalement les bovidés. Nous reviennent forcément à l'esprit le rôle du nain dans les funérailles de l'Apis et les titres pastoraux du nain Sénéb[166]. Si l'on sait que les pygmées n'ont jamais été des éleveurs, il nous semble difficile , dans ces conditions, de faire du *Kuumel* des Peuls et du *dng* une relation avec l'Apis des pygmées, surtout si des nains ont porté des titres pastoraux. *Dng* et *nmw* renvoient sans doute, dans bien des

---

161 *Sub verbo* « Pygmées », p. 235, col. b et c.

162 *II. Afrique ancienne*, Paris Jeune Afrique/Unesco, 1980, 1984, p. 150.

163 Dawson W. R., *ibid.*

164 *Organisation sociale des Peul, Etude d'ethnographie comparée*, Paris, Plon, 1970, p. 371.

165 Voir pages 244-246.

166 Junker H., *ibid.*, p. 16.

cas, à des personnages doués de puissances magico-religieuses même s'il faut accepter que certains de leurs congénères fussent des êtres ordinaires. En tout cas dans toute l'Afrique la croyance à l'existence de nains ou de pygmées doués de pouvoirs était chose courante[167], cela n'excluant pas celle qu'il y avait également des nains et des pygmées ordinaires. Toute la difficulté résidait dans l'identification sans erreur des personnages.

En conclusion, le flottement de la terminologie consacré par la langue égyptienne et les langues négro-africaines était vraisemblablement lié à cette difficulté. À cet égard, le livre de Luc de Heusch intitulé *Le roi de Kongo et les monstres sacrés*[168] est très intéressant car il confirme le flottement de la terminologie mais également l'importance des nains et des pygmées pour les tenants du pouvoir.

3.5. L'hippopotame et le cheval

Les deux noms de l'hippopotame en égyptien sont passés dans le pulaar. Celui qui est le plus courant, *ngabu*, se retrouve également dans d'autres langues négro-africaines à travers *ngubú*, *ngub*, *ngubì*, *gabu*, *gub*, *gup*, *gupi*, *guvu*, *gufu*[169]. Pourtant au dire de Gilbert Ngom ce terme n'est pas attesté en copte[170] ; c'est également le cas du reste pour le fameux nom du Nil ¡apy (Hapy). Voilà encore une preuve que le copte n'est pas absolument indispensable pour une bonne comparaison entre l'égyptien ancien et les langues négro-africaines comme semblent l'indiquer les critiques d'un égyptologue célèbre.

Il y avait peut-être des hippopotames au Sahara avant la désertification mais ce nom commun à l'égyptien ancien et aux langues négro-africaines nous situe plus sur les rives du Nil qu'ailleurs et donne un indice –parmi de nombreux autres– sur la nécessité d'une étape nilotique, postérieure à celle du Sahara, dans le cheminement historique des relations égypto-africaines. Mais l'hippopotame avait un autre nom en égyptien ancien : *dbi*, *dbw*. Ce nom est devenu aujourd'hui *Diba* sur les rives du fleuve Sénégal et désigne le nom d'honneur de l'hippopotame lui-même et celui d'un clan de pêcheurs ayant pour totem l'hippopotame. Les techniques de pêche du pachyderme sont également demeurées presque inchangées : il suffit de regarder la peinture égyptienne et les scènes de pêche à l'hippopotame sur les berges de Sénégal et du Niger pour s'en convaincre.

---

[167] C'est le cas chez les Wolof qui croient que le *Kuus*, un nain ou un pygmée, peut rendre riche.

[168] Paris, Gallimard, 2000. L'auteur utilise presque sans distinction les deux termes et entend par « monstres sacrés » les nains/pygmées et les albinos.

[169] Ngom G., « La parenté génétique entre l'égyptien pharaonique et les langues négro-africaines modernes. L'exemple du duala », *Ankh*, n° 2, avril, 1993, p. 28-83.

[170] *Ibid.*, p. 59.

Les liens étroits entre les *Diba* et l'hippopotame donnent une piste de recherche très intéressante sur la formation des clans et le choix des totems depuis l'Égypte ancienne. Le vautour et le cobra des pharaons, présents également chez les Soniŋke qui ne font pas mystère de leur origine égyptienne, nous renforcent dans cette conclusion. Et c'est précisément le nom du cheval qui nous permet d'exploiter la piste soniŋke. Le cheval était appelé *ssw* en égyptien et *si* en soniŋke. Si l'on sait que Siisee, le nom du clan royal qui a conduit la migration de l'Égypte au Wagadu signifie « cavalier » (formé sur *si*) on a une preuve quasi incontestable du séjour nilotique des Soniŋke avant la fondation du Wagadu, sans même tenir compte d'autres faits très importants.

4. L'éclairage des traditions

Les faits énumérés ci-dessus suffisent à eux seuls à trancher le débat sur les relations entre anciens Égyptiens et Négro-africains. Ils laissent apparaître une profonde unité culturelle qui s'est forgée et fortifiée dans la vallée du Nil comme l'a toujours soutenu Cheikh Anta Diop ; et les traditions africaines viennent toutes confirmer un tel point de vue : les Peul situent bien leur pays mythique d'avant la dispersion dans la vallée du Nil, entre Habasi et Misra[171] et les semences du nénuphar des ancêtres viendraient également d'Égypte[172]. Les Soŋngay affirment venir d'Égypte au dire de Félix Dubois[173]. Quant aux Mandés, ils situent en Égypte l'origine de leur système judiciaire[174]. Pour les Soniŋke, c'est également l'Égypte le pays d'origine des fondateurs du Wagadu ; c'est ce que montrent clairement les traditions de Yéréré ainsi que celle fournie à Oumar Kane par Sammba Jali Jabaate, traditionniste du village sénégalais de Sooriingo[175]. Cependant, force est de reconnaître que c'est le Waalo-waalo Yoro Booli Jaw qui apporte la contribution la plus tranchante sur la question de savoir si Égyptiens et Africains se sont séparés au Sahara : « *Les six migrations venant de l'Égypte auxquelles la Sénégambie doit son peuplement* »[176] ne laissent aucun doute sur le lieu de la séparation.

---

171 Voir Ba A. H., *Njeddo Dewal. Mère de la calamité. Conte initiatique peul*, Abidjan, Les Nouvelles Editions Africaines, 1985, p. 18 ; voir également Lam A. M.., « L'origine des Peul : les principales thèses confrontées aux traditions africaines et à l'égyptologie » *Ankh*, n° 12/13, 2003-2004, p. 100-101.

172 Ba A. H., *ibid.*, notes annexes, n° 6, p. 141-142.

173 Voir Dubois F., *Tombouctou la mystérieuse*, Paris, Flammarion, 1897, p. 108.

174 Kamissoko W., *in* colloque de Bamako, p. 33.

175 Kane O., *Le Fuuta-Tooro des Satigi aux Almaami*, thèse pour le Doctorat d'Etat ès Lettres, Dakar, 1986, T. III, p. 962-971.

176 In Delafosse M. et Gaden H., *Chroniques du Foûta sénégalais*, Paris, E. Leroux, 1913, p. 123-131.

Si presque tous les Noirs d'Afrique disent venir d'Égypte, que pouvaient être les Égyptiens sinon des Noirs ? Là également les faits montrent que les Égyptiens se sont toujours considérés comme des Noirs et ont été considérés comme tels par leurs contemporains : et qui renvoient aux Noirs d'Égypte à leur habitat ainsi que le fameux tableau des races de la tombe de Ramsès III ne laissent aucun doute sur le fait que les Égyptiens se considéraient comme des Noirs.

Le témoignage d'Hérodote qui affirma qu'ils avaient la peau noire et les cheveux crépus[177] ainsi que celui de Diodore de Sicile qui en fit une colonie d'Éthiopiens venus s'installer en Égypte[178] confirment leur appartenance à la race noire. Mais là également c'est la mésaventure de l'ancêtre des Soniŋke qui nous montre que les Égyptiens de la Basse Époque, malgré leur métissage, mettaient encore en avant leur négritude. En effet la tradition soniŋke nous apprend que les enfants de Diŋaa, parce que métissés, ne pouvaient pas accéder à la chefferie à Assouan. On devine le sort peu enviable des Blancs. Ceux qui ont osé affirmer que les Égyptiens étaient des Blancs doivent se mordre mille fois le doigt dans le secret de leur cabinet !!!

Conclusion

Les quelques faits présentés ici montrent que point n'est besoin de se lancer dans une argumentation compliquée pour départager les protagonistes du débat portant sur les relations égypto-africaines. Sur le plan strictement scientifique, les traditions africaines, par leur apport décisif, permettent de clore aujourd'hui le débat et de mieux classer la civilisation égyptienne, mais nous ne sommes pas naïf au point de croire qu'il en sera rapidement ainsi, car les motivations qui animent certains sont loin d'être purement scientifiques. C'est dire que l'idéologie, qui a fait tant de mal à l'Afrique et aux Africains, a encore malheureusement de beaux jours devant elle.

---

[177] Hérodote, *Histoires*, II, 104.

[178] Diodore de Sicile, *Bibliothèque Historique*, III, 3, 3.

« AFROCENTRICITÉ » : POLÉMIQUE AUTOUR D'UN CONCEPT

Doudou DIENG*

1. La pensée africaine dans l'histoire de la pensée

L'Égypte pharaonique, première grande civilisation de l'humanité est l'endroit où doivent s'abreuver les intellectuels noirs afin d'élaborer un meilleur avenir culturel loin des pittoresques africanistes et eurocentristes. La pensée africaine, est l'ensemble de la production philosophique des Africains, ou encore comme le dit Hebga, l'étude critique réflexive se penchant de préférence sur tous les questionnements hantant la conscience africaine contemporaine.

Au lieu d'un éternel débat sans contenu scientifique entre europhilosophies et ethnophilosophies, il s'agit aujourd'hui de faire un repérage conceptuel à partir duquel se systématise donc l'ensemble de cette production scientifique et philosophique africaine.

La philosophie africaine selon le Pr Obenga dans son introduction à *la Philosophie africaine de la période pharaonique*, suit chronologiquement quatre périodes concomitantes à l'histoire générale du continent :

1. la période égyptienne pharaonique dès l'ancien Empire avec les textes des pyramides 2780~2260 avant notre ère.
2. les philosophes et penseurs d'Alexandrie, de Cyrène, Carthage et d'Hippone (6 siècles durant qui voient cette école jouer un grand rôle dans le développement de la pensée grecque).
3. la philosophie maghrébine avec Ibn Badjdja, auteur du traité de l'âme, Ibn Battuta le géographe, Ibn Khaldûn historien et philosophe.
4. les écoles philosophiques médiévales de Tombouctou, Gao, Djenné, foyer de la culture négro-musulmane au temps des grands Empires soudanais (Gao, Mali, Songhay).

Enfin la philosophie africaine moderne et contemporaine incarnée par plusieurs courants de pensées notamment ; mais dans ce bref rappel que nous nous sommes proposés de faire et par rapport à notre sujet de réflexion sur l'afrocentricité, il est question des sources, voire de la tradition de la pensée africaine donc de la philosophie égyptienne pharaonique à partir de ses propres textes. De par les textes l'auteur de la philosophie pharaonique apporte une démarche originale en ce sens qu'on a désormais affaire à une philosophie non-conformiste à la logique d'Aristote ou de Heidegger qui souvenons-nous avait fini de dire que la philosophie est grecque parce qu'elle parle grec.

Avec Obenga nous avons rendez-vous avec les sources d'une philosophie de la période pharaonique qui montre comment les anciens

* Doctorant en Philosophie, université de Rouen/CERCLA.

Égyptiens étaient organisés dans leur manière de penser. La référence conceptuelle se trouve dans la cosmogonie que l'on retrouve par la suite un peu partout en Afrique, notamment chez les luba du Zaïre et qui démontre comment l'existant vint à l'existence à partir du non créé initial, le noun. C'est pourquoi Hebga note que quand on parle de philosophie, il faut prendre en compte toute l'histoire de la philosophie africaine du moment que cette histoire ne commence pas avec le philosophe africain Guillaume Amo, encore moins avec la philosophie bantoue de Tempels et tout le débat qui s'ensuivit. Il faut remonter par delà également le miracle grec, dont Hegel et parmi d'autres se fit le chorégraphe en recourant comme le dit clairement le Pr Cheikh Anta Diop, à la falsification de l'histoire. Il faut remonter jusqu'à la période pharaonique et à l'ensemble des égyptologues de bonne foi qui nous aident à déchiffrer le langage méthodique des hiéroglyphes. C'est pourquoi tout ce qui a été écrit dans ce sens sur la philosophie africaine doit être pris en considération. Une pensée africaine par les textes, voilà l'unique base de notre recherche philosophique. Il serait intellectuellement et moralement malhonnête de les ignorer en se réfugiant dans la pensée moderne, alibi des gens complexés qui reproduisent, à leur manière le manichéisme levy-bruhlien de la pensée prélogique et de la pensée logique. Cela n'a pas de sens. Car comme le dit Cheikh Anta Diop dans le chapitre 7 de *Nations nègres et cultures*, les Éthiopiens d'abord, les Égyptiens ensuite, selon le témoignage de plusieurs anciens, ont créé et porté à un degré extraordinaire de développement tous les éléments de la civilisation alors que les autres peuples étaient plongés dans la barbarie.

Il faut en chercher l'explication. Et comme le dit Cheikh Anta Diop,

> « *l'existence sera tellement facile dans la Vallée du Nil, véritable coulée de vie entre deux déserts, que l'Égyptien aura tendance à croire que les bienfaits de la nature lui tombent du ciel. Aussi finira-t-il par adorer celui-ci sous la forme d'un Etre, tout puissant Créateur de tout ce qui existe et dispensateur de biens. Son matérialisme primitif – c'est-à-dire son vitalisme – sera désormais un matérialisme transposé au ciel, un matérialisme, si l'on peut dire métaphysique*» (p.396).

Ainsi se présente l'histoire de la philosophie africaine dans son contexte. C'est ce contexte qui lui a permis de jouer dans la pensée africaine d'une part le même rôle que les civilisations gréco-latines dans la pensée occidentale, et de justifier d'autre part le rôle civilisateur de l'Égypte par son rayonnement culturel.

La vallée du Nil, véritable carrefour de matière grise, eut reçu le séjour du monde grec, ce qui est avéré, nous dit Obenga : l'Égypte pharaonique est reconnue par les grecs eux-mêmes comme l'une des origines immédiates de leur progrès culturel et philosophique.

Sous un autre angle, Hebga remarque que sans se préoccuper le moins du monde de la différenciation et de l'étanchéité des genres dans les disciplines intellectuelles, Platon ne visant qu'à faire sa pensée le plus correctement possible, recourt à toutes les ressources de son vaste répertoire : mythologie, théologie, éthique, géométrie, arithmétique, etc. Il n'y a pas de « philosophie de Platon » en dehors des possibilités que met à sa disposition son environnement culturel, et cet environnement on le sait bien n'est pas universel. Il est grec avec des liens de dépendance vis-à-vis des maîtres égyptiens dont les savants et philosophes grecs reconnaissent eux-mêmes avoir reçu des leçons. Et l'auteur de conclure que la philosophie de Platon qui est un modèle de rigueur et de profondeur est une philosophie et non point la philosophie. Elle est une philosophie grecque, c'est-à-dire qu'elle est culturellement située par ses contenus. L'enjeu est énorme dans un contexte de repérage historique de la pensée africaine dans l'histoire de la pensée. Non seulement les textes philosophiques de la période pharaonique soutiennent la comparaison avec des textes bien plus récents de la pensée occidentale, mais Obenga montre, comme bien d'autres avant lui, nous l'avons déjà dit, que les premiers philosophes ont étudié en Égypte.

Il mentionne sans arrêt le caractère de la philosophie pharaonique de même que la parenté conceptuelle entre elle et le reste de l'Afrique noire. Depuis plusieurs millénaires avant notre ère, la pensée africaine surfe dans une cosmologie, une cosmogonie, une anthropologie et une morale codées qu'il fallait déchiffrer par l'initiation à la rigueur de la méthode dialectique, et dont les enseignements se trouvent dans les traditions négro-africaines contemporaines. Si l'on en croit Hegel, pour qui l'esprit universel n'avance et ne retrouve son concept que par la ruse dans la contradiction des événements historiques, nous nous demandons toujours, à moins qu'il eût été animé par d'autres intentions, comment il a réussi logiquement parlant à faire une impasse sur des concepts déjà établis par une riche et brillante civilisation intellectuelle africaine.

L'Égypte antique, à la lumière de ce que nous venons de dire est cette Égypte pharaonique des textes originels, authentiques, répétons-le, parlant d'eux-mêmes et pour eux-mêmes et pour nous comme traditions nous dit Cheikh Anta Diop, désormais mêlée, à la façon d'un héritage assumé à notre pratique philosophique contemporaine. Il le faut.

Cette notion d'héritage, chère au Pr Cheikh Anta Diop, sera la base théorique et scientifique d'un retour aux sources qui permet de saisir le présent pour anticiper sur l'avenir. C'est un appel à la conscience de soi pour une construction d'une nouvelle Afrique ; c'est comme un mot d'ordre qu'il l'annonce dans *Civilisation ou barbarie,* car dit-il :

> « *pour nous le retour à l'Égypte dans tous les domaines est la condition nécessaire pour réconcilier les civilisations africaines avec l'histoire, pour pouvoir bâtir un corps de sciences humaines modernes, pour rénover la culture africaine. Loin d'être une délectation sur le passé, un regard vers l'Egypte antique est la meilleure façon de concevoir et bâtir notre futur culturel* » (p.12).

Reconstituer notre rapport au passé selon le Pr Cheikh Anta Diop, c'est justement décomplexer ce rapport, c'est-à-dire nous laisser convaincre une fois pour toutes que l'Afrique n'a pas été que ce continent sans « histoire » qui n'aurait été capable de s'intégrer à l'histoire universelle qu'à la remorque des autres. C'est cela le sens du défi de la conscience historique qui pose la problématique du libellé de notre thème sur l'afrocentricité.

2. Position du concept : doute et intelligibilité méthodologiques

L'afrocentricité est le langage neuf de l'afro centrisme qui est né avec Cheikh Anta Diop et toute cette génération d'universitaires, notamment le Pr Obenga, qui se sont, comme nous venons de le souligner, intéressés à ce lien entre l'Égypte antique et l'Afrique. À la lumière de l'ensemble de la production intellectuelle égyptienne et du rayonnement qui s'en est suivi, on peut dire que ce questionnement n'est pas neuf ; ce qui est neuf, c'est le langage, le terme « afrocentricité » qui, comme l'évoquent les Départements d'Études Africaines dans les grandes universités américaines sous la houlette des Pr Asanté et Obenga parmi tant d'autres, est loin d'être l'antithèse de l'européocentrisme ; il vise plutôt à montrer qu'il existe d'autres points de vue, dont celui des Africains du continent et de toute la diaspora, sur toutes les questions qui agitent aujourd'hui non seulement l'Afrique mais aussi l'humanité toute entière. Il vise donc à faire de la connaissance, un instrument de lutte et de libération sociale, culturelle, économique de l'Afrique.

Cette connaissance, c'est le mouvement du concept plus connu sous le nom d'afro centrisme. Au-delà des attaques idéologiques et politiques, il est un moment important de l'histoire intellectuelle. Malgré la diversité de certaines thèses afro centristes, il s'agit dans la logique de la continuité historique de Cheikh Anta Diop, d'établir la vérité empirique de certaines de ces thèses les plus précieuses qui valorisent les expériences scientifiques et technologiques africaines. Au de-là de toute polémique venant aussi bien des intellectuels africains « de service » que des Africanistes eurocentristes de l'occident, il s'agit de présenter l'histoire africaine comme elle a toujours été, c'est-à-dire de façon positive, scientifique, et objective.

Le but est de mettre un terme à ce que le Pr Mamoussé Diagne appelle « la natte des autres » pour bâtir un corpus scolaire africain dont l'Égypte ancienne, de par ce qu'elle l'a produit depuis plusieurs millénaires, serait le socle de référence culturel et non plus la Grèce antique. Il s'agit de faire face contre l'oubli, car

> « *aussi longtemps que la culture ou les cultures africaines ignoreront l'Égypte, qui est la première manifestation culturelle sur ce continent il nous sera impossible de bâtir un corps de science humaine. Il ne s'agit pas de s'inventer un passé plus ou moins glorieux comme on le croit souvent. Ceci serait futile et sans intérêt aucun. Si toute l'Afrique veut entrer de nouveau dans son moi culturel, elle ne pourra pas éviter de renouer avec l'Égypte dans tous les*

domaines. Qu'il s'agisse de la recherche linguistique, de l'histoire des sciences, de la religion, de la recherche architecturale, de la musique, de la danse, de la médecine, de tous les domaines de l'activité humaine, les premières civilisations nous renvoient à la vallée du Nil et c'est seulement en renouant avec la culture de cette vallée que nous pourrons bâtir un corps de science humaine. C'est cela l'enjeu, il faut le comprendre ».

L'histoire de l'Afrique ne se situe plus alors au niveau des tribus ; elle est continentale. Nous avons presque envie de dire que finalement l'histoire de la pensée africaine est une histoire logique des noirs africains qu'il faut comprendre à l'échelle mondiale dans la modernité conceptuelle.

Éléments bibliographiques :

Diop, C.A, *Nations Nègres et culture* (1954), Paris, Présence Africaine, 1979.

Civilisations ou barbarie. Anthropologie sans complaisance, Paris, Présence Africaine, 1981.

Hebga, M, « Éloge de l'ethnophilosophie », in Présence Africaine, No 123, 1982.

Hegel, W. F, *La raison dans l'histoire*, Bibliothèques 10/18, 2005

Hountondji, P.J, *Sur la philosophie Africaine, critique de l'ethnophilosophie*, paris, Maspero, 1977.

Obenga T, *La philosophie africaine de la période pharaonique*, Paris, Éditions L'Harmattan, 1990.

Le sens de la lutte contre l'africanisme eurocentriste, Paris, L'Harmattan, 2001.

Towa M, *L'idée d'une philosophie négro-africaine*, Yaoundé, Éditions CLE,1979.

Essai sur la problématique philosophique dans l'Afrique actuelle, Yaoundé, Editions CLE, 1971.

L'HISTOIRE DES SCIENCES ET DES TECHNIQUES EN AFRIQUE NOIRE

Jean-Paul MBELEK*

« *...Pendant longtemps, nombre de compatriotes ont cru pouvoir faire l'économie d'une connaissance approfondie de la société africaine et de l'Afrique sous tous leurs aspects : passé, langues, ethnies, potentiel énergétique, matières premières, etc. Aussi, les conclusions auxquelles on aboutit sont-elles souvent d'une banalité navrante, lorsqu'elles ne sont pas purement et simplement erronées.* »[179]

Introduction

Dans la citation ci-dessus tirée de l'introduction de son livre « Les fondements économiques et culturels d'un état fédéral d'Afrique Noire », c'est en connaissance de cause que Cheikh Anta Diop nous invite à approfondir notre connaissance des sociétés africaines sous tous leurs aspects afin d'aboutir à des conclusions justes et pertinentes. En effet, toute personne non avertie, peut être défavorablement abusée sur ces sujets, en particulier en ce qui concerne les sciences et techniques en Afrique noire.

À ce propos, dans l'introduction de son article « L'observation de l'étoile Sirius par les Dogon » publié dans le n° 10/11 de la revue Ankh, l'astrophysicien Jean-Marc Bonnet-Bidaud du service d'astrophysique du commissariat à l'énergie atomique (CEA) de Saclay attire notre attention en ces termes :

« *Scientifiquement, l'Afrique est désert. En consultant les meilleurs ouvrages d'histoire des sciences, nulle part vous ne trouverez de références à un scientifique africain, à une découverte ou simplement à un fait de science africaine.*
Ceci fait partie de l'aveuglement constant de l'Europe occidentale, avec ses satellites culturels du continent nord-américain, et de leur obstination à nier tout apport scientifique autre que celui issu de la culture classique grecque. Oubliant au passage des pans entiers de savoirs, celui de l'Asie, de l'Amérique latine ou se les réappropriant de façon éhontée (ainsi l'imprimerie inventée en Chine par Bi Sheng en 1050 réapparaît attribuée à Gutenberg au XVe siècle et c'est ainsi qu'on enseigne encore aujourd'hui l'histoire de cette découverte fondamentale). L'histoire scientifique du monde est ainsi réécrite au prix d'un mensonge culturel constant. Pour l'Afrique, le peu de textes ou fragments archéologiques mis à jour a rendu encore plus facile cette falsification.
Seuls des travaux pluridisciplinaires d'avant-garde comme ceux de Cheikh Anta Diop (analogue à l'énorme tâche réalisée par Joseph Needham pour la Chine) ont contribué à tirer le continent africain de l'oubli scientifique ».

---

* Docteur ès sciences.

[179] Cheikh Anta Diop, *Les fondements économiques et culturels d'un état fédéral d'Afrique noire*, Paris, éditions Présence africaine, Paris, 1974, p.5.

En effet, d'abord sceptique comme on peut être en droit de l'être devant des données inhabituelles ou surprenantes, Jean-Marc Bonnet-Bidaud a pris la peine d'approfondir ses connaissances sur l'astronomie dogon. Ainsi, une mission conjointe[180] CNRS-CEA conduite au Mali du 27 juillet au 8 août 1998 a effectué le voyage en pays Dogon. Sur place, J. M. Bonnet-Bidaud a pu effectuer des mesures astronomiques et observer le lever héliaque de Sirius sur le site même exploité par les astronomes dogons.

Les relevés de la position des rochers pour la visée du soleil et de Sirius sont bien convaincants. Les connaissances astronomiques des dogons rapportées par Marcel Griaule et Germaine Dieterlen ne sont pas des affabulations (cf. la conclusion de J. M. Bonnet-Bidaud, Ankh n° 10/11, pp. 155-156). Cette tendance à ignorer consciemment ou involontairement les apports africains touche tout aussi bien l'Égypte ancienne. Ainsi tour à tour la Mésopotamie, la Grèce, l'Inde et la Chine seront respectivement accréditées de l'invention de l'écriture, de la science et de la philosophie, du zéro et du papier. Même l'invention des arts mathématiques est attribuée aux grecs, alors même que les anciens grecs attribuaient l'invention de ces arts aux anciens égyptiens. S'agissant de l'art, voici ce que le déchiffreur des hiéroglyphes et premier professeur d'égyptologie au collège de France dit :

> « *Voilà une des mille et une preuves démonstratives contre l'opinion de ceux qui s'obstineraient encore à supposer que l'art égyptien gagna quelque perfection par l'établissement des Grecs en Égypte.*
> *Je le répète encore : l'art égyptien ne doit qu'à lui-même tout ce qu'il a produit de grand, de pur et de beau, n'en déplaise aux savants qui se font une religion de croire fermement à la génération spontanée des arts en Grèce, il est évident pour moi, comme pour tous ceux qui ont bien vu l'Égypte ou qui ont une connaissance réelle des monuments égyptiens existants en Europe, que les arts ont commencé en Grèce par une imitation servile des arts de l'Égypte, beaucoup plus avancés qu'on ne le croit vulgairement, à l'époque où les colonies égyptiennes furent en contact avec les sauvages habitants de l'Attique ou du Péloponnèse. La vieille Égypte enseigna les arts à la Grèce, celle-ci leur donna le développement le plus sublime, mais, sans l'Égypte, la Grèce ne serait probablement pas devenue la terre classique des beaux-arts. Voilà ma profession de foi tout entière sur cette grande question. Je trace ces lignes presqu'en face des bas-reliefs que les Égyptiens ont exécutés, avec la plus grande finesse de travail, 1700 ans avant l'ère chrétienne. Que faisaient les Grecs alors ...?* »[181].

---

[180] Mission « Étude du système de pensée et des connaissances astronomiques des Dogons » constituée par Jean-Marc Bonnet-Bidaud, les ethnologues Germaine Dieterlen et Jean Rouch, le réalisateur Jérôme Blumberg, les informateurs dogons Diamguno Dolo, Anagali Dolo, Pangalé Dolo et Ibrahim Guindo.

[181] L'Égypte de Jean-François Champollion, lettres & journaux de voyage (1828-1829), photographies de Hervé Champollion (1988-1989) et préface de Christiane Ziegler, Création Jean-Paul Mengès, Paris, (1990), p. 304.

Oui, il faudra inventer et imposer coûte que coûte le « miracle grec » pour faussement espérer combler un tel décalage dans l'imaginaire collectif du monde occidental. Or, il suffit de se rappeler que l'homme est né en Afrique et que l'Égypte est une terre du continent africain. En tant que telle, l'Égypte ancienne est héritière de la plus longue expérience humaine sur terre et bénéficiaire de tous les acquis de l'homme en terre africaine. Depuis l'invention de la pensée symbolique il y a 80 000 ans (les artéfacts des grottes de Blombos[182] témoignent de cette ancienneté), en passant par l'invention des nombres il y a 37 000 ans (os de Lebombo[183]) et l'invention des mathématiques il y a 25 000 ans (os d'Ishango[184]), toutes les fouilles archéologiques convergent pour attester de l'antériorité de l'Afrique.

L'antériorité du processus d'hominisation en Afrique de l'est est tout simplement suffisant pour ne pas avoir à s'étonner de l'antériorité des sciences et techniques en Afrique. Certes, le contraire eut été possible mais, convenons-en, tout aussi surprenant car n'allant pas de soi et nécessitant quelques explications supplémentaires. Dans la suite, il s'agit donc pour moi de rétablir certaines vérités et, également, de montrer où est le fond culturel africain. Sur ce dernier point, on peut noter qu'en général l'Africain n'a pas beaucoup de gêne à reconnaître l'apport qui lui vient de l'extérieur. C'est plutôt un enrichissement pour lui et il est fier de le montrer.

Mais, ce n'est pas toujours le cas des occidentaux qui ont plutôt une tendance à occulter les apports qui leur viennent de l'extérieur. Toutefois, on peut aussi noter qu'après moult tumultes, au niveau humain, les points de vue des uns et des autres doivent toujours finir par converger pour qu'*in fine* la paix s'installe entre les peuples. Donc, rétablir ces vérités est une contribution pour l'identité africaine, qu'elle soit du continent ou de la diaspora, et, ce faisant je pense, une contribution au niveau de l'historiographie mondiale. Parce que l'humanité, il ne faut pas l'oublier, n'est qu'une.

1. L'Afrique berceau de l'humanité

D'abord, l'Afrique est particulière dans cette planète, car c'est le continent d'origine de l'homme. On trouve en Afrique toutes les espèces humaines que la terre a pu produire. Depuis les espèces les plus anciennes qu'on ose à peine appeler humaines, les espèces hominidés, en l'occurrence Toumaï trouvé au Tchad et daté de six à sept millions d'années[185].

---

[182] C. S. Henshilwood et al., (2001), Journal of Archaelogical Science 28, 421.

[183] J. Bogoshi, K. Naidoo et J. Webb, (1987), ''The oldest mathematical artefact'', Math.Gazette 71, No. 458, 294.

[184] J. de Heinzelin, (1962), Scientific American 206, 105.

[185] cf. Michel Brunet, Franck Guy, David Pilbeam, Hassane Taisso Mackaye, Andossa Likius, Djimdoumalbaye Ahounta *et al.*, (2002), Nature 418, pp. 145-151. Patrick Vignaud, Philippe Duringer, Hassane Taïsso Mackaye, Andossa Likius *et al.*, (2002), Nature 418, pp.

La découverte de Toumaï est de grande importance pour la paléontologie humaine, car avec ce crâne fossile, on commence à se rapprocher de l'ancêtre commun avec les grands singes. Depuis ces anciennes espèces jusqu'aux hommes d'aujourd'hui, on peut suivre sans interruption l'évolution de l'homme et de ses ancêtres en Afrique et nulle part ailleurs dans le monde. On parle d'homme, du genre homo, lorsque l'on peut associer une de ces espèces à la fabrication des outils. C'est-à-dire que l'on se rend bien compte que l'intelligence est fonctionnelle. Le premier homme, *homo habilis*, est né en Afrique. Le premier homme à sortir d'Afrique, c'est *homo erectus*, il y a un million cinq cent mille ans à peu près. Il faut savoir que pendant sept à huit millions d'années, il n'existe de faits humains même très anciens qu'en Afrique. Ailleurs, il y a de la vie animale et végétale mais il n'y a pas quelque chose qui ressemble de près ou de loin à un être humain. Le processus d'hominisation ne s'est déroulé pendant plusieurs millions d'années qu'en Afrique.

On peut comparer cette très longue période préhistorique à la partie historique de l'humanité dont la durée atteint à peine dix mille ans. Ainsi, pour l'humanité entière, le vécu africain est le plus ancien de la planète. L'homme moderne ou *homo sapiens sapiens*, c'est-à-dire l'homme qui a survécu jusqu'ici sur la planète entière, est la dernière variante du genre homo. Les plus anciens fossiles d'homme moderne ont été découverts en Éthiopie, au Kenya et en Afrique du sud.

L'*homo sapiens idaltu*, découvert à Herto près d'Addis-Abéba est daté de cent soixante mille ans, tandis que la nouvelle datation du crâne fossile Omo 1 (découvert en 1967 à Kibish par Richard Leakey) est désormais daté précisément de cent quatre-vingt quinze mille ans plus ou moins cinq mille ans.[186] Ce sont les ancêtres de tous les hommes qui peuplent la terre aujourd'hui, et ce, quelles que soient leurs couleurs noir, blanc, jaune ou rouge. Ces différences de couleurs et tous les autres caractères raciaux ne sont que les résultats de différentiations résultant d'adaptation à de nouvelles conditions géoclimatiques. Ainsi, arrivé d'Afrique en Europe via le Proche-Orient il y a quarante mille ans environ, l'*homo sapiens sapiens* va s'adapter aux nouvelles conditions géoclimatiques dont la glaciation du Würm qui va durer à peu près vingt mille ans.

L'homme moderne va donc s'adapter en modifiant partiellement sa morphologie et sa couleur. L'explication courante de ce changement de

---

152-155. Lien pour la photo du crâne de Toumaï (Bernard Wood, (2002), Nature 418, pp. 133-135) :
http://www.nature.com/nature/journal/v418/n6894/fig_tab/418133a_F1.html.

[186] cf. Ian McDougall, Francis H. Brown et John G. Fleagle, Stratigraphic placement and age of modern humans from Kibish, Ethiopia, (2005), Nature 433, pp. 733-736.
http://ma.prehistoire.free.fr/omo_1.htm.

couleur est basée sur le fait que la journée est moins lumineuse en Europe qu'en Afrique. De sorte que, bien que la pigmentation par la mélanine soit une protection efficace en Afrique contre le fort flux des rayons ultraviolets, la dépigmentation sera plutôt favorable en Europe pour faciliter la synthèse de la vitamine D nécessaire à la croissance des enfants (la vitamine D joue un rôle essentiel dans la régulation du métabolisme du calcium et du phosphore ; elle est dérivée du cholestérol sous l'action de la lumière solaire). En effet, on sait bien que les enfants africains nés en Europe ont parfois des problèmes de rachitisme (manque de calcification au niveau des zones de croissance des os et entraînant des déformations osseuses) lorsqu'on ne leur administre pas dès l'âge de deux mois jusqu'à dix-huit mois une dose suffisante de vitamine D. Donc, le fait humain est africain au départ.

Il n'y a aucune connotation nationaliste en affirmant cela et c'est un hasard si l'Afrique est l'unique berceau de l'humanité. Mais, grâce à cette origine monogénétique, les hommes sont tous unis quelles que soient leurs origines actuelles. On peut également noter que le continent africain occupe une position particulière sur le plan géographique. En effet, du fait de la grandeur de l'océan Pacifique, la meilleure façon de présenter les continents sur une carte de sorte qu'ils occupent la plus grande surface possible au détriment des océans consiste à placer l'Afrique au centre de la carte (cf. la carte du monde aux informations télévisées).

C'est aussi un fait géophysique parce que, lorsque l'on veut reconstituer le super continent dénommé Gondwana composé par l'Australie, l'Inde, l'Arabie, l'Amérique du sud, l'Afrique et l'Antarctique (voire à une époque la Floride et une partie du sud-ouest de l'Europe) et ayant existé d'il y a six cent cinquante millions d'années à cent trente millions d'années de cela, on y parvient par les études du paléomagnétisme et grâce au fait que l'Afrique n'a pas beaucoup bougé durant toute cette période.

2. L'Afrique berceau de l'écriture

Sur ces sujets, comme pour tant d'autres, les manuels scolaires sont souvent très en retard par rapport aux résultats déjà acquis par les chercheurs. Ainsi, l'écriture est bien née en Afrique.[187] C'est une invention africaine du néolithique. Depuis la publication des résultats des fouilles menées à Abydos dans la tombe du roi Scorpion par Günther Dreyer et son équipe[188], on sait maintenant qu'il y a près de six mille quatre cents ans

[187] cf T. Obenga, Africa, the craddle of writing, (1999-2000), Ankh n° 8/9, pp. 86-95.
[188] Günter Dreyer, "Recent Discoveries at Abydos Cemetery U," in Edwin C.M. van den Brink (éditeur), The Nile Delta in Transition: 4th-3rd millennium B.C., The Israel Exploration Society, Tel Aviv, (1992), pp. 293-299.
http://www.dainst.org/index_51_en.html,

l'écriture hiéroglyphique était déjà constituée et utilisée par les Égyptiens avec les mêmes règles et les mêmes valeurs d'idéogramme, de phonogramme ou de déterminatif que nous connaissons aujourd'hui. Or, les documents mésopotamiens les plus anciens qui remontent à moins de cinq mille quatre cents ans et que l'on exhibe souvent comme attestant de l'origine de l'écriture ne sont que des relevés de comptes, c'est-à-dire de simples notations de nombres.

Or, la plus ancienne attestation de la notation de nombres est une série de vingt-neuf encoches gravées sur un péroné de babouin daté de trente sept mille ans découvert en Afrique du sud dans les monts Lebombo à la frontière avec le Swaziland. Au vu des datations, il n'y a donc aucune comparaison qui tienne entre l'Afrique et le Proche-Orient à ces époques reculées de l'histoire humaine. Les mathématiques aussi sont nées en Afrique. L'intérêt de souligner cette origine africaine tient aussi de ce que l'on reste strictement sur le terrain scientifique. En effet, dire que les grecs ont inventé les sciences est une assertion qui est fausse en réalité puisqu'elle oblige d'invoquer un « miracle grec ». Mais si à la place de la Grèce l'on parle de l'Afrique, nul besoin d'invoquer un quelconque miracle, parce que la longue durée de la préhistoire à la protohistoire permet alors une progression lente et à petits bonds. Donc, sur une aussi longue durée, l'Africain a eu le temps pour trouver ou réaliser des choses favorables à l'amélioration de ses conditions d'existence. En Europe, le temps qui sépare la préhistoire à la protohistoire est de beaucoup plus court. Alors face à ce manque de temps, on postule le miracle grec. Cependant, le miracle n'est pas une donnée scientifique. Les grecs, par exemple, n'ont pas inventé leur écriture. Elle leur a été apportée toute élaborée par les phéniciens, cananéens de la bible et courtiers des anciens Égyptiens.

Les noms de lettres grecques alpha, beta et gamma ne sont que des réminiscences respectivement de aleph, beth et gimmel de l'écriture phénicienne. Par contre, l'écriture des anciens Égyptiens est une invention autochtone et autonome et, en tant que telle, elle possède une longue histoire. Ainsi, entre l'invention des hiéroglyphes et celle du hiératique (hiéroglyphes simplifiés utilisés pour les textes mathématiques sur papyrus), il s'est écoulé environ mille ans. De même, il s'est écoulé environ mille autres années entre l'invention du hiératique et celle du démotique (écriture cursive).

3. L'Afrique invente le zéro

L'autre vérité à rétablir concerne le zéro (mot français dérivant de l'italien du XVe siècle *zefiro*, lui-même dérivé de l'arabe *sifr* qui signifie « le vide »). J'ai appris à l'école française que le zéro (chiffe et nombre) est

---

http://www.ancientegyptmagazine.com/specialreport05.htm.

une invention indienne introduite en Europe via l'Espagne par les Arabes vers le huitième siècle de notre ère ; les autres peuples ne connaissaient pas le nombre zéro. Cette invention devait porter l'empreinte du génie, car il s'agit d'une subtilité de l'esprit qui consiste à signifier par un symbole, le zéro précisément, là où on serait tenté de laisser un vide du fait de l'absence de l'objet de discussion. Au lieu de dire il n'y a rien, on dit il y a zéro chose. Ainsi, on a fait du rien quelque chose de beaucoup plus opérationnel (en français, un rien signifie quelque chose). Ainsi énoncé, le procédé paraît miraculeux.

Toutefois, si l'on demande aux Indiens à quand remonte l'invention du zéro (*shunya* en sanskrit, *nya* signifiant « le vide »), la date ne remontera guère au-delà du cinquième siècle avant notre ère. En fait, le zéro est une invention africaine connue en Égypte ancienne sous le nom de *neferou* (littéralement « la beauté » ou encore « l'absence de quelque chose ») depuis au moins le deuxième millénaire avant notre ère. Non seulement les anciens Égyptiens possédaient un symbole pour le zéro comme cela apparaît clairement dans le papyrus Boulaq à propos de comptes d'un temple[189], mais ils connaissaient le zéro sous toutes ses formes d'utilisation en plus de l'usage d'un symbole (le hiéroglyphe *néfèr*, le même qui apparaît dans les noms Néfèrtari ou Néfèrtiti) pour le noter[190]. En architecture, ils repéraient par des inscriptions le niveau zéro (*èm tèp èn néférou*), le niveau au-dessus de zéro (*hèr néférou*) et le niveau en-dessous de zéro (*khèr néférou*).

Sur un relevé de mur de la pyramide de Menkaouré (ancien Empire, 2600 avant l'ère chrétienne) rapporté par G. Reisner en 1931[191], on lit au cinquième niveau et sixième niveau en dessous du niveau zéro, respectivement cinq coudées royales en dessous de zéro (*méhé diou khèr néférou*) et six coudées royales en dessous de zéro (*méhé sérésou khèr néférou*).

L'unité de mesure étant la coudée royale (*méhé*), les mesures précédentes ont pour valeurs respectives moins cinq (soit –5, en notation

---

[189] B. Lumpkin. "Mathematics Used in Egyptian Construction and Bookkeeping," in The Mathematical Intelligencer, vol. 24, no. 2, 2002, 20-25.

[190] Scharff, Alexander, Ein Rechnungsbuch des Koniglichen Hofes aus der 13. Dynastie (Papyrus Boulaq Nr. 18), Zeitschrift für Agyptische Sprache und Altertumskunde Vol. 57, (1992), pp. 58-59 ; Faulkner, Raymond O., A Concise Dictionary of Middle Egyptian, Griffith Institute, Oxford, (1976), p. 132 ; Gardiner, Sir Alan A., Egyptian Gramma, Griffith Institute, Oxford, (1978), p. 266, § 351.

[191] Arnold, Dieter, Building in Egypt, Pharaonic Stone Masonry, New York, Oxford University Press, (1991), p. 17 ; Reisner, George A., Mycerinus, the Temples of the Third Pyramid at Giza, Cambridge, Harvard University Press, (1931), pp. 76-77. Beatrice Lumpkin. "Mathematics Used in Egyptian Construction and Bookkeeping," in The Mathematical Intelligencer, vol. 24, no. 2, 2002, 20-25. Beatrice Lumpkin, and African-American Contributions to Mathematics, http://www.pps.k12.or.us/depts-c/mc-me/be-af-ma.pdf.

symbolique) et moins six (soit –6, en notation symbolique). Le zéro, ainsi pensé comme niveau de référence, donne directement accès au calcul algébrique avec les nombres positifs et négatifs. Par conséquent, même l'invention des nombres relatifs est attribuable aux anciens Égyptiens. En effet, lorsque l'on donne une certaine quantité au-dessus de zéro, cette quantité est ce qu'on appèle la *valeur absolue* en cours de mathématiques élémentaires tandis que symboliquement l'on substitue les expressions « au-dessus de zéro » et « en-dessous de zéro » respectivement au signe plus (noté +) et au signe moins (noté -). Du point de vue pédagogique, au vu de ces données historiques, on est amené à réévaluer les méthodes pour faciliter l'enseignement des mathématiques aux enfants. En effet, on peut penser que les tout premiers travaux que l'homme ait faits sont fondés sur des méthodes dont l'explication est la plus simple. Ainsi, la meilleure façon que j'ai trouvé pour expliquer à un enfant de cinq ans comment résoudre par exemple l'opération +2 - 3 consiste à lui dire que parti du rez-de-chaussée, j'ai monté deux étages puis je suis redescendu de trois. L'enfant comprend ce mode de formulation à l'égyptienne et il est à même de conclure que je me retrouve au premier sous-sol. De là, la réponse en notation algébrique qui est donc –1 peut être clairement et simplement expliquée à l'enfant de cinq ans sans abstraction inutile à ce niveau-là, pour un tout premier contact avec l'algèbre.

4. La multiplication et la division égyptiennes

La multiplication et la division égyptiennes sont fondées sur les duplications et l'addition. De la sorte, le calculateur peut faire l'économie de la connaissance des tables de multiplication. La méthode mise en oeuvre est fondée sur un théorème simple à démontrer. Plus généralement, les mathématiques égyptiennes ne sont pas empiriques contrairement à ce qu'aiment à affirmer certains, soit qu'ils soient des égyptologues qui n'ont pas une solide formation mathématique soit des mathématiciens qui ne savent pas lire les hiéroglyphes ou le hiératique.

À quand remonte l'emploi des duplications ? L'étude de l'os d'Ishango[192] apporte une réponse claire à cette question. Le site d'Ishango, proche des sources les plus méridionales du Nil, se trouve aux abords du fleuve Semliki à environ quinze kilomètres au sud de l'équateur. De plus, il est prouvé que la population de pêcheurs de la haute vallée du Nil est originaire de la région des grands lacs africains[193]. Ceci est une confirmation de Hérodote d'Halicarnasse lorsqu'il dit que les Égyptiens ne

[192] cf. J. P. Mbelek, *Le déchiffrement de l'os d'Ishango*, (2003-2004), Ankh n°12-13, pp. 118-137 ; http://www.math.buffalo.edu/mad/Ancient-Africa/ishango.html.

[193] B. Sall, *Des Grands Lacs au Fayoum : L'Odyssée des pêcheurs*, (2003-2004), Ankh n°12-13, pp. 108-117.

sont qu'une colonie (c'est-à-dire une fraction de la population souche) des Éthiopiens (l'Éthiopie des anciens grecs désigne le Soudan d'aujourd'hui) qu'Osiris a emmenée en terre d'Égypte en suivant le cours du Nil. De plus, comme un fait remarquable qui ne tient certainement pas du hasard au vu de ce qui vient d'être dit ci-dessus, le chiffre "1" , forme de la pointe de harpon et hiéroglyphe du harpon, intervient dans l'écriture de "un" en égyptien ancien. Enfin, le déchiffrement de l'os d'Ishango montre que l'Afrique est à l'origine de l'invention des arts mathématiques. Cet héritage ancien passé de l'Afrique équatoriale à l'Égypte, confirme Aristote lorsqu'il dit « aussi l'Égypte a-t-elle été considérée comme le berceau des arts mathématiques ».

5. La survivance des traditions savante et inventive africaines

Cette tradition inventive a perduré en Afrique noire et dans la diaspora même pendant la longue période des traites négrières arabe et européenne, malgré l'importance des destructions de toutes sortes occasionnées par ces entreprises criminelles. En effet, la longue tradition scientifique africaine qui remonte depuis la plus haute préhistoire puis l'antiquité a permis la survivance, selon les époques[194], de certains îlots plus ou moins structurés de la pratique scientifique[195]. Il en est ainsi des capacités de navigation en haute mer des swahilis qui se perpétuent encore aujourd'hui depuis le Xe siècle ; en témoignent les boutres des côtes kenyanes et tanzaniennes, la présence de porcelaine chinoise ancienne[196] ainsi que la beauté architecturale et le confort des maisons (en briques dures, faites d'une matière prélevée du fond de la mer et qui durcit à l'air libre) des anciennes cités swahilis aujourd'hui envahies par les forêts comme Gedi[197].

Il en est encore ainsi des connaissances astronomiques précises des dogons[198], en particulier avec le système de Sirius avec la forme elliptique

---

[194] *Les civilisations de l'Afrique*, texte de Henri Moniot et illustrations de Christian Maucler, Casterman, (1987), cf. les première et deuxième cartes de l'ouvrage : En comparant les cartes de la deuxième page de couverture (taille et multiplicité des royaumes africains aux XVIe-XVIIIe siècles) et de la page suivante (taille et multiplicité des royaumes africains aux XVIe-XVIIIe siècles), on note que les grands royaumes de départ se sont morcelés donnant naissance à de multiples petits royaumes de tailles beaucoup plus réduites. En effet, depuis le XVe siècle, la traite négrière européenne fait rage dans toute l'Afrique noire détruisant et déstructurant tous les états et sociétés négro-africaines.

[195] Ivan Van Sertima (éditeur), Blacks in Science ancient and modern, Transaction Books, New Brunswick et Londres, (1991). Charles S. Finch III, The Star of Deep Beginnings, the genesis of african science and technology, Khenty Inc., (1998).

[196] Les civilisations de l'Afrique, texte de Henri Moniot et illustrations de Christian Maucler, Casterman, (1987), pp. 28-29.

[197] cf. les photos plate 17, plate 18 et plate 19 insérées entre la page 140 et la page 141 de la référence [11].

[198] Jean-Marc Bonnet-Bidaud, *L'observation de l'étoile Sirius par les Dogon*, (2001-2002), Ankh n°10-11, pp. 144-163.

de l'orbite de Sirius B autour de Sirius A qui se trouve à un des foyers (c'est la première loi de Kepler, énoncée au XVe siècle), la valeur de cinquante ans pour la période de Sirius B autour de son orbite (ceci est en relation avec la fête du Sigui tous les soixante ans : 60 = 50 + 10), la compacité et la très forte densité de Sirius B qui est composée d'une matière spéciale inconnue sur terre et que les dogons dénomment "sagala". Les dogons associent à Sirius A, le "spdt" des anciens Égyptiens et étoile la plus brillante du ciel de nuit, deux autres compagnons Sirius B et Sirius C (tous deux invisibles à l'œil nu) connus d'eux depuis au moins sept cent ans (Sirius B, qui est une naine blanche donc un astre invisible à l'œil nu, n'est connu en Occident que depuis son observation au télescope par Alvan Graham Clark en 1862). Par ailleurs, les africains qui ont été déportés en Amérique ne sont pas venus les bras vides. Il y avait quand même des adultes parmi eux qui avaient déjà eu un vécu en Afrique et donc qui avaient déjà reçu une formation et en particulier une initiation. Ils avaient donc déjà un background, le fond culturel africain avec eux. Ceci va leur servir une fois dans les quilombos et dans le marronage. Ils vont utiliser ces connaissances qu'ils avaient déjà acquises. Citons[199] :

1) Les savants de l'université de Sankoré à Tombouctou (la mosquée de Sankoré a été construite au début du XIVe siècle), dont le plus célèbre d'entre eux, Ahmed Baba, déporté au Maroc. On lui rend aujourd'hui hommage en donnant son nom à la bibliothèque créée à Tombouctou et où on essaie de conserver les manuscrits maliens jusqu'ici conservés de générations en générations par des particuliers. On en dénombre environ 80 000 dont certains remontent au IXe siècle.

2) Le mathématicien peul du Katsina (province du nord du Nigeria), Muhammad ibn Muhammad al Fulani al Kishnawi, qui a le premier découvert la structure de groupe des rotations du plan un siècle avant Évariste Galois, et l'a appliquée pour établir des théorèmes importants sur les carrés magiques de rang quelconque. Le manuscript de Muhammad ibn Muhammad al Fulani al Kishnawi sur le sujet est intitulé *Traité de l'utilisation magique des lettres de l'alphabet*, il a été publié au Caire en 1732. Une copie de chacune des pages 1-20, 91-100, 131-140 et 171-179 est conservée à la bibliothèque de la School of Oriental and African Studies de l'université de Londres. Dans son livre *Africa counts, Numbers and Patterns*[200], Claudia Zaslavsky a présenté la reproduction de la page 92 ainsi

---

[199] Ivan Van Sertima (éditeur), Blacks in Science ancient and modern, Transaction Books, New Brunswick et Londres, (1991). Yves Antoine, Inventeurs et savants noirs, L'Harmattan, Paris, (2004).

[200] Claudia Zaslavsky, L'Afrique compte !, Nombres, formes et démarches dans la culture africaine, Éditions du choix, Argenteuil, 1995, chapitre 12, pp. 137-151 et chapitre 25, pp. 273-279.

qu'une page de carrés magiques tirés du traité de Muhammad ibn Muhammad.

3) Quelques inventeurs africains-américains célèbres du XIXe et du début du XXe siècles : Garrett Augustus Morgan[201], l'inventeur des produits à défriser (1909), du masque à gaz[202] (1912) et du feu rouge[203] (1923) vendu à la General Electric Company pour 40 000$ U. S.[204] de l'époque, soit environ 400 000$ U. S. d'aujourd'hui[205]. Granville T. Woods[206], l'un des plus grands inventeurs de son époque, détenteur de plus d'une centaine de brevets d'invention, inventeur du système électrique du trolley bus[207] (1887) et surtout du troisième rail[208] (breveté en 1901 et vendu à la General Electric Company la même année) encore en usage aujourd'hui dans tous les métros du monde. C'est le premier à apporter les perfectionnements nécessaires au téléphone primitif de Graham Bell (ou de celui qui serait son vrai inventeur, Antonio Meucci) en résolvant les problèmes de l'adaptation des impédances acoustiques et électriques (transmission sans distorsion du son des vibrations de l'air provoquées par la parole en courant électrique et réciproquement, avec le maximum de puissance) et en inventant le multiplexage[209] (1887). Son amélioration du téléphone, qu'il a baptisé télégraphonie[210] (1885), non seulement permettait de transmettre les sons de façon bien audible entre postes immobiles mais aussi entre postes mobiles et immobiles ainsi qu'entre postes mobiles (ce brevet a été acheté par la compagnie Bell). De plus, cela permettait aussi la transmission des images. Granville T. Woods est un inventeur de génie. Woods, que certains ont baptisé le « Edison noir » (mais, oseraient-ils aussi baptiser Edison de

---

[201] Né le 4 mars 1877 à Paris (Kentucky) – décédé le 27 juillet 1963 à Cleveland (Ohio). Voir J. P. Mbelek, Garrett Morgan, un grand inventeur du XXème siècle, (1999-2000), Ankh n°12-13, pp. 188-205. Le génie inventif, Éditions Time-Life, Amsterdam, 1991 (adaptation française de : Inventive Genius, Time-Life Books B . V., 1991), p. 40.

[202] Breveté en 1914, brevet US 1 113 675.

[203] Brevet US 1 475 024.

[204] Kathy L. Hendershot, Jennifer Ross-Tyler et Beverly M. Gordon, (1998), A Study of African-American Inventors 1754 - 1950, http://www.coe.ohiostate.edu/beverlygordon/gordon/courses/863/henross.html.

[205] http://www.swissamerica.com/article.php?=SID&art=11-2004/200411150247f.txt http://cafehayek.typepad.com/hayek/2004/08.

[206] Né le 23 avril 1856 à Colombus (Ohio) – décédé le 30 janvier 1910. voir J. P. Mbelek, Garrett Morgan, un grand inventeur du XXème siècle, (1999-2000), Ankh n°12-13, pp. 188-205. 19] Science illustrée, n° 9, septembre 1996 (8e année), p.61. http://web.mit.edu/invent/iow/woods.html, http://www.inventions.org/culture/african/gtwoods.html, www.heartlandscience.org/energy/pdf/energy.pdf, http://www.columbusinfobase.org/RickWoods/Brochure%20RW.pdf.

[207] Brevet US 385 034.

[208] Brevet US 667 110.

[209] Brevet US 373 383.

[210] Brevet US 315 368.

« Woods blanc » ?), a gagné par deux fois devant les tribunaux contre Edison qui avait tenté de lui contester la priorité sur deux de ses inventions et aussi une fois contre un autre inventeur du nom de Phelps. Finalement, Edison, qui savait s'incliner devant le génie, proposa à Woods d'intégrer sa compagnie sur un poste important et très lucratif du département d'ingénierie. En toute lucidité, Granville T. Woods préféra décliner cette offre et garder son indépendance.

L'ingénieur Elijah Mac Coy[211], inventeur du dispositif pour lubrifier un moteur en fonctionnement[212] (1872), dont le nom est passé en langue anglaise dans l'expression <<the real Mac Coy>> pour signifier l'original qui marche bien. Et parmi ces inventeurs, il y avait des femmes[213], dont : Sarah Goode, dont l'invention du lit picot et armoire-bureau pliant[214] (14 juillet 1885) est liée à son histoire en tant qu'africaine-américaine née esclave en Amérique en 1850. Il en est de même de sa congénère africaine-américaine Sarah Boone[215] qui en 1892 a inventé la table à repasser (planche étroite et couverte de rembourrage avec supports de pieds pliants). Il y a presque quatre-vingt-dix ans, Madeline M. Turner inventait le premier presse-fruit industriel[216] qui, depuis, n'a subi que très peu d'améliorations. Cette tradition de l'invention féminine africaine-américaine se perpétue

---

[211] Né le 2 mai 1844 à Colchester (Ontario, Canada) – décédé le 10 octobre 1929. Voir *J. P. Mbelek, Garrett Morgan, un grand inventeur du XXème siècle*, (1999-2000), Ankh n°12-13, pp. 188-205. Richard Platt, Grands horizons, Les grandes découvertes de la science, Nathan, 2004 (adaptation française de : Richard Platt, Eurêka ! Great inventors and their brilliant brainwaves, Kinfisher Publications Plc, London, 2003), pp. 78-79.

[212] Brevet US 129 843.

[213] Farag Moussa, Women Inventors Honored by World Intellectual Property Organization (WIPO), Genève, 1991. Ce rapport est une compilation des femmes honorées par le WIPO pour leurs projets innovants sans oublier les contributions des femmes d'Afrique et de sa diaspora ; cf.
http://www.lapl.org/resources/guides/affmingenuity.html. Otha Richard Sullivan et Jim Haskins (éditeur général), Black Stars : African American Women Scientists and Inventors, John Wiley & Sons Inc., New York, 2002; cf.
http://eu.wiley.com/WileyCDA/WileyTitle/productCd-047138707X,descCd-tableOfContents.html . L'histoire a retenu le nom de Ellen F. Eglin comme l'inventeur d'une essoreuse de linge dans les années 1880, même si elle n'a pas déposé de brevet et vendu son invention pour 18$; cf.
http://www.stsci.edu/stsci/service/wsf/current/inventions.html. Susan Davis Herring, Women in the history of technology – women inventors (présenté à la société des femmes ingénieures le 4 Mars 1999 à Huntsville dans le cadre du mois de l'histoire des femmes), http://www.uah.edu/colleges/liberal/womensstudies/inventor.html.

[214] Brevet US 322 117.

[215] Brevet U. S. 473 653,
http://inventors.about.com/library/inventors/blboone.htm
http://inventors.about.com/library/inventors/blboone2.htm.

[216] Brevet U. S. 1180959 du 25 avril 1916. Autumn Stanley, Mothers and Daughters of Invention, Rutgers University Press, (1995), p. 54.
http://www.csupomona.edu/~plin/inventors/turner.html,
http://www.csupomona.edu/~plin/inventors/images/turner_fruitpress_big.jpg.

encore à travers Bessie Virginia Blount (épouse Griffin) thérapiste en médecine physique qui inventa un dispositif qui permet aux amputés de se nourrir tout seul[217] (n'ayant pas trouvé de soutien auprès de l'administration des vétérans U. S., elle a cédé son brevet au gouvernement français en 1952 ; « une femme noire peut inventer quelque chose au profit de l'humanité » dit-elle) et aujourd'hui l'ophtalmologiste Patricia E. Barth, inventeur du laser phaco (la racine grecque « phaco » signifie cristallin) en 1988[218]. Notons qu'il aura fallu en 1858 une loi scélérate émanant d'un certain Jeremiah Sullivan Black pour interdire aux noirs de déposer des brevets d'invention[219]. Aujourd'hui encore, les africains eux-mêmes contribuent en paléontologie humaine[220] : il existe des spécialistes kenyans dont Kamoya Kimeu, Peter Nzube et Bernard Ngeneo, et éthiopiens dont Yohannes Haile-Selassie, Gen Suwa et A. Amzaye, tous chercheurs et découvreurs de fossiles de renommée internationale. Ainsi, le découvreur (découverte publiée en 2001) de Toumaï, Ahounta Djimdoumalbaye, alors étudiant et aujourd'hui docteur ès sciences et le découvreur de l'homo sapiens idaltu le professeur Berhane Asfaw (découverte publiée en 2003).

4) Des prix Nobel et prix Nobel alternatif : Ce sont surtout de bons exemples pour les jeunes qui devraient s'orienter vers les sciences qui sont fort utiles pour l'humanité, aucune science n'étant par essence étrangère à l'Afrique, comme on l'a vu plus haut.

a) Sir William Arthur Lewis (anobli par la reine d'Angleterre), prix Nobel d'économie en 1979[221].

b) Alfred Day Hershey, prix Nobel de physiologie et médecine en 1969 pour la compréhension de la duplication des virus et la structure de leur code[222]. L'expérience qu'il a faite en 1952 avec son étudiante Martha

---

[217] Brevet U. S. 2 550 554,
http://inventors.about.com/library/inventors/blblount.htm,
http://inventors.about.com/library/inventors/blblount2.htm.

[218] Brevet U. S. No. 4 744 360,
http://inventors.about.com/library/inventors/blPatricia_Bath.htm.

[219] Robert C. Hayden, Black Americans in the field of Science and Invention, in référence [10], p. 216.
Norman O. Forness, 1980, The Master, the Slave, and the Patent Laws, A Vignette of the 1850's ;
cf. http://www.huarchivesnet.howard.edu/featartForness1.htm.

[220] http://www.sciencepresse.qc.ca/archives/2003/cap0809031.html,
http://www.talkorigins.org/faqs/homs/specimen.html,
http://palaeo.gly.bris.ac.uk/Palaeofiles/Lagerstatten/lkturkana/impdishomo.html,
http://www.rci.rutgers.edu/~kffs/HTML/koobi/famous.html,
http://www.archaeologyinfo.com/er1470.htm
http://australopitheque.ifrance.com/page_vierge_1.htm.

[221] http://nobelprize.org/economics/laureates/1979/lewis-autobio.html.

[222] http://nobelprize.org/medicine/laureates/1969/hershey-bio.html.

Chase a permis de conforter l'hypothèse que l'ADN (plutôt que les protéines) était le transmetteur de l'information génétique. L'expérience de Hershey-Chase est aussi la première à utiliser le suivi des molécules par radioactivité dans le corps humain.

c) Aklilu Lemma « prix Nobel alternatif » (Right Livelihood Award) en 1989, avec son compatriote éthiopien le Dr. Legesse Wolde-Yohannes[223], « pour avoir découvert un agent naturel capable de tuer les mollusques et avoir mis au point une méthode s'appuyant sur la participation de masses populaires pour utiliser cet agent dans la lutte contre les escargots vecteurs du parasite de la schistosomiase (bilharziose) ».

6. Appendice : La multiplication et la division égyptiennes

La duplication est à la base de la multiplication et de la division égyptiennes. Or, comme on l'a vu précédemment, la plus ancienne attestation de l'usage de la duplication pour les besoins du calcul remonte à la pratique des mathématiques révélée par les os d'Ishango.

6.1. La multiplication égyptienne

La multiplication égyptienne se ramène à des duplications (la seule table de 2) et des additions et il en est de même pour la division. Par exemple, soit à calculer P = 19 . 13. On pose l'opération comme suit,

° 1| 19
2 |38
° 4|76
° 8| 152

La somme des nombres pointés dans la colonne de gauche est égale à 13, le multiplicande. La colonne de droite correspond aux duplications de 19, le multiplicateur. En faisant la somme des multiples de 19 en vis-à-vis des nombres pointés à gauche, on obtient le résultat P = 19 + 76 + 152 = 247.

6.2. La division égyptienne

Voici un exemple pour la division égyptienne : soit à calculer R = 184/8. Il est clair que la question posée revient à rechercher le nombre R à multiplier par 8 pour obtenir 184. Ainsi compris, il est clair que la division se ramène à la multiplication d'un multiplicateur connu, ici 8, par un multiplicande inconnu, R. On procède donc de la même manière que pour la multiplication. De sorte que, contrairement à nos habitudes actuelles liées à

---

[223]http://chora.virtualave.net/lema4.htm, http://www.aklilulemma.com/11632.html?*session*id*key*=*session*id*val*

l'usage des logarithmes, la division se ramène elle aussi à l'addition et non pas à la soustraction. Quelle économie de pensée et de méthodes, n'est-ce pas ?

On pose l'opération comme suit,

1|8°
2|16 °
4|32 °
8|64
16 |128 °

La somme des nombres pointés dans la colonne de droite (au lieu de la colonne de gauche, pour la multiplication) est effectivement égale à 184, le dividende. En faisant la somme des multiples de deux en vis-à-vis des nombres pointés à droite, on obtient le résultat R = 1 + 2 + 4 + 16 = 23.
La division avec reste s'effectue de la même façon mais au lieu d'introduire des nombres décimaux, les Égyptiens utilisaient une succession de fractions irréductibles.

3) Démonstration

Soit à effectuer le produit P = m. M, où M représente le multiplicateur et m le multiplicande.
a) On décompose le multiplicande suivant ses puissances de 2, soit :
$m = \sum c_n . 2^n$, où les c_n prennent l'une ou l'autre des valeurs 0 ou 1 ; n = 0, 1, 2, ...
ce qui implique $P = \sum c_n . (M. 2^n)$,
et signifie que, tandis que le multiplicateur M reste écrit en base dix, le multiplicande m est quant à lui écrit en base 2. Ainsi, la multiplication égyptienne implique l'utilisation simultanée de la base dix et de la base deux.

b) On reconnaît, à l'intérieur de la parenthèse les duplications successives du multiplicateur M dont la somme exprimée ci-dessus donne le produit P. On voit que le pointage pratiqué par les égyptiens prend en compte le fait que seules les duplications correspondant à $c_n = 1$ contribuent à la somme donnant le produit P. Les duplications correspondant à $c_n = 0$ ne contribuant pas à la somme donnant le produit P, ne sont pas cochés, d'où l'absence de pointage dans ces cas-là.

APPORT DES COSMOGONIES DOGON À LA PROBLÉMATIQUE DE L' « ORIGINE » DE LA CIVILISATION : LA NÉCESSIÉ DU TRAGIQUE AU SEIN DE LA DIVINITÉ

Cheikh Moctar BÂ*

Introduction

L'homme s'est toujours posé la question de savoir quelle est l'origine de la civilisation et comment il s'est progressivement différencié des autres êtres. Partant de l'idée qu'il existe une phase cosmogonique de l'existence marquée par le règne de la divinité, nous nous proposons ici de voir comment les Dogon parviennent à justifier l'origine de la civilisation par la tragédie. L'analyse de la cosmogonie Dogon fait acte de la présence du tragique au cœur de la divinité. Il est ainsi question de partir d'une approche de la situation cosmogonique dans laquelle a lieu la révolte d'Ogo pour analyser le sens tragique de l'idée de « vol » et finir par concevoir la justification de la naissance tragique de la civilisation.

1. Qu'est-ce qui justifie la révolte d'Ogo ?

Dans le déroulement du processus cosmogonique Dogon, c'est la création des « ancêtres Nommo » par Amma et l'attribution d'une tâche à chacun d'eux qui coïncident avec l'expression du tragique comme déchirure ou rébellion divine. Le Dieu créateur Amma créa quatre jumeaux : le « Nommo die » (Grand Nommo siégeant auprès d'Amma), le « Nommo Titiyayne » (second Nommo messager ou adjoint du premier, gardien de ses principes spirituels et exécuteur de ses œuvres), le « O Nommo » (Nommo de la mare qui descendra sur terre par suite du sacrifice dont il fut victime), et le « Nommo anagonno » ou Ogo (quatrième Nommo).

Mais ces Nommo étant constitués d'un principe mâle, Amma décide de leur créer des jumelles pour favoriser la multiplication des êtres. C'est ainsi qu'il le fera comme prévu pour les trois premiers Nommo, chacun à son tour et suivant l'ordre de leur création. Les trois premiers ayant vu leur jumelle, Amma s'adonne à la création de la future jumelle d'Ogo. Cependant, celui-ci est impatient et craint de ne voir sa jumelle. Ne tenant plus dans sa solitude, il devient jaloux. Impatient d'attendre l'achèvement du processus de création de sa jumelle, Ogo se révolte contre le créateur et perturbe immédiatement toute l'œuvre d'Amma ; d'où l'avènement du tragique comme rupture et déchirure, querelle au sein de la divinité.

Ogo se rebelle contre Amma. Son angoisse et son anxiété font qu'il ne peut attendre la durée de « 60 périodes » prévues par Amma pour la

* Docteur en philosophie, université de Rennes 1, UPRES 1270, Philosophie des Normes.

création des jumeaux des *nọmmọ anagọnno*. D'où, rapporte Griaule et Dieterlen, « pensant en être privé, il « agaçait » Amma en remuant »[224]. Et pourtant Amma a comme un pressentiment de cette situation de révolte qu'il veut éviter et tente de rassurer Ogo en lui précisant « qu'il recevrait sa jumelle au moment de sa naissance, de sa sortie du sein »[225]. Mais cela n'est pas favorablement reçu car « *Ogo ne Le crut pas* », exigeant sa jumelle dans l'immédiat. La révolte devient alors inévitable dans la mesure où « Ogo se mit en quête, sans attendre les réalisations d'Amma »[226]. Il s'adonna à des actes secouant Amma et médite dans le sens de trouver ce qui lui manque et satisfaire sa jalousie vis-à-vis des frères jumeaux. C'est ainsi qu'Ogo tente de surprendre Amma dans sa quête en essayant de s'emparer de son œuvre. Selon les co-auteurs du *Renard Pâle*, « insatisfait, Ogo, bouleversant toutes les règles, se mit alors en mouvement dans l'intention de surprendre les secrets de l'univers en formation »[227]. L'acte d'Ogo est un acte de désordre cosmogonique. Il bouleverse la gestation de l'ordre du monde en descendant d'un coté autre que celui prévu par Amma pour la sortie de ses créatures Nommo.

À la recherche de sa jumelle,

> « *Ogo ne pouvant plus approcher le placenta brûlant, le soleil, s'approcha de la victime et s'empara de ses quatre âmes de sexes qui se placèrent dans son prépuce ; il tenta aussi de s'approprier sa semence dont il attrapa une parcelle avec sa bouche ; puis il s'enfuit en suivant la ligne du sang de l'éviration* »[228].

Cependant, comme Amma a confié au nommo titiyayne la garde des nouveaux éléments, « celui-ci, sans attendre les ordres d'Amma, voulut l'arrêter ; il n'y parvient pas, mais réussit à attraper avec sa bouche l'extrémité du sexe d'Ogo qu'il tranche, le circoncisant avec ses dents »[229]. De cette tentative, Ogo ne sort pas indemne car il est privé d'une partie essentielle de lui-même.

La circoncision est un acte de punition et donc une conséquence du vol qui en même temps marque la perte des principes spirituels d'Ogo. C'est ainsi qu'il est définitivement séparé de sa jumelle. La mutilation d'Ogo par l'arrachement de son prépuce est la rançon de celui du placenta. Ogo s'est transformé en Renard, perd sa féminité et se verse définitivement dans une personnalité mâle.

Toute cette phase cosmogonique consacrée à la rébellion d'Ogo est la fin, l'étape ultime du processus de création. Griaule et Dieterlen de

---

[224] *Le Renard pâle*, II, p.175.
[225] Ibid.
[226] Ibid.
[227] Ibid., p.176.
[228] Ibid., p. 244.
[229] Ibid., p. 245.

souligner que « cette absence de mouvement soulignait la fin des périples célestes d'Ogo, sa fixation définitive sur la Terre. Elle témoignait, d'autre part, que la «création était terminée» »[230]. Le tragique est ainsi nécessaire au processus de formation de l'univers dans son ensemble. En effet, toutes les choses que les hommes feront sur terre dont semailles, forge, agriculture entre autres, furent d'abord testées par Ogo lors de ses périples. Ainsi « solitaire, incomplet et toujours révolté, mais actif, il sera cependant un agent nécessaire au développement de la vie sur Terre »[231]. Et sa figure reste à la disposition des hommes qui s'en serviront pour connaître ou s'enquérir de l'avenir.

2. La nécessité du « vol du feu »

Dans la cosmogonie dogon, le vol est l'œuvre du *nommo anagonno* et du *forgeron mythique*. En effet, mécontent de n'avoir pas vu sa jumelle après que les trois premiers nommo ont reçu les leurs, le quatrième nommo s'est révolté par impatience contre le désir et les vœux d'Amma, le Dieu créateur. C'est ainsi qu'il essaya toute tentative pour manifester son désarroi. Ayant commencé par chercher le secret de la création, tentative qu'Amma détourne en changeant la position des éléments, il finit par arracher une partie de placenta qu'Amma transforme en soleil. L'acte d'Ogo n'est pas sans conséquences dans la poursuite du processus cosmogonique. C'est ainsi que, suite au vol d'Ogo, Amma introduit la *mortalité* comme conséquence de l'acte tragique. Griaule et Dieterlen soulignent que

> « *les hommes furent créés par Amma immortels, comme l'étaient à l'origine les nommo anagonno sortis de son sein. Mais les fautes du Renard, l'impureté communiquée à la terre par ses actes, entraînent une série de désordres qui aboutissent à l'apparition de la mort* »[232].

La mort trouve ainsi son origine dans un acte tragique. Elle devient possible et effective du côté de l'auteur et de tous ceux qui profitent de l'acte tragique. Elle devient témoin de l'acte d'impureté. Toutefois, il faut souligner que le premier acte de vol d'Ogo est en rapport aux graines d'Amma qu'il finit par semer sur la Terre, sa mère. Mais Amma décide de purifier cette dernière en sacrifiant un nommo. Ce sacrifice est une préparation de l'expansion de l'univers et des forces qui le constitueront.

La mise à mort du nommo est suivie de sa résurrection. C'est cette dernière qui favorise la descente des hommes sur la terre. L'acte du vol est

---

[230] Ibid., p. 263.
[231] Ibid.
[232] *Op. cit.*, p. 379.

aussi à l'origine de la création de l'homme car c'est du nommo sacrifié à cet effet puis ressuscité que naît ce dernier. Le Dieu Amma a créé l'homme à partir de la matière du placenta du nommo ressuscité. En mettant fin à l'androgynie initiale, cet acte consacre la séparation définitive des sexes mâle et femelle. Ce nouveau moment est celui qui accompagne la descente sur terre des êtres créés par Amma. Ce dernier ayant transformé le reste du placenta en soleil brûlant, Ogo, ne pouvant s'en approcher, décide de ruser une nouvelle fois d'Amma. Mais son acte est immédiatement puni par le nommo titiyayne qui, une fois averti par sa jumelle, procède à sa circoncision en lui arrachant son prépuce. Une conséquence fondamentale du vol et de la circoncision comme punition est d'avoir permis la descente définitive des êtres sur terre. Ainsi prend fin le moment de l'existence dans les cieux ou l'existence divine marquée par la troisième et dernière descente d'Ogo. Celui-ci se fixant définitivement sur terre met fin à ses périples célestes et se transforme en Renard. Le vol est donc le stade ultime d'un processus en même temps que la condition de l'avènement d'un autre moment.

L'acte d'Ogo, par le sacrifice qu'il a suscité, sonne la séparation définitive des hommes avec les Dieux : les uns se fixant sur terre alors que les autres demeurent aux cieux. Ainsi la figure d'Ogo témoigne de la nécessaire coexistence de l'ordre et du désordre, mais aussi de la nécessité de la souffrance et de la douleur. Faut-il alors soutenir que les hommes doivent la vie sur terre au prix de la souffrance d'Ogo qui, inconsciemment, change le plan divin à travers ses périples divins ?

La vie terrestre peut commencer avec la reproduction des êtres et l'utilisation du *feu* dont est détenteur le Forgeron divin créé à partir du nommo sacrifié. Le forgeron comme détenteur du feu joue un rôle fondamental dans le processus de civilisation des hommes. Ogotemmêli de souligner que « le forgeron est allé voler avec son bâton-de-voleur. C'est dans la bouche de ce bâton qu'a commencé le feu. C'est cela que le forgeron a donné au monde »[233]. Cette idée est auparavant attestée à la « sixième journée » des « Entretiens avec Ogotemmêli » en ces termes : « L'ancêtre se glissa dans l'atelier des grands Nommo qui sont les forgerons du ciel et il vola un morceau de soleil sous forme de braise et de fer incandescent »[234]. Le fait qu'il se glisse dans cette enceinte des « forgerons du ciel » et leur vole le feu est à la fois un acte de rébellion et un engagement. C'est avec ce vol du feu que le forgeron engage l'univers dans une phase nouvelle. En descendant sur terre avec le feu qu'il donne aux hommes, le forgeron marque les débuts de la civilisation humaine. Ogotemmêli de souligner qu' « en prenant contact avec le sol, l'ancêtre était prêt pour son œuvre civilisatrice »[235]. L'importance du rôle du forgeron

[233] Marcel Griaule : *Dieu d'eau*, « vingt-neuvième journée », p.183.
[234] p.38.
[235] Griaule, op. cit., p.41.

dans le processus de civilisation est en rapport à ce que les techniques qu'il apporte sont nécessaires à la vie. Et selon Griaule et Dieterlen « ces techniques - et notamment l'agriculture - auront toutes une valeur de réparation des désordres causés par Ogo ; elles contribueront à l'organisation et au développement des sociétés humaines »[236]. Tel est le fondement de la civilisation comme acte de démarquage ou de différenciation de l'homme avec les autres êtres. C'est avec le feu que les hommes créent les matériaux leur permettant de subvenir à leurs besoins. Le forgeron est considéré comme le porteur de civilisation. Mieux, Ogotemmêli rapporte que « son rôle était d'ailleurs surtout de technicien et d'autres enseignements étaient nécessaires »[237]. Le forgeron devient donc Héros civilisateur des Dogon en leur apportant le feu précieux et l'outil indispensable à leur survie et à la fabrication ou la conception de techniques appropriées à leurs conditions existentielles. Les co-auteurs du *Renard Pâle* attestent que « le forgeron occupe une place à part, mais éminente, dans la société. Considéré comme le héros civilisateur mythique, il joue un rôle important dans l'initiation »[238]. Par conséquent, c'est à partir du travail du feu, dont naissent les autres métiers, que nous pouvons considérer que chez les Dogon l'Ancêtre forgeron a le même statut d'un civilisateur comme Prométhée, dans la mythologie grecque. Et puisque le forgeron est la forme ressuscitée du Nommo de la mare et que ce dernier est le jumeau de Ogo, il y a, d'une certaine manière possibilité d'identification et de rapprochement de ces deux êtres.

3. La Civilisation comme conséquence du « tragique »

Contrairement à une thèse défendue par Roger Bastide dans *Le sacré sauvage* consistant à faire de la civilisation *un don chez les Africains* en ces termes : « la civilisation n'est donc pas considérée par les occidentaux comme elle l'est par exemple par les Africains, comme un don des dieux, mais au contraire comme la conquête des hommes en tant que révoltés contre les dieux »[239], nous pensons que celle-ci est le fruit de tout un processus marqué par une série de dialectiques et d'oppositions complémentaires. Du coup, c'en est une constante des cosmogonies que la civilisation est le fruit d'une lutte ou d'une rébellion au sein de la divinité incarnée par exemple dans la cosmogonie grecque par Prométhée et dans celle Dogon par Ogo et plus précisément le Forgeron Mythique qui, dérobant le feu, rend définitif l'acte. Et dans ce cadre précis nous trouvons qu'il n'y a point une main d'un dieu tendue aux hommes pour leur donner

[236] *Le Renard Pâle*, p.233.
[237] *Op. cit.*, p.41.
[238] Ibid., p. 23.
[239] p.165.

la civilisation. Et c'est aussi, à notre avis, prendre le parti de lire la relation de l'Africain à la divinité de manière religieusement exiguë[240]. L'avènement de la civilisation s'effectue dans le cadre d'une activité de l'homme et non par une offre divine. Par conséquent, ce sont des sociétés qui ne peuvent être considérées comme « archaïques » si nous prenons en compte la remarque que Jean Cazeneuve fait à l'utilisation de ce mot. Celui-ci, en cherchant un critère autre que l'écriture - ou plus fonctionnel qu'elle - dans la distinction des civilisations historiques, propose de revenir au « sens de l'histoire » en considérant que « les peuples archaïques sont ceux qui n'ont pas encore pris conscience de leur insertion dans le devenir historique »[241].

Or conscience historique ne peut être plus grande que tout ce chemin suivi qui permet l'effectivité de la civilisation par laquelle les peuples signent définitivement leur inscription dans le « devenir historique ». Et ce qui attire le plus notre attention dans la manière de considérer le sens de l'histoire, c'est d'en déduire qu'

> « *on pourrait alors définir les sociétés archaïques comme celles qui ne sont pas intégrées dans l'histoire d'une manière prométhéenne, pour reprendre une expression de M. Gurvitch, c'est-à-dire celles qui n'ont pas la « conscience de l'intervention active et efficace de la liberté humaine »*[242] *dans le devenir et, plus particulièrement, dans l'évolution des structures sociales* »[243].

Si la prise de conscience du sens de l'histoire est à voir par rapport au degré d'intervention de l'homme dans le cours de l'histoire, les cosmogonies que nous avons analysées attestent la présence de celle-ci à travers l'acte civilisateur comme résultat de rébellion. Sous cet angle, l'étude des cosmogonies témoigne d'une possibilité de réfuter des conclusions de l'ethnologie dénégatrice ou de l'ethnographie se fondant sur le critère de l'écriture pour hiérarchiser les civilisations. Cela, d'autant plus qu'il en est fait état d'une acception à la prométhéenne de la présence de héros civilisateurs qui jouent un rôle assimilable à celui de Prométhée dans la civilisation grecque.

Par ailleurs, une autre remarque d'une importance capitale est que le feu ne résulte pas d'une création ou d'une invention de l'homme. Ce n'est pas que l'homme créa le feu à partir de ses propres potentialités ou possibilités créatrices mais il lui est donné par un être qui, le plus souvent, est en dehors de la condition humaine. Dans son analyse du « feu

---

[240] C'est-à-dire sous l'angle d'une relation directe et unilatérale allant de Dieu aux hommes et dans laquelle ces derniers ne jouent que le rôle de réceptacles ou destinataires passifs. Sauf si l'appréhension se situe dans l'optique d'une *religion révélée*, et dans celle-ci elle revêt un caractère plus ou moins universel.

[241] Jean Cazeneuve, *La mentalité archaïque*, p.92.

[242] G. Gurvitch, « continuité et discontinuité en histoire et en sociologie », in Anales Janvier-Mars, 1957) p.79.

[243] J. Cazeneuve, op. cit.

symbolique et traditionnel » Robert-Jacques Thibaud souligne cet aspect en ces termes : « En effet, le feu n'a pas été inventé, de tâtonnement en tâtonnement, de progrès en progrès. Il est venu de l'extérieur, aussi bien du ciel que du dessous de la terre, mais hors de la volonté humaine »[244].

Ainsi, l'homme devient possesseur d'un précieux outil qu'il utilise en fonction de ses besoins existentiels, même s'il ne l'a pas créé. En effet, de part et d'autre des représentations cosmogoniques considérées, c'est un géant, un héros divin qui seul est apte à donner le feu aux humains. Et Thibaut d'affirmer quelques lignes après qu' « on remarque d'ailleurs que le plus grand mythe du feu concerne un voleur de feu , de la nature des dieux, un Titan, c'est-à-dire un être immortel, qui ne s'en empare que pour l'offrir aux hommes qui en ont besoin pour vivre ».

Rappelons que l'homme ne détenant pas un privilège sur les autres êtres, en ce moment de la cosmogonie, ne peut que s'en réjouir. Car sans qu'un autre être n'eût la volonté de transgresser l'ordre divin, quitte à subir toute forme de punition, l'homme ne pourrait jouir de moyens lui permettant d'accéder à ce qui, jadis, fait partie du privilège des dieux. La possession du feu s'effectue toujours dans un sacrilège ou une activité héroïque. Le voleur du feu ne peut appartenir qu'à la race des dieux qui possède le privilège d'y approcher. Faut-il donc dire que ce sont les dieux qui se « trahissent » eux-mêmes pour l'honneur et l'intérêt des hommes ?

Les plus grands mythes du feu concernent un voleur qui a lui-même le statut d'immortel ; mais qui inaugure la mortalité comme conséquence de son acte, et aussi signe de différenciation fondamentale de l'homme aux dieux. Il faut aussi noter que ce n'est pas une transgression pour l'orgueil ou le pouvoir — bien qu'au départ ce soit la scène qui se présente — qui est la finalité de l'acte. C'est plutôt un passage obligatoire, un geste libérateur qui assure un progrès indispensable et une séparation imminente des hommes et des dieux en vue de favoriser l'existence de ces premiers sur terre ; sans quoi l'humanité ne prend pas naissance car la séparation est nécessaire à la mise en place du monde des hommes où l'homme se prend en charge et trouve une certaine conscience existentielle inscrite dans la durée. Cela ne peut pas se passer sans déranger les dieux qui auparavant étaient seuls dans une plénitude existentielle. Chez les Dogon, le *nommo titiyayne* s'occupe de la sanction infligée à la figure du tragique. Toutefois les sanctions infligées aux humains et à leurs héros par les Dieux–Maîtres du Monde sont toujours synonymes de manifestation d'espoir et de progrès[245] pour l'humanité.

Dans les théories cosmogoniques Dogon, la civilisation voit le jour à partir d'une sorte de frustration originelle. Et cela va dans le même sens que les propos de Leroi-Gourhan à savoir que « l'atmosphère de malédiction

---

[244] Mythologies & Symboles, « Le feu traditionnel et symbolique », p. 3, in http:/perso.wanadoo.fr/mythologie/textes/messages_sphinx/feu.htm.

[245] Au sens de passage d'un moment à un autre.

dans laquelle, pour la plupart des civilisations, débute l'histoire de l'artisan du feu, n'est que le reflet d'une frustration intuitivement perçue dès l'origine »[246]. Il y a comme la présence en l'homme de cette forme de négativité qu'il ne peut purger que dans la rébellion ou le sacrifice qui lui octroie son outil de perfection qu'est le feu. Cette frustration est en même temps ce qui engage le monde dans une série de mouvements ou d'alternances positives. Et cela, dans la mesure où la quasi-totalité des civilisations reconnaissent que la civilisation se paie cher et s'arrache, ou bien, est le résultat d'un combat dans lequel s'inscrivent les héros civilisateurs. La civilisation est-t-elle un acte de haute liberté pour l'homme, lui permettant de prendre ses distances par rapport aux dieux et de s'inscrire dans une trajectoire existentielle où il vise à devenir à son tour maître de la nature qu'il adapte à son profil et manipule en fonction de ses besoins ?

En définitive, nous pouvons dire que la constance du tragique dans la formation du monde est constatée dans les cosmogonies Dogon. Toutefois, il faut remarquer que le tragique s'effectue le plus souvent dans une dualité, mais en ayant la caractéristique d'être à la fois principe de séparation et d'union des êtres. Et ces deux rôles, le tragique les joue selon le moment où il survient et les figures qu'il utilise pour son expression, pour s'imposer comme nécessaire à la cosmogonie soit pour mettre fin à un moment, soit en vue de maintenir un ordre de fait, voire pour asseoir un ordre divin quelconque. C'est ainsi que les Dogon ont mis sur pied une pensée de l'*origine tragique de la Civilisation*, répondant en même temps à la question fondamentale de savoir comment nous avons obtenu ce bien par excellence et ce signe de différenciation de l'Homme avec les autres êtres.

Eléments bibliographiques

Griaule, Marcel *: Dieu D'Eau « Entretiens avec Ogotemmêli », Paris, Fayard, 1966.*

L'image du monde au soudan, in « Journal de la Société des africanistes », Paris, TXIX, pp.81-88.

Griaule, Marcel et Dieterlen, Germaine *: Le Renard pâle, Institut d'ethnologie, 1991.*

« *Un système soudanais de Sirius* », *in Journal de la Société des Africanistes, Paris, T. XX, 1950, pp. 273-294.*

Thomas, Louis-Vincent et Luneau, René *: La terre africaine et ses religions* « *Traditions et Changements* », *Paris, librairie Larousse, 1975.*

Anthropologie de la mort, Paris, Payot, 1975.

Leroi-Gourhan, André *: Le Geste et la Parole. Technique et Langage, Paris, Albin Michel, 1964.*

---

[246] cf. *Le geste et la parole : technique et langage*, p.249.

L'ÉGYPTE DANS L'ŒUVRE DE PLATON

Théophile OBENGA*

Le contexte historique et culturel de la naissance de la philosophie en Grèce est rarement décrit, avec objectivité et ampleur de vue, par les auteurs contemporains. Or, dans l'antiquité, les savants Grecs eux-mêmes n'osaient parler de "miracle grec" parce que, pour eux, la philosophie avait d'abord pris naissance à l'étranger : en Perse, en Chaldée, en Inde, en Égypte. Aucun savant grec n'a soutenu le contraire.

Pour ce qui est des rapports entre la Grèce et l'Égypte au plan de la philosophie et des sciences (géométrie, astronomie), le rôle civilisateur de la vallée du Nil a été très prépondérant avec les Présocratiques.

1. Thalès de Millet, le fondateur de *l'école ionienne*, a étudié en Égypte, sous la direction des prêtres, – ses seuls maîtres dans sa vie ;
2. Solon d'Athènes, le législateur athénien, fut élève du vieux prêtre Sonchis à Saïs ;
3. Pythagore de Samos, le fondateur de *l'école de Somos* (école Italique), a passé près de 22 ans en Égypte pour ses études, à Memphis, à Thèbes, et surtout à Héliopolis auprès du prêtre égyptien Oinouphis (Enuphis, Onouphis) ;
4. Xénophane de Colophon, le fondateur de *l'école d'Elée* vers 535 av. notre ère, a été en Égypte où il exhorta les *Égyptiens* à ne pas rendre le culte à une multitude de divinités ; il exprima également son étonnement en voyant les *Égyptiens* se frapper la poitrine au cours des cérémonies religieuses publiques, tout particulièrement lors les fêtes en l'honneur d'Osiris ;
5. Anaxagore de Clazomènes a visité également Égypte, « *dans l'espoir d'apprendre auprès d'eux (des prêtres égyptiens) la théologie et une science de la nature plus exacte* » ;
6. Phérécyde de Syros a également été en Égypte, pour apprendre la théologie et les sciences ;
7. Démocrite d'Abdère eut pour maître Pamménès de Memphis ;
8. Eudoxe de Cnide, astronome et mathématicien, eut pour maître égyptien le prêtre Khnouphis de Memphis.

Il n'y a pas de raison de mettre en doute, purement et simplement, par une attitude subjective inavouée, tous ces voyages d'études des Grecs dans la vallée du Nil. Ce sont, pour la critique historique sereine, des faits historiques, ainsi rapportés par des savants grecs eux-mêmes : Hérodote d'Halicarnasse (vers 484 – vers 420 av. notre ère), Isocrate d'Athènes (436 – 338 av. notre ère), Diodore de Sicile (1er siècle av. notre ère), Strabon d'Amasya (vers 58 av. notre ère – entre 21 – 25 de notre ère), Plutarque de

* Professeur d'historie à l'université de San Francisco (U.S.A).

Chéronée (vers 50 – vers 125 de notre ère), Diogène Laërce en Cilicie (IIIe siècle de notre ère), Porphyre de Tyr (234 – vers 305 de notre ère), Jamblique de Chalcis (vers 250 – vers 330 de notre ère).

Géographiquement, la philosophie grecque est née en Asie Mineure, dans les villes comme Milet (Thalès, Anaximandre, Anaximène), Colophon (Xénophane), Clazomènes (Anaxagore), Éphèse (Héraclite) Cnide (Eudoxe). L'Asie Mineure est le nom que donnaient les Anciens (Grecs, Latins) à la partie occidentale de l'Asie du sud de la mer Noire. C'est bien la Grèce d'Asie, cette frange d'îles (Cos, Samos, Chios, Lesbos, etc.) et des terres peuplées dans l'Antiquité de cités grecques sur la côte orientale de la mer Égée (Cnide, Halicarnasse, Milet, Éphèse, Colophon, Clazomènes, Mytilène, Pergame, Cyzique, etc.), qui est historiquement le berceau immédiat de la philosophie et des sciences grecques.

On ne connaît pas de philosophes grecs au moment du développement de la civilisation mycénienne, vers 1600 av. notre ère. Encore moins lors des invasions doriennes, vers 1200 av. notre ère. L'écriture minoenne dite " *Linéaire B* " en Crète, vers 1500 av. notre ère, n'a pas révélé de textes philosophiques, scientifiques. Les premières inscriptions connues en alphabet linéaire phénicien apparaissent vers 1100 av. notre ère. Les phéniciens répandent leur alphabet consonantique, à travers la Méditerranée, vers 900 av. notre ère. Et c'est vers 800 av. notre ère que les Grecs empruntent l'alphabet phénicien, qui est ainsi à l'origine de tous les alphabets gréco-latins. Les Grecs adoptent donc l'écriture phénicienne au VIIe siècle avant notre ère, et la complétèrent par l'adjonction de signes représentant les voyelles.

Un autre fait d'histoire : l'expansion grecque vers l'Orient et l'Occident se déroula du VIIe au VIe siècle avant notre ère. Et c'est justement après son séjour studieux en Égypte que Thalès fonde la toute première école de philosophie grecque, à Milet, en Asie Mineure. Thalès fut un astronome, un géomètre et un physicien de grande réputation ; en mathématiques, un théorème porte son nom. Or ce premier philosophe grec doublé d'un grand savant n'eut pour maîtres que des prêtres égyptiens : « *Il s'instruisit en Égypte sous la direction des prêtres* », affirme la tradition historique constituée des Grecs eux-mêmes, dans l'Antiquité.

Platon aussi a étudié en Égypte, précisément à Héliopolis, auprès du prêtre égyptien Sekhnuphis, et à Memphis auprès du prêtre Khnuphis (Khnouphis), qui enseigna également à Eudoxe de Cnide.

1. Platon a étudié en Égypte

L'argument pour nier la réalité du voyage d'étude de Platon en Égypte est le suivant : les premiers témoignages relatifs à un tel voyage sont postérieurs de plusieurs siècles à la mort de Platon, donc ils ne sont pas très convaincants. Soit. Laissons de côté Diodore de Sicile, auteur d'une

Bibliothèque historique, composée entre 60 et 30 av. notre ère, où il est question du séjour studieux de Platon en Égypte (*Bibl. hist.*, I, 96, 2). Laissons encore de côté, bien évidemment, Cicéron qui relate aussi le voyage de Platon en Égypte : *De Republica* (I, 10, 16), composé en 54 -51 av. notre ère, et *De Finibus* (V, 29, 87), composé en 45 av. notre ère. Or Platon, lui, a vécu de 427 à 347 av. notre ère. Ce faisant, l'"érudition" contemporaine "cache" un témoignage décisif, dû à un contemporain de Platon qui fut de surcroît le disciple même du philosophe athénien.

Voici ce témoignage que l'on écarte souvent d'un revers de main, parce que peut-être trop gênant (pour la conscience historique de qui ?) :

> « *À l'âge de vingt-huit ans, selon Hermodore, il (Platon) s'en alla à Mégare, chez Euclide, accompagné de quelques autres élèves de Socrate (mort depuis). Puis il (Platon, toujours) alla à Cyrène, auprès de Théodore le mathématicien, et de chez lui en Italie, chez Philolaos et Eurytos, tous deux pythagoriciens, puis en Égypte, chez les prophètes. (...). Platon avait eu l'intention aussi d'aller trouver les Mages, mais les guerres déchirant l'Asie lui firent renoncer à son dessein. Revenu à Athènes, il vécut à l'Académie* »[247].

Ce texte est décisif, vu la qualité de son auteur. Hermodore en effet est la source principale de Diogène Laërce sur ce point précis concernant le voyage d'étude de Platon dans la vallée du Nil. Il s'agit d'une notice d'Hermodore que consulte Diogène Laërce. Or Hermodore de Syracuse était un des membres actifs de l'*Académie de Platon* : il y avait vécu au moins durant les dix dernières années du Maître. Il enseigna comme professeur spécialisé. Hermodore de Syracuse écrivit sur la doctrine de Platon un ouvrage qui contenait beaucoup de détails biographiques puisés à la meilleure source. Les renseignements qui émanent de ce disciple direct de Platon ne sont donc pas "postérieurs de plusieurs siècles" à la mort du Maître, et les historiens ont raison de les considérer comme des renseignements du meilleur aloi.

Luciano Canfora écrit à propos du témoignage direct d'Hermodore : « Il n'y a pas de raison de douter de l'information de ce singulier disciple syracusain de Platon, capable de divulguer de sa propre initiative des écrits du maître »[248].

Ce fait capital que constitue le grand voyage de Platon en Égypte auprès des prêtres de ce pays se fonde par conséquent sur des documents contemporains de Platon, émanant de ses propres disciples directs, qui ont ainsi établi la solide tradition du séjour studieux du philosophe grec en

---

[247]Diogène Laërce, *Platon*, liv. III, 6.

[248] L. Canfora, *Histoire de la littérature grecque d'Homère à Aristote*, Paris, Éditions Desjonquères, 1994, pp.552 – 553 ; édition originale italienne, Rome – Bari, 1986, Collection " La Mesure des Choses " dirigée par Pierre Béhar.

Égypte. Diodore de Sicile, Cicéron, etc., ne font que reprendre cette tradition établie du vivant de Platon par ses disciples.

À propos d'Euclide, il ne s'agit pas bien évidemment du mathématicien qui vécut vers 300 av. notre ère, mais d' Euclide de Mégare (450 – 380 av. notre ère), disciple de Parménide et de Socrate, fondateur de l'école éristique (art de la controverse) de Mégare, ville grecque, sur l'isthme de Corinthe, prospère aux VII et VIe siècles av. notre ère.

Cyrène, ancienne ville grecque d'Afrique du Nord, fondée par les Doriens en 630 av. notre ère, était la capitale de la Cyrénaïque (région du nord-est de la Libye) : cette ville fut à l'époque de sa prospérité, jusqu'en 300 av. notre ère, un grand centre intellectuel et artistique. *L'école philosophique cyrénaïque* fut fondée au IVe siècle av. notre ère par Aristippe de Cyrène, ancien disciple de Socrate.

Philolaos de Crotone (ville d'Italie, résidence de Pythagore), célèbre pythagoricien, vécut vers 470 av. notre ère : Platon a dû s'informer au sujet de l'*Harmonie* (le même et l'autre) auprès de ce Pythagoricien.

Voyons maintenant la chronologie qui n'est pas moins importante :
- 7 mai 427 naissance de Platon (d'après Diogène Laërce)
- à vingt ans, donc en 407, il est disciple de Socrate (vers 470 – 399 av. notre ère
- à vingt-huit ans, donc en 399, la mort de Socrate, il voyage pour compléter ses études à Mégare, à Cyrène, en Italie (Crotone), enfin en Égypte (Memphis et Héliopolis)
- en 387 av. notre ère, Platon revient à Athènes et fonde l'*Académie*, à l'âge de quarante ans, après douze ans de voyages d'études. Cette école philosophique fondée par Platon dans les jardins voisins d'Athènes dura du IVe au 1er siècle av. notre ère.

Les chefs de cette école après Platon lui-même furent les philosophes grecs suivants :

Speusippe, neveu de Platon, dirigea l'*Académie* entre 347 et 339 av. notre ère : il fut le premier, dans cette école, à considérer les rapports des sciences et à marquer leur interdépendance ;

Xénocrate de Chalcédoine (vers 400 – 314 av. notre ère) dirigea l'Académie entre 339 et 314 ; il s'efforça de réconcilier les doctrines de Platon avec le pythagorisme. Chalcédoine est une ville d'Asie Mineure, sur le Bosphore, face à Byzance ;

Polémon d'Athènes dirigea l'école entre 311 et 270 av. notre ère, succédant ainsi à Xénocrate ;

Cratès d'Athènes dirigea l'*Académie* de 270 à 265 avant notre ère ; il fut mignon de Polémon, d'après une tradition rapportée par Diogène Laërce ;

Crantor de Soles (ville de Cilicie, région située au sud de la Turquie d'Asie, avec d'autres villes plus connues comme Adana et Tarse, patrie de Saint Paul), élève de Xénocrate, et condisciple de Polémon ;

Arcésilas de Pitane en Eolide (316 – vers 241 av. notre ère) : il fut d'abord disciple du mathématicien Antolychos, son compatriote (Éolie ou Éolide, ancienne contrée du sud-ouest de l'Asie Mineure, fut aussi la patrie de la poésie lyrique grâce à Alcée et Sappho), avant de venir à Athènes où il fut élève du musicien Xanthos d'Athènes, après quoi il suivit les leçons de Théophraste né dans l'île de Lesbos (vers 372 – vers 287 av. notre ère), avant d'aller à l'Académie, auprès de Crantor dont il fut le mignon ;
Bion de Boristhène en Scythie (ancienne région de la Russie méridionale, habitée par les Scythes, tribus semi – nomades de souches iranienne établies entre le Danube et le Don, au VIIIe siècle av. notre ère ; les Scythes disparurent au IIe siècle av. notre ère) ;
Lacydès de Cyrène succéda à Arcésilas à la tête de l'*Académie* en 240 av. notre ère, pendant vingt-six ans, soit jusqu'en 214 av. notre ère ;
Carnéade de Cyrène (vers 215 – 129 av. notre ère). Il fut l'élève de l'Académicien Hégésinos, mais aussi du Stoïcien Diogène ;
Clitomaque de Carthage succéda à Carnéade à l'*Académie* en 129 av. notre ère. Il était venu à Athènes à l'âge de quarante ans.

Les Académiciens venaient donc un peu de partout : d'Athènes même, d'Asie Mineure (Chalcédoine), de Cilicie, d'Eolide, de Scythie, de Cyrénaïque, de Carthage. L'*Académie* n'était pas une école repliée sur elle-même. Au demeurant, Platon lui-même avait entrepris, avant la fondation de l'*Académie*, des voyages d'étude à Mégare (Isthme de Corinthe), à Cyrène, à Crotone, à Héliopolis en Égypte. Le séjour studieux de Platon en Égypte a considérablement marqué son œuvre.

2. L'Égypte dans l'œuvre de Platon

Parmi les *Dialogues* de Platon, vingt-huit sont parvenus jusqu'à nous, et c'est peut-être la totalité de l'œuvre platonicienne. Dans près de douze *Dialogues*, Platon évoque l'Égypte, de façon abondante, diversifiée. La proportion est énorme, soit 42% de l'œuvre totale de Platon connue. L'Égypte est en effet évoquée par Platon dans les ouvrages écrits entre 390 et 385 av. notre ère comme le *Gorgias*, *Euthydème*, *Ménexène* ; dans les ouvrages écrits entre 385 et 370 av. notre ère comme le *Phédon*, la *République*, le *Phèdre*, et dans les ouvrages écrits entre 370 et 347 av. notre ère comme le *Politique*, le *Timée*, le *Critias*, le *Philèbe*, les *Lois*. Même dans *Epinomis*, l'Égypte est évoquée.

Il est difficile de soutenir que Platon se réfère ainsi à l'Égypte, de façon aussi considérable, par "souvenirs littéraires", c'est-à-dire suite à la lecture des œuvres d'Homère (vivant vers 850 av. notre ère), d'Hérodote (vers 484 – vers 420 av. notre ère) qui visita l'Égypte peu après 449 av. notre ère, de Thucydide (vers 470 – vers 400 av. notre ère), d'Aristophane (vers 445 – vers 386 av. notre ère) qui parodie certaines descriptions d'Hérodote sur l'Égypte dans les *Oiseaux* (comédie représentée en 414 av.

notre ère), et qui contrefait également dans les *Thesmophories* l'*Hélène* d'Euripide présentée en 412 et dont les aventures se situent en Égypte ; l'on peut aussi penser au *Busiris* d'Isocrate (436 – 338 av. notre ère), composé vers 385 av. notre ère : dans cet ouvrage, Isocrate fait l'éloge de l'Égypte, c'est-à-dire du pays, "placé au plus bel endroit de l'univers" (§ 11-14) ; de la division du corps social en groupes fonctionnels, le clergé, les métiers, les guerriers (§ 15-20) ; de l'organisation artistique et intellectuelle, à savoir que la médecine et la philosophie sont nées en Égypte (§ 21-23) ; enfin de la piété égyptienne : « C'est surtout la piété des Égyptiens et leur culte des dieux qui méritent d'être loués et admirés » (§24-29).

Il y a des faits évoqués par Platon qui ne se retrouvent pas en effet dans aucun de ces auteurs antérieurs, par exemple le prix du voyage d'Athènes en Égypte qui est de deux drachmes (*Gorgias*, 511d) ; *le mythe de Theuth* (Thot), inventeur de l'écriture et des sciences (*Phèdre*, 274 co – 275 b ; *Philèbe*, 18 b) ; le caractère sacré de la musique égyptienne (*Lois*, VII, 799 a-b) ; l'enseignement des mathématiques en Égypte selon une méthodologie fort agréable et efficace (*Lois*, VII, 819 b-c), etc. Platon a dû connaître par lui-même des faits aussi caractéristiques. Sa connaissance de l'Égypte est celle d'un observateur direct, d'un témoin oculaire. Comment Platon peut-il écrire que les Égyptiens savent enseigner à leurs enfants les mathématiques comme s'il s'agissait d'un jeu si le philosophe grec n'avait pas constaté le fait par lui-même, dans la vallée du Nil ? Comment Platon peut-il parler d'élevage de poissons au bord du Nil (*Politique*, 264 b-c) s'il n'avait pas observé le fait par lui-même ? Platon écrit : « En Égypte un roi ne peut régner s'il n'a la dignité sacerdotale » (*Politique*, 290 d). Aucun auteur grec avant Platon n'est aussi explicite que le philosophe athénien : Pharaon était en effet le premier élément du haut clergé égyptien. Platon a donc bien perçu cette hiérarchie. À vrai dire, c'est par délégation du roi que les prêtres accomplissent leur office dans les divers sanctuaires.

Dans les douze *Dialogues* concernés, Platon montre qu'il avait de l'Égypte une connaissance fort variée : la géométrie, l'historie, le religion, l'organisation politique et sociale, les arts et l'éducation, les mœurs, les momies, les élevages de poissons au bord du Nil, la pureté du ciel d'Égypte qui explique le développement de l'astronomie dans ce pays, etc., tout cela est amplement développé par Platon, parfois avec une assurance pertinente dans le jugement. Une telle connaissance révèle clairement que Platon a séjourné longtemps en Égypte, peut-être pendant trois ans, sinon plus.

3. Platon égyptianise les mots au lieu de les gréciser

Platon retient presque toujours la phonétique égyptienne des mots au lieu de gréciser les termes égyptiens. Ainsi son orthographe est tout à fait étrangère, "exotique", par rapport à la phonétique grecque. Ce constat est déjà fort révélateur en lui-même. Nous avons en effet : *Saïs* orthographié par Platon *Sais* répond à l'égyptien *S3w*, *Saou* ; *Neith* orthographié par Platon *Neith* correspond à l'Égypte *Nt*, déesse égyptienne appelée par les Grecs Athéna : « Pour ceux de cette cité (la grande ville de Saïs), la déesse fondatrice a pour nom, en égyptien Nieth et, en grec à ce qu'ils disent, Athēnā »[249].

Theuth de Platon équivaut à *Dhwty*, *Djhouty*, égyptien, et en copte (égyptien vocalisé) *Thoout*, *Thōt*, *Thaut*, l'inventeur et le protecteur divin des arts, des lois, des sciences exactes dans l'Égypte ancienne : le dieu égyptien, maître ès arts et ès sagesse, était assimilé à Hermès par les Grecs. Lorsque Platon fait allusion à des produits égyptiens, il retient évidemment le mot "exotique" : l'oiseau *ibis* (mot évidemment égyptien), l'huile *kiki* (*Timée*, 60 a) répond à l'égyptien *k3k3*, *kyky*, *kiki* en copte, avec le sens de "ricin" et de l'huile de "ricin"[250].

Il est manifeste que le nom de la déesse Isis tient directement de l'égyptien *Ist*, copte *Ese, Esi.*

Le *Thamous* de Platon, roi qui régnait sur l'Égypte entière, dont la capitale était Thèbes, ville du dieu suprême Amon (*Phèdre*, 274 d), renvoie certainement à *Thoutmosis*, *Thoutmès* en égyptien *Dhwty-ms*, "Thot est né" ou "Né de Thot", nom de quatre rois de la XVIIIe dynastie qui firent précisément la gloire de Thèbes et d'Amon de Karnak. Platon parle dans le *Phèdre*, de la série suivante : *Naucratis* et *Thèbes*, *Theuth* et *Amon*, le roi *Thamous*, sans oublier l'oiseau sacré *ibis*. Et dans le Timée, nous avons cette autre série : *Saïs*, *Neith*, le roi *Amasis*, les prêtres de *Saïs*. Les *Lois* évoquent *Isis*, et le *Philèbe* encore *Theuth.* Ces séries sont fort instructives en elles-mêmes, et révèlent une connaissance directe de l'Égypte par Platon. Une connaissance des lieux, des dieux, des hommes et des symboles égyptiens (ibis).

4. Ce que représente l'Égypte pour Platon

Le discours égyptien de Platon était tenu pour dire vrai. Quelle vérité ? Lisons donc attentivement les textes.

4.1. l'Égypte est le pays de la plus haute Antiquité

En Égypte, tout était écrit dans les temples depuis l'antiquité. La mémoire humaine est par conséquent longue au bord du Nil sauveur. Et c'est avec raison que Platon considère l'Égypte comme la réserve archéologique d'un discours complet sur l'Histoire universelle. Étant à

---

[249] Platon, *Timée*, 21 e.

[250] Voir également Hérodote, II, 94. Enfin Diodre de Sicile, I, 34 : "*Ils (les Égyptiens) se servent, pour entretenir la lumière de leurs lampes, au lieu d'huile, d'un liqueur grasse extraite d'une plante appelée par eux kiki*".

l'abri des cataclysmes qui détruisent périodiquement le genre humain (le feu, l'eau, etc.), l'Égypte est devenue le berceau de la civilisation, et l'écriture y est d'un usage particulièrement ancien. Précisément, concernant "les choses du passé", un prêtre très âgé de Saïs devait dire à Solon dont la mémoire historique remontait si peu loin dans le temps : « *Solon, Solon, vous, Grecs, êtes toujours des enfants (aeì paīdés este) ; vieux, un Grec ne l'est pas* »[251], c'est-à-dire que les Grecs, restés jeunes par leur âme, n'ont aucun savoir blanchi par le temps.

En revanche, l'Égypte a conservé sur les choses du passé de tous les peuples un nombre considérable d'informations :

> « *Aussi tout ce qui s'est passé, poursuit le vieux prêtre égyptien, soit chez vous (les Grecs) soit ici soit en tout autre lieu, dont nous avons pris connaissance pour ouï-dire, si, pour une raison ou pour une autre, c'est quelque choses de beau, de grand ou qui présente quelque autre différence, tout cela a, depuis l'Antiquité, été mis par écrit ici dans les temples et conservé* »[252].

Ainsi, l'Égypte fonctionne dans l'œuvre platonicienne, qu'on le veuille ou non, comme la terre de la plus longue durée et le lieu élu de la mémoire la plus archivée du monde. De Solon à Platon, l'Égypte était ainsi perçue par les Grecs, en tant que berceau de la civilisation, gardienne de la mémoire des peuples. Le vieux prêtre informateur de Solon qui devait alors avoir aux alentours de trente ans se réfère à des textes, à des documents écrits, contemporains de la fondation de la ville de Saïs : ils datent de huit mille ans (*Timée*, 32 e). Le vieux sage de Saïs connaît ces écrits par cœur. Cependant, il est tout à fait disposé à expliquer à Solon, une autre fois, à loisir, textes en mains, le passé historique des Grecs qui n'ont pas de souvenirs d'un temps humain très reculé. La tradition orale égyptienne peut donc être, à tout moment, contrôlée par des textes écrits, des registres archivés. La parole et l'écriture, la remémoration par l'intermédiaire de l'écriture, la véritable mémoire qui s'exprime directement par la parole, voilà tant de merveilles qui devaient fasciner les Grecs qui se rendaient en Égypte, comme Solon, pour apprendre des connaissances.

4.2. L'Égypte est le berceau de l'écriture et des sciences

Dans le *Phèdre*, Socrate explique précisément à Phèdre que le vrai (*tò alēthès*, "la vérité"), ce sont les Anciens qui le savent. Le vrai se découvre, en questionnant les traditions constituées de l'antiquité. Et Socrate se dit être prêt à raconter quelque chose de vrai qu'il a entendu des anciens (*tōn protérōn*). Impatient, Phèdre demande alors à Socrate de lui raconter ce qu'il déclare avoir entendu des Anciens : Socrate :

---

[251] Platon, *Timée*, 22 b.
[252] Platon, Ibid., 23 a.

« Eh bien ! J'ai entendu (ēkousa) que, du côté de Naucratis en Égypte, il y a une des vieilles divinités de là-bas, celle dont l'emblème sacré est un oiseau qu'ils appellent, tu le sais, l'ibis ; le nom de cette divinité est Theuth. C'est lui donc qui, le premier (prōton), découvrit la science du nombre (arithmón) et le calcul (logismòn) et la géométrie (geōmetrían) et l'astronomie (astronomían), et encore le trictrac (petteías) et les dés (kubeías), et enfin et surtout l'écriture (grámmata) »[253].

Socrate assure avoir entendu des Anciens (qui savent le vrai) ce récit qui fait partie de la tradition grecque constituée. Socrate rapporte ainsi à Phèdre une tradition grecque de l'antiquité. Toute tradition, grecque ou autre, vaut ce qu'elle veut. Celle, grecque, que reprend Socrate pour la raconter à Phèdre, est que le dieu égyptien Theuth, dont l'emblème sacré est l'oiseau ibis, est l'inventeur du nombre, du calcul, de la géométrie, du trictrac, des dés (et autres jeux de société), de l'écriture. La tradition grecque fort ancienne à laquelle se réfère Socrate n'attribue pas ces découvertes aux dieux de la Chaldée encore moins à ceux du pays grec même.

L'ibis est effectivement l'oiseau sacré d'Égypte au corps blanc, avec une tête et une queue noires. Le dieu immatériel Thot (Theuth) s'incarnait en lui. Précisément, dans l'Égypte, ce Thot, dieu-lunaire à forme d'ibis, régnait sur l'écriture, la séparation des langages, l'annalistique, les lois, les scribes et les magiciens, le calcul (la géométrie), le calendrier (l'astronomie). Thot régnait sur toute opération intellectuelle, en tant qu'inventeur de la civilisation écrite.

Le Theuth platonicien rejoint le Thot égyptien, pour l'essentiel. Ce dieu a donné à l'Égypte plus de savoir, plus de mémoire, plus de science. Il est le plus grand maître ès-techniques, héros culturel et civilisateur. Les anciens Grecs ont fait du dieu égyptien le bienfaiteur de toute l'humanité. Le premier, il découvrit, pour les hommes, la science du nombre, le calcul, la géométrie, l'astronomie, les jeux de société, l'écriture. Theuth, qu'on retrouve dans *Philèbe* (18 b), est évidemment le Thot égyptien, l'inventeur divinisé des arts, des sciences, des lois, de l'écriture. Cela, Socrate l'a entendu des anciens Grecs. Et il reproduit aisément à l'intention de Phèdre une tradition orale (*akoē*) de l'antiquité grecque : "Je suis à même de raconter une tradition que je tiens des anciens : *akoēn ge échō légein tōn protérōn*" (*Phèdre*, 274 c).

Pour les Grecs d'avant la naissance de Socrate, il n'y avait aucun doute possible : l'Égypte était effectivement, à leurs yeux, le berceau des sciences et des techniques. Socrate n'est pas du tout traumatisé en faisant état de cette vieille tradition grecque à Phèdre. Il est clair que Platon n'est pas l'inventeur de ce "Mythe de Theuth" : il est question, avec ce "mythe",

[253] Platon, *Phèdre*, 274 c-d.

d'une très ancienne tradition grecque. Tradition vivante reprise par Socrate pour Phèdre, enfin écrite par Platon.

4.3. L'Égypte est un modèle d'organisation artistique et intellectuelle

Dans l'histoire des nations et des constitutions, seule l'Égypte, aux dires de Platon, a su légiférer, comme il faut, à merveille, la question éducative, la formation éthique et culturelle de la jeunesse :

> - Clinias : "*L'Égypte ? Quelle y est donc, d'après toi, la législation sur ce point ?*"
> - L'Athénien : « *Le seul énoncé vous émerveillera (thaūma kaì akoūsai). Depuis bien longtemps en effet (pálai gàr dēpote), je pense, ils ont appris cette vérité que nous formulons maintenant (tà nūn) : à savoir que ce sont les belles figures et les belles mélodies (kalà mèn schēmata, kalà dè mélē) que doit pratiquer dans ses exercices la jeunesse des cités ; ils (les Égyptiens) en ont donc fixé la détermination et la nature, puis en ont exposé les modèles dans les temples ; ces modèles, il n'était pas permis ni aux peintres, ni à aucun de ceux qui produit des formes ou quoi que ce soit du genre, de s'en écarter pour innover ou encore d'en imaginer d'autres qui différassent de ce qu'avaient établi les règles nationales (tà pátria) ; et maintenant encore cela leur est défendu, soit en cette matière (des représentations figurées), soit en tout art musical (oudè nūn éksestin, oúte en toútois en mousikē sumpásē)* »[254].

Ainsi, d'après Platon, toute production artistique, sculpturale, picturale, musicale, chorégraphique, etc., était soumise en Égypte, depuis la plus haute Antiquité, à un canon national immuable grâce à une réglementation stricte, contraignante. La production artistique était contrôlée dans les temples par les prêtres. Ainsi codifié, l'art peut alors jouer valablement sa haute fonction sociale et morale, son rôle pédagogique irremplaçable.

Telle est l'exception culturelle que constitue, aux yeux de Platon, l'Égypte : ce pays est le seul où l'art soit légiféré, "canonique". Ce sont de "belles figures" (*kalà mélē*), qui doivent inspirer la "pratique" et les "habitudes" des jeunes gens dans les cités. Pour la question des "modèles", figuratifs et mélodiques tout autant, elle est également bien réglée : les "modèles" inspirateurs sont "ordonnés" et "exposés" dans les temples, dans les édifices sacrés (les bibliothèques des temples). Il est de ce fait interdit aux peintres ou à tout autre spécialiste des figures, de ne rien innover ni révolutionner (*kainotomeīn*), ni d'imaginer (*epinoeīn*), de façon fantaisiste,

---

[254] Platon, *Lois*, II, 656 d. Cf. Pierre-Maxime Schuhl, *Platon et l'art de son temps (arts plastiques)*, Paris, PUF, édit. de 1952, p.XV : " *Platon (...) se montre partisan d'un art hiératique, immuable comme celui dont il avait admiré les œuvres dans les temples de la vallée du Nil.*"

d'autres formes, d'autres figures, contraires aux canons ancestraux (*tà pátria*). Platon affirme que cette interdiction perdure encore.

Platon est sans doute le premier égyptologue à avoir discerné clairement les traits principaux et traditionnels de l'art égyptien : schématisme et graphisme, hiératisme et conservatisme, traditionnels et millénarisme, portée ontologique (dimension sacrée) et fonction éducative. Cette législation de l'art égyptien implique, cela va de soi, un pouvoir de la société et de l'État sur les créations artistiques. Le résultat est la reproduction millénaire des mêmes formes, selon les mêmes canons et la même technique :

> « *À l'examen, poursuit l'Athénien, tu trouveras que, dans ce pays (l'Égypte), les peintures ou les sculptures remontent à des millénaires ; – et quand je dis millénaires, ce n'est pas façon de parler, c'est la réalité ; elles ne sont ni plus belles ni plus laides que celles d'aujourd'hui, et ont mis en œuvre une technique identique* »[255].

Platon constate simplement un fait qu'il trouve admirable : l'antiquité de l'art égyptien, sa réglementation. Il est donc quelque peu incorrect de dire, à la lecture de ce texte platonicien, que l'auteur des *Lois* avait des goûts archaïques en musique et en poésie. Platon trouve simplement "extraordinaire" (*thaumaston*), comme Clinias du reste, que l'art ait en Égypte une fonction juridique et politique, depuis des millénaires.

Platon reçoit donc de l'art égyptien un message important : l'art sera moral et social, ou il ne sera pas (une condamnation implicite de l'art pour l'art) ; l'art ne sera moral et social que s'il reproduit des modèles, s'il met en mouvement les vertus, bref, s'il est l'image des Idées. Et, de fait, dans l' Égypte ancienne, l'art obéissait au canon national de la *maât*, principe cosmique qui explique l'archaïsme, le moralisme et le traditionalisme de l'art égyptien, art engagé et aulique s'il en fût. Sur ce point, l'égyptologie moderne n'est pas plus avancée qu'au temps de Platon :

> « *L'art égyptien présente, au tableau de l'histoire, ce caractère unique de s'étendre sur quatre millénaires dans une indéniable continuité. Il le doit à l'unité du territoire de l'Égypte, à l'équilibre de ses constituantes physiques, au rôle de la religion et, dans celle-ci, à la fonction royale. (...). Art équilibré entre la grandeur et l'humain, élaboré selon un sens très sûr des lignes, art engagé et aulique, tel se présente l'art égyptien* »[256].

Cet art hiérarchique et rigoureux qui a sollicité amplement la méditation de Platon avait établi, dès l'origine de la civilisation égyptienne, ses propres "conventions" selon la *maât* : les procédés du quadrillage et de

---

[255] Platon, *Lois*, II, 656 e – 657 a.

[256] Pierre du Bourguet, *L'art égyptien*, Paris, Desclée de Brouwer, 1973, p.14. Souligné dans le texte.

la mise au carreau, la géométrisation du corps humain, l'hiératisme des attitudes, le dépouillement merveilleux des techniques, la figuration en relief, la pureté des lignes architecturales, tout cela n'exclut pas l'évolution, mais il est évident que ces qualités éternelles de l'art égyptien étaient dues aussi bien à l'organisation politique que religieuse et sociale du monde pharaonique. Voilà ce qui fascinait Platon, le philosophe des Idées éternelles et immuables. Ainsi, l'aspect "transcendant" de l'art égyptien n'a pas échappé à Platon. La réglementation de la musique est un fait réel et digne d'intérêt. Il est donc possible de légiférer en la matière comme l'ont fait les *Égyptiens*. Ce serait l'œuvre d'un dieu ou de quelqu'un de divin, de même qu'en Égypte les airs conservés durant tout ce temps sont l'œuvre d'Isis[257].

Platon laisse le contrôle de la production artistique aux philosophes-gouvernants (*République*, X, 607, b-608b) et aux gardiens-des-lois qui agissent toujours de façon à faire prévaloir la raison, le *noũs* (Lois, VII, 799 b) ; mais, dans l'Égypte, les prêtres étaient aussi des philosophes et des gardiens-des-lois : ils devaient agir selon les préceptes de la *maât*, la vérité, la justice, l'ordre, la vertu suprême, le bien souverain. L'art chorégraphique et musical égyptien était réglementé et sacralisé dans le cadre d'un calendrier où chaque fête trouvait sa place. Il n'y a pas meilleure technique, meilleure organisation, meilleure industrie que celle dont usent les *Égyptiens* :

> Clinias : « *Quelle technique veux-tu dire ?* ».
> L'Athénien : « *Consacrer toute danse et toute musique (toũ kathierōsai pāsan men orchēsin, panta de melē) ; régler d'abord les fêtes (tas heortas), ordonner d'avance, pour l'année (eis ton eniauton), quelles fêtes on devra célébrer, à quelles époques, en l'honneur de quels dieux ou enfants des dieux ; ensuite, quel hymne on devra chanter en sacrifiant aux dieux et de quelles danses honorer tel et tel sacrifice ; réglementation qui sera confiée à quelques-uns, mais, une fois faite, tous les citoyens, ayant sacrifié en commun aux Moires et à toutes les autres divinités consacreront, par des libations, chaque hymne successivement à l'un des dieux ou démons* »[258].

Platon célèbre ainsi, une fois de plus, la réglementation stricte de l'art égyptien. Le calendrier des arts était établi en fonction des fêtes des dieux. Le caractère religieux des arts est évident. Dans ce problème esthético-éthique, "bien danser", "bien chanter", Platon, ayant médité sur les réalités égyptiennes, choisit le parti de la rigueur et de la conservation, contre l'innovation et le charme qui conduisent facilement à la licence, au plaisir et au vice. Les méthodes éducatives égyptiennes ont nourri la politologie platonicienne. C'est là un problème important, souterrain aux *Lois*.

---

[257] Platon, *Lois*, 657 a – b.
[258] Ibid., 799 a – b.

4.5. L'Égypte a la meilleure pédagogie pour enseigner les mathématiques aux enfants

Isocrate, dans le *Busiris*, composé vers 385 avant notre ère, nous apprend que les jeunes en Égypte, s'occupent « de l'étude des astres, du calcul et de la géométrie »[259]. Cependant, c'est Platon, dans les *Lois*, ouvrage composé entre 370 et 347 avant notre ère, qui manifeste le plus grand intérêt pour la pédagogie égyptienne des mathématiques.

La méthode est primordiale pour Platon. L'ignorance, dit-il, même totale et profonde, en quelque matière que ce soit, n'est ni si dangereuse ni si grandement funeste : « Bien plus dommageable au contraire est d'avoir beaucoup appris et de beaucoup savoir, sans une méthode »[260]. Apprendre et savoir sans méthode, c'est avoir une tête bien pleine, mais pas nécessairement bien faite, fera remarquer, à son tour, bien plus tard, le sage Montaigne. Précisément, la méthode égyptienne reçoit l'assentiment total de Platon. Les mathématiques sont enseignées aux enfants comme s'il s'agissait d'un jeu : « D'abord, en calcul, on a inventé à l'usage des enfants qui ne savent rien des méthodes pour les instruire, où se mêlent jeu et plaisir»[261].

Quelles sont ces méthodes ? Platon de préciser :

> *« Ce sont par exemple des fruits ou des couronnes à partager en un nombre de lots plus ou moins grands de manière à en avoir toujours au total le même nombre ; ce sont aussi, à la boxe et à la lutte, l'alternance et la succession selon la règle de ces jeux, de celui qui restera assis et de ceux qui feront la paire. De même, toujours par jeu, les maîtres mêlent des gobelets d'or, de cuivre, d'argent et d'autres matières analogues, qu'ensuite les élèves répartissent de diverses manières en lots. En adaptant à un jeu, ainsi que je l'ai dit, la pratique des opérations mathématiques indispensables, ils rendent ceux à qui ils enseignent aptes aussi bien à régler un campement, à diriger une armée et à organiser une expédition militaire qu'à administrer une maison, et, de toute façon, ils les rendent plus capables de se tirer eux-mêmes d'affaire, et ils en font des gens d'avantage éveillées »*[262].

Après cela, les maîtres égyptiens portaient leurs leçons sur les mesures, longueurs, largeurs, profondeurs (Platon, *Lois*, VII, 819 d). Platon était particulièrement attentif à l'enseignement de la science des nombres parce que, précisément, cette science mène à la contemplation de l'Intelligible. Par sa permanence, sa grande durée temporelle, sa mémoire millénaire bien archivée, sa législation artistique, son organisation intellectuelle, ses méthodes pédagogiques des plus agréables, l'Égypte

---

[259] Isocrate, *Busiris* (XI), 23.
[260] Ibid., 819 a.
[261] Ibid., 819 b.
[262] Ibid., 819 c.

s'apparentait pour Platon à l'Intelligible. C'est dire, au fond, toute la parenté "intime", entre la pensée égyptienne et la pensée platonicienne. Aucune formule du genre "l'Égypte de Platon" ou "l'Égypte selon Platon", etc., ne saurait "camoufler" le fait que la philosophie de Platon renvoie constamment à l'Égypte, lorsqu'il s'agit de l'écriture, de l'origine de la civilisation, de l'histoire universelle, de la mémoire philosophique et historique de l'humanité, de la conservation des faits immémoriaux, de la philosophie de l'art, de l'éducation du citoyen dans l'enfant, etc. On ne peut pas biffer l'Égypte de l'œuvre platonicienne. Il existe une idée de l'Égypte chez Platon qui fit le voyage de la vallée du Nil, – voyage d'étude que ne nient pas des savants de premier plan comme Gomperz (*Les penseurs de la Grèce*, t. II), Robin (*La Pensée grecque*), Martin Bernal (*Black Athena*, 1987). Déjà, dans l'antiquité, Plutarque avait tenté de concilier la philosophie platonicienne avec la philosophie égyptienne, celle-ci étant l'origine historique et culturelle de celle-là, sur bien des points importants.

5. Plutarque s'est attaché à concilier la théologie des Égyptiens avec la philosophie de Platon

Plutarque a compris, en gros, que pour les Égyptiens l'origine et la composition du monde sont le produit d'un mélange de deux forces contraires, mais dont la meilleure prévaut. Le monde a un corps et une âme : « Dans cette âme du monde, l'intelligence et la raison qui est le guide et le souverain maître de tout ce qui s'y fait d'excellent c'est Osiris »[263]. Tout ce qui est réglé dans l'univers découle donc d'Osiris et le manifeste ainsi sous une forme sensible[264].

Seth (Typhon), au contraire, est tout ce qu'il y a dans l'âme du monde de passionné, de subversif, de déraisonnable et d'impulsif, et tout ce qui se trouve de périssable et de nocif dans le corps de l'univers[265]. Le mythe égyptien d'Osiris et de Seth constitue, aux yeux de Plutarque, l'explication historique de la doctrine de Platon : « Et Platon, quoique s'exprimant souvent d'une manière obscure et voilée, nomme l'un de ces principes contraires "Le Même" (Identité), et l'autre "L'Autre" (Différence) »[266].

Plutarque fait allusion, bien évidemment, au *Timée*, 35 a. L'essence indivisible est l'âme du monde, tandis que l'essence divisible est le corps de l'univers. Mais Platon est plus explicite dans les *Lois* :

> « *Mais dans ses Lois, écrit par lui dans un âge plus avancé et dans lequel, au lieu de s'exprimer d'une façon énigmatique et symbolique, il se sert des mots propres, il affirme que le monde n'est pas mis en mouvement par une seule âme, mais par un grand nombre peut-être, et tout au moins certainement par*

---

[263] Plutarque, *Isis et Osiris*, 371 a.
[264] Ibid., 371 b.
[265] Ibid., 371 b.
[266] Ibid., 370 f.

deux. (...). Il admet encore une troisième nature intermédiaire, qui n'est pas privée ni d'âme, ni de raison, ni de mouvement qui lui soit propre, comme quelques-uns l'ont pensé, mais qui tout en dépendant des deux autres, tend toujours à suivre le meilleur, le désirant et le poursuivant »[267].

En effet, dans les *Lois*, 896 d sq., Platon parle bien de deux âmes, l'une bonne et l'autre mauvaise, qui auraient concouru toutes deux à la formation du monde ; mais il ajoute (*Lois*, 904 e) aussitôt que le démiurge a tout mis en œuvre pour que le bien l'emportât sur le mal.

Le commentaire de Plutarque n'est pas erroné. En effet, dans ces passages des *Lois*, Platon dit que dans le monde manifesté, la raison ne s'explique le mouvement dans l'univers qu'à l'idée d'un premier principe moteur. Ce principe, Platon l'appelle âme, et il le déclare antérieur à la matière, c'est-à-dire à tout ce qui dans l'univers participe au mouvement sans se mouvoir soi-même. Au-dessus donc de toutes les âmes manifestées dans les choses, il y a une âme souveraine intelligente et bienfaisante. La pratique de la sagesse (philosophie) consiste par conséquent à nous affranchir de tout ce qui est sensible, matériel, brut, et qui nous entrave, pour nous élever jusqu'à l'intelligence. L'homme tient le milieu entre l'âme du monde et la matière. Pour Plutarque, ce discours platonicien sort directement de l'école théologique égyptienne : « C'est ce que montrera la suite de notre discours qui s'attachera spécialement à concilier la théologie des Égyptiens avec cette philosophie (de Platon) »[268].

Ce qui se justifie historiquement puisque Platon a séjourné en Égypte pour étudier auprès des prêtres de ce pays. [269] Tel est le point capital. Dans la suite (*tà epionta*) du traité (*toū logou*), Plutarque entend faire connaître, indiquer clairement (*dēloō*), le plus possible (*malista*), que cette philosophie de Platon relative à l'origine du monde est exactement la même chose que les croyances religieuses des Égyptiens : Platon s'est en quelque sorte approprié (*sun oikeioomai oūmai*) la théologie égyptienne, plus précisément l'explication égyptienne de l'univers selon le mythe d'Osiris et de Seth. Plutarque est convaincu de cela, et il entend en faire la démonstration dans la suite de son discours, de son traité.

Plutarque identifie l'âme d'Osiris avec l'intelligence divine. Son corps est Horus, le monde sensible, ou la matière périssable ordonnée par l'intelligence éternelle. Ce corps est démembré par Seth ; mais Isis en réunit les morceaux et le reconstitue pour une vie nouvelle. Osiris est à la fois lui-même et Horus : sous ces deux formes, il a la faculté de se reproduire éternellement, et il échappe à l'action de Seth, principe de destruction. Seth a mis les membres d'Osiris en pièces, et les a dispersés ; Isis, femme et

[267] Ibid., 370 f – 371a.

[268] Ibid., 371 a.

[269] Ibid., 354 e : les plus éclairés (*oi sophōtatoi*) des Grecs (tōn Hellēnōn) ont étudié en Égypte : Solon, Thalès, Platon, Eudoxe, Pythagore.

sœur de la victime, les réunit et les rappelle à la vie ; cette nouvelle naissance prend le nom d'Horus, et le combat contre le principe du mal se poursuit. Horus est l'image sensible du monde engendré par Isis. Plutarque de préciser : « Isis est donc la nature considérée comme femme et apte à recevoir toute génération. C'est en ce sens que Platon la nomme "Nourrice" et "Celle qui contient tout" »[270].

Isis est la Mère universelle, le Réceptacle cosmique ; la divine Raison la conduit à recevoir toutes espèces de formes et d'apparences. Plutarque a raison : Platon nomme Isis, la déesse-mère égyptienne personnifiant l'âme universelle, "Nourrice", "Réceptacle, le support de toute naissance" (Platon, *Timée*, 49 a, 50 d, 51 a).

Pourquoi Platon nomme-t-il ainsi Isis s'il n'y avait pas quelque rapport entre sa philosophie et celle de l'Égypte ?

Alors Plutarque résume l'essentiel du mythe osirien : « La nature la plus parfaite et la plus divine se compose donc de trois principes qui sont : l'intelligence (Osiris), la matière (Isis), et le produit de leur union (Horus), soit le monde organisé »[271]. Il enchaîne aussitôt :

> « *Platon a coutume de désigner l'intelligence sous les noms d'idée, de modèle, de père ; la matière, sous ceux de mère, de nourrice, de base et de siège de la génération, et le résultat de leur union, il le dénomme le descendant et l'engendré* »[272].

Aux yeux de Plutarque qui fait ainsi une exégèse de la philosophie de la création platonicienne, le philosophe athénien n'a pas vraiment innové : il reprend en gros le schéma et l'explication des philosophes égyptiens, inventeurs du mythe osirien (voir Platon, *Timée*, 50 c-d). Cette nature parfaite et divine peut être représentée figurativement par le triangle rectangle où le côté de l'angle droit figure le mâle (Osiris), la base du triangle le principe femelle (Isis), et l'hypoténuse, le produit des deux (Horus). Ici encore, l'influence égyptienne est palpable sur la pensée de Platon, ainsi que s'efforce de le démontrer, une fois de plus, Plutarque qui écrit :

> « *Il paraît probable que les Égyptiens ont considéré le triangle rectangle comme le plus beau des triangles, et que c'est surtout à cette figure qu'ils ont comparé la nature de l'univers. Platon d'ailleurs semble s'en être servi pour représenter, dans sa République, le mariage sous une forme géométrique* »[273].

Dans le passage, fort obscur de la *République*, 546 b c, ici visé, Platon veut en fait désigner un nombre qui devait représenter la grande

---

[270] Ibid., 372 e.
[271] Ibid., 373 e.
[272] Ibid., 373 f.
[273] Ibid.,

année humaine et qui, d'après lui, devait exercer une influence sur les mariages et les naissances. Plutarque insiste sur le fait que Platon appelle Isis le *siège* et le *réceptacle* (*Timée*, 52d-53a). Voici son explication. Les *Égyptiens* appellent Isis, tantôt Mout, tantôt Athyri et Méthyer :

> « *Le premier de ces noms, disent-ils (les Égyptiens), signifie "mère" ; le second, "habitation terrestre d'Horus" (dans le même sens que Platon appelle Isis le siège et le réceptacle de la génération), et le troisième est composé de deux mots qui veulent dire "plan" et "cause". La matière du monde, en effet, est pleine, et elle se rattache à une cause bonne, pire et souverainement ordonnée*»[274].

La connaissance de la langue égyptienne par Plutarque est ici excellente. En effet, en égyptien *mwt* signifie bien : "mère" ; Athyri est la déesse Hathor, *hwt-hr*, en égyptien, dont le nom signifie bien "habitation d'Horus", soit le sein des espaces célestes : Isis s'assimila toutes les attributions d'Hathor, déesse de l'amour et de la fécondité, à mesure que s'entendait la religion d'Osiris. Méthyer est un qualificatif, signifiant la toute pleine de (*mh-hr*, "être plein de"), que portait aussi Neith (*Nit, Nt*) à Saïs (Neith est parfois évoquée dans le mythe osirien). Le nom même d'Isis est écrit en égyptien avec un hiéroglyphe qui est un siège.

Les mythes, comme celui d'Osiris, ou de la naissance d'Éros dans le *Banquet* (203 b), ne sont donc pas à considérer en eux-mêmes, purement et simplement : il faut au contraire voir en chacun d'eux ce qui tient de la pensée. Ainsi,

> « *ces divers noms et ces rites servent de symboles, les uns plus obscurs, les autres plus éclatants, à ceux qui se consacrent aux études sacrées, et ils les conduisent, non sans danger toutefois, à l'intelligence des choses divines. (...). Voilà pourquoi il faut, particulièrement en ces questions, prendre la raison, secondée par la philosophie, pour initiatrice et pour guide, afin de n'admettre que les pensées saintes sur l'interprétation des rites et des doctrines* »[275].

Ce passage, important, de Plutarque contient une méthodologie toujours utile, toujours actuelle. Plutarque est ici un rigoureux comparatiste de la philosophie platonicienne en ses relations avec les doctrines égyptiennes. Dans presque tous ses ouvrages, Platon compare souvent l'acquisition de la philosophie (science, sagesse) à la sainte vertu des initiations dont le but ultime est l'union à Dieu, à l'Intelligence souveraine. Par exemple, dans le *Banquet* (210 a), dans *Phèdre* (249 c, 250 a), Platon établit un parallélisme étroit entre la méthode philosophique et la vertu initiatique. La philosophie époptique (contemplative) est la partie ultime de

---

274 Ibid., 374 b.
275 Ibid., 378 a – b.

la philosophie. Là, la vision de l'Être n'est qu'intelligence, lumière, sainteté.

La fin suprême de la philosophie est cette fusion avec l'Être premier, simple et immatériel. Or, les *Égyptiens*, dans leurs pratiques religieuses, surtout dans leurs purifications et dans leurs régimes (sexuels, alimentaires, sanitaires, intellectuels, etc.), n'ont pas moins visé à la sagesse, à la sainteté, c'est-à-dire au but suprême de la philosophie. Ils brûlaient même des parfums sacrés (le *kyphi* composé de seize espèces de substance et préparé selon des formules indiquées dans les livres saints) pour que le corps, pris désormais sous l'état de l'air qui a changé, doucement et agréablement effleuré par les émanations et les vertus aromatiques, puisse se laisser aller au sommeil et acquérir ainsi une disposition évocatrice : « La faculté imaginative de l'âme, son aptitude à recevoir des songes deviennent polies comme un miroir »[276].

En résumé, l'Égypte a joué un grand rôle dans la pensée de Platon : près de 42% de ses *Discours* concernent directement et amplement l'Égypte, pays de la plus haute Antiquité, berceau de l'écriture et des sciences, modèle d'organisation artistique, intellectuelle et pédagogique. Et Plutarque, dès l'Antiquité même, s'est attaché à lire les *Lois*, la *République*, le *Banquet* et surtout le *Timée* et *Phèdre*, en précisant ce qui, à ses yeux, était dû à l'Égypte. Cette conciliation tentée par Plutarque entre la philosophie platonicienne et la pensée égyptienne est en elle-même digne du plus haut intérêt historique et philosophique.

[276] Ibid., 384 a.
cf. *Paul Faure, Parfums et Aromates de l'Antiquité*, Paris, Fayard, 1987, p.50 : « Jamais, tout au long de son historie pluri-millénaire, l'Égyptien n'a pu séparer la notion de parfum de celle de divinisation ».

LES RÉSUMÉS :

Bwemba BONG, historien, membre du Cercle SAMORY
La rupture de la conscience historique du peuple noir : l'obstacle majeur de la renaissance africaine

Bien que reconnues « Crime contre l'Humanité » par la Loi française n°2001-434 du 21 mai 2001, dite Loi Taubira-Delannon, et la Conférence Mondiale des Nations Unies contre le racisme en 2001, les razzias négrières transatlantiques, dites Traite des Noirs, ne bénéficient toujours pas de la part de la « Communauté Internationale », de la même attention que les « Crimes contre l'Humanité », dont ont été victimes d'autres peuples ; pire, la falsification originale de ce génocide du Peuple Africain, reste toujours inattaquable dans la pensée internationale dominante.

***

Momar MBAYE, doctorant en histoire à l'université de Rouen/GRHIS
La guerre du Biafra : désinformation et manipulation des médias ? Étude de quatre grands quotidiens : *Le Monde*, *Le Figaro*, *La Croix* et *L'Humanité*.

L'historie de la guerre du Biafra est à écrire, le mot est du journaliste Michel Litbon. Ce conflit qui a, en effet, ensanglanté le Nigeria de 1967 à 1970 recèle encore de nombreuses zones d'ombres. Le peu d'écrits le concernant s'est évertué la plupart du temps à y déceler l'aboutissement de luttes d'influence des grandes nations en terre africaine. Aussi la couverture médiatique est souvent décrite comme biaisée voire tendancieuse. Toutefois, une étude approfondie de la presse d'alors (surtout française) d'obédience diverse révèle une situation beaucoup plus complexe à saisir. De *L'Humanité* à *La Croix* en passant par *Le Monde* et *Le Figaro*, les quotidiens ont présenté la guerre dans son horreur la plus absolue, sans oublier les causes et les responsabilités. Si dans l'ensemble les articles furent peu critiques envers les sécessionnistes, on ne peut conclure de manière péremptoire à un parti pris absolu. Tout au plus peut-on observer (*L'Humanité* mise à part) une tendance à magnifier le rôle de Paris par rapport à l'irresponsabilité de Londres et le mutisme de la communauté internationale face à un drame aussi effroyable.

Bernard ZONGO, docteur ès lettres, université de Rouen
Français/langues africaines : la colonisation linguistique hier et aujourd'hui, ici et là-bas

Cette communication tente d'interroger trois aspects de la recherche africaniste dans le domaine de la linguistique : description des langues africaines, du français dit d' « Afrique », des contacts français/langues africaines. Inscrite dans une perspective diachronique, elle vise à mettre en évidence les prétentions hégémonistes et phagocytaires de l' « ancienne » puissance coloniale tout en reconnaissant la dette que l'Afrique doit aux efforts de certains chercheurs français d'hier et d'aujourd'hui dans la (sur)vie de nombre de ses langues. Ainsi, on s'intéressera d'abord aux descripteurs des langues africaines (statut scientifique, intentions, valeur heuristique des travaux) de l'époque coloniale à nos jours en passant par quelques dates-clés (les deux guerres mondiales, les indépendances, 1965 avec enfin la création d'unités de recherche dignes de ce nom via le CNRS et l'ORSTOM). On mettra ensuite en perspective le mythe du français dit d'Afrique (élaboration de lexiques « spécialisés » ou le paradigme manessien « norme endogène » vs « norme exogène ») en le confrontant à des données linguistiques et métadiscursives hexagonales. On verra enfin quels rapports entretiennent les langues africaines face au français à la fois du point de vue du « statut », du « corpus » (Chaudenson) que du discours épilinguistique aussi bien en Afrique qu'en France.

***

Cheikh M'Backé DIOP, docteur en sciences
Cheikh Anta Diop : L'homme et l'œuvre

Dans son premier livre, *Nations nègres et Culture*, paru en 1954, Cheikh Anta Diop remet en cause les idées admises relatives à la genèse et l'évolution de l'humanité. Il y montre en particulier que l'Egypte ancienne, ses habitants et la brillante civilisation qu'ils ont élaborée sur les bords du Nil, appartiennent au monde négro-africain. Le but de l'exposé est d'illustrer la fécondité de l'œuvre de ce savant africain. Nous restituerons tout d'abord le contexte historique et idéologique dans lequel Cheikh Anta Diop a produit ses premiers travaux. Nous évoquerons, ensuite, sa formation intellectuelle. Dans une troisième partie nous montrerons, par quelques exemples, comment les plus récents acquis de la recherche, notamment dans les domaines de la préhistoire et de l'histoire de l'Afrique, renforcent tout à la fois la pertinence scientifique des grands axes de recherche historique définis dans *Nations nègres et Culture*, et les principaux résultats des travaux du chercheur. En conclusion, c'est toute l'actualité de l'œuvre de Cheikh Anta Diop qui sera soulignée.

***

Babacar SALL, professeur d'historie, égyptologue, université de Dakar, Sénégal

État des études sur l'Antiquité africaine

Dansla préface de *Nations nègres et culture*, Cheikh Anta DIOP dit que son objectif était de permettre à tout Africain de pouvoir remonter l'histoire de l'Afrique depuis les temps les plus lointains. Cinquante ans après la parution de ce texte, l'expression Antiquité africaine est devenue un concept opératoire. Que savons- nous aujourd'hui de ce que fut la vie des sociétés qui ont vécu en Afrique durant le segment temporel dénommé Antiquité ? La première chose à noter est l'inégal niveau des connaissances selon les régions. La vallée du Nil constitue le foyer le mieux étudié parce que contenant le plus de vestiges. La documentation aussi bien textuelle qu'archéologique y est relativement abondante. Pour les autres régions, l'archéologie permet d'avoir quelques informations sur le peuplement, les genres de vie et les contacts.

***

Babacar Mbaye DIOP, doctorant en philosophie à l'université de Rouen/ERAC

État des recherches sur les similitudes entre l'art de l'Égypte antique et celui de l'Afrique noire.

Les relations entre l'art de l'Égypte antique et celui de l'Afrique noire sont jusqu'ici très méconnues et très peu d'auteurs en ont parlé. L'objet de cette communication est d'étudier et de montrer, à travers quelques exemples d'objets, leur rapprochement en prenant bien sûr les précautions nécessaires pour demeurer sur un terrain scientifique. En 1917, Apollinaire montrera que les arts africains ont une « indubitable parenté avec l'esthétique égyptienne dont ils dérivent ». Léo Frobenius, en 1933, dans son *Histoire de la civilisation africaine*, compare les caractéristiques de l'art africain avec celles de l'Égypte et voit que la formule de l'Afrique Noire définit l'essence même de la civilisation égyptienne. D'autres chercheurs, tels A. R.M.A. Bedaux, Raponda-Walker, le R.P. Briault, A. Moussa Lam décrivent la ressemblance frappante entre des objets d'art africain et de l'Égypte ancienne. De telles similitudes excluent, selon ces auteurs, tout hasard et s'expliqueraient non seulement par une origine saharienne des uns et des autres, mais aussi par une vie commune dans la vallée du Nil.

***

Doudou DIENG, doctorant en Philosophie à l'université de Rouen/CERCLA

« Afrocentricité » : polémique autour d'un concept

L'*afrocentricité* est le repère conceptuel qui incarne les valeurs africaines et prône le retour aux sources pour mieux rendre intelligible la pensée des « nègres » y compris un autre modèle d'études africaines qui comprenne l'Afrique dans son ensemble mais aussi les Africains-Caribéens, les Africains-Américains. Même si la *centricité* pose problème, en ce sens qu'elle est une réaction à l'appropriation euro-américaine de toute forme de savoir, il faut comprendre son mouvement archéologique qui fait qu'elle est née avec Cheikh Anta DIOP et une génération d'universitaires qui se sont intéressés au lien entre l'Égypte et l'Afrique. Ce questionnement n'est pas neuf pour parler comme C. Boyce Davis, ce qui est neuf et soulève toute une polémique c'est le terme d'*afrocentricité* et toutes les tentatives d'en faire une théorie.

***

A. Moussa LAM, professeur d'histoire à l'U.C.A.D de Dakar

L'Égypte ancienne et l'Afrique noire : quelques nouveaux faits qui éclairent le débat sur leurs relations

Les relations entre l'Égypte ancienne et l'Afrique noire ont été un grand sujet de débat entre les écoles occidentale et dakaroise d'égyptologie. La première s'est d'abord attachée à isoler la civilisation égyptienne avant d'accepter enfin qu'il faillait la remettre dans son contexte africain ; la seconde a toujours défendu la thèse d'une profonde unité culturelle et raciale entre l'Égypte et l'Afrique noire. De nouveaux faits, fruit de recherches menées par des égyptologues négro-africains (issus du continent ou de sa diaspora), permettent de confirmer aujourd'hui l'existence de l'unité égypto-africaine (défendue avec constance par Cheikh Anta Diop) dont le berceau le plus important est bien l'Égypte ancienne. Ce berceau perdura jusqu'à la chute du pouvoir pharaonique, dispersant ensuite populations et traits culturels à travers toute l'Afrique.

Jean Paul MBELEK, docteur en physique
L'histoire des sciences et des techniques en Afrique noire

Je commenterai des documents qui attestent de l'invention des sciences mathématiques et de la technologie en Afrique depuis les premiers hommes jusqu'à l'avènement de l'Égypte ancienne. Puis, je présenterai succinctement quelques figures savantes ainsi que quelques inventions africaines du continent et de sa diaspora des origines à nos jours.

***

Cheikh Moctar BÂ, Doctorant en philosophie, UPRES 1270 philosophie des normes, Université de Rennes1.
Apport des cosmogonies dogon à la problématique de l' « origine » de la Civilisation : la nécessité du tragique au sein de la divinité

Les questions portant sur l'origine des civilisations humaines font l'objet de beaucoup de controverses dans l'histoire des Idées. Une des plus grandes énigmes de l'homme consiste à trouver une réponse à la question brûlante de savoir quelle est l'origine de la Civilisation et comment l'homme s'est progressivement différencié des autres êtres. À cette inquiétude les Dogon ont apporté une solution philosophique convaincante consistant à inscrire la civilisation dans le processus général de l'existence en faisant du résultat d'une lutte au sein de la divinité, le stade ultime de la rébellion d'Ogo. C'est ainsi que nous nous chargeons, dans ce travail, d'analyser comment les cosmogonies Dogon ouvrent la possibilité d'inscrire le *tragique* comme nécessaire à la continuité du processus existentiel.

***

Théophile OBENGA, professeur à l'université de Californie à San Francisco
L'Égypte dans l'œuvre de Platon

I. Le monde grec, auto-centré souvent assez chauvin, ne vivait pas cependant en vase clos. Il était en contact permanent avec les « Barbares », c'est-à-dire les peuples voisins non-grecs, par la culture et, surtout, par la langue. Curieux, entreprenants, guerriers, les Grecs voyageaient beaucoup, loin : en Perse, dans les Balkans, en Arménie, en Anatolie, jusqu'en Inde, en Italie méridionale, en Sicile, en Afrique septentrionale.

II. Tous les biographes et doxographes, contemporains ou non, cependant sans exception, attestent que Thalès, Pythagore, Eudoxe, Platon, Aristote, etc., ont séjourné en Égypte. Rien de « choquant » ou d' « anormal » à cela, pour les Grecs. Hérodote, grand enquêteur, a visité l'Égypte, d'Héliopolis à Thèbes, interrogeant prêtres et savants, se rendant au marché, étudiant coutumes, temples et monuments. Naucratis dans le Delta, était une fondation grecque. L'Égypte était assez familière aux Grecs d'Asie et d'Europe : touristes, commerçants, mercenaires, étudiants, etc., s'y rendent, par mer. Si l'Égypte séduisait tant les Hellènes, ce n'était pas un simple « mirage » trompeur. Au demeurant, Walter Burkett et Martin Bernal, par exemple, ont radicalement bouleversé les vues de l'héllenomanie, issue de Hegel, à propos des « racines » de la civilisation grecque.

III. Il y a par conséquent un contexte historique et culturel de l'Égypte dans l'œuvre de Platon où des faits, des données, des informations de première main peuvent être identifiés, dans tous les grands dialogues platoniciens : origine de l'écriture, invention des mathématiques, des jeux de société, pédagogie égyptienne, royauté et prêtrise, histoire ancienne de l'humanité, dieux et déesses du panthéon égyptien, etc. Platon disserte admirablement sur l'Art pharaonique, qu'il qualifie de « divin ». Que tant d'autres véridiques renseignements ! C'est encore plus beau, dans le texte grec même.

PARUTION

REVUE AFRICAINE

PHILOSOPHIE/ART, LITTÉRATURE/LINGUISTIQUE, SOCIOLOGIE/ÉCONOMIE

Publication de FIKIRA
Édition L'Harmattan

Numéro 1

Doudou Dieng. *Droit naturel et modernité*
Roger Somé. *Qu'est-ce que la mondialisation ?*
Mamadou Cissé. *Les défis de la graphie arabe en Afrique de l'Ouest*
Aminata Keïta. *L'expérience poétique du voyage dans* Heremakhonon *de Maryse Condé*
Estelle Fossey. *Dakar et la cyberjeunesse*
Clément Molo Mumvwela. *Quel développement pour l'Afrique noire ?*

Sommaire du numéro 2

Cheikh Moctar Bâ. *La problématique de la « fin ultime » dans l'Ethique bantu-rwandaise*
Cyrille Koné. *Penser la société urbaine*
Babacar Mbaye Diop. *L'art africain de la « traversée » et des « marges ». Réflexions sur l'esthétique de Jean-Godefroy Bidima*
Lamine Touré. *L'image du noir à travers la littérature française depuis le moyen âge jusqu'au XVIIIe siècle*
Françoise Ugochukwu. *Du symbolisme des couleurs dans les contes*
Aminata Keïta. Heremakhonon *de Maryse Condé : les traces d'une critique littéraire*
Abou Bakry Kébé. *Enjeux linguistiques et sociolinguistiques de l'émergence des radios privées au Sénégal*
Doudou Gueye. *Imaginaire colonial et réalité historique des migrations africaines*
Mame Birame Ndiaye. *Société seereer et migration à Dakar*
Diadié Diaw. *La relation commerciale avec la Chine est-elle une stratégie efficace pour l'émergence du Sénégal ?*

Prix : 12,50 euros

L'HARMATTAN, ITALIA
Via Degli Artisti 15 ; 10124 Torino

L'HARMATTAN HONGRIE
Könyvesbolt ; Kossuth L. u. 14-16
1053 Budapest

L'HARMATTAN BURKINA FASO
Rue 15.167 Route du Pô Patte d'oie
12 BP 226
Ouagadougou 12
(00226) 50 37 54 36

ESPACE L'HARMATTAN KINSHASA
Faculté des Sciences Sociales,
Politiques et Administratives
BP243, KIN XI ; Université de Kinshasa

L'HARMATTAN GUINEE
Almamya Rue KA 028
En face du restaurant le cèdre
OKB agency BP 3470 Conakry
(00224) 60 20 85 08
harmattanguinee@yahoo.fr

L'HARMATTAN COTE D'IVOIRE
M. Etien N'dah Ahmon
Résidence Karl / cité des arts
Abidjan-Cocody 03 BP 1588 Abidjan 03
(00225) 05 77 87 31

L'HARMATTAN MAURITANIE
Espace El Kettab du livre francophone
N° 472 avenue Palais des Congrès
BP 316 Nouakchott
(00222) 63 25 980

L'HARMATTAN CAMEROUN
BP 11486
Yaoundé
(00237) 458 67 00
(00237) 976 61 66
harmattancam@yahoo.fr

644491 - Mars 2016
Achevé d'imprimer par